Lingenfelder
100 Jahre Betriebswirtschaftslehre
in Deutschland

100 Jahre
Betriebswirtschaftslehre
in Deutschland

herausgegeben von

Prof. Dr. Michael Lingenfelder

Verlag Franz Vahlen München

Die Deutsche Bibliothek – CIP-Einheitsaufnahme

100 Jahre Betriebswirtschaftslehre in Deutschland / hrsg. von
Michael Lingenfelder. - München : Vahlen, 1999
ISBN 3-8006-2358-7

ISBN 3 8006 2358 7

© 1999 Verlag Franz Vahlen GmbH, München
Satz: Studio Karin Geiss, München
Druck und Bindung: Buchdruckerei Georg Wagner, Nördlingen
Umschlaggestaltung: Bruno Schachtner, Dachau

Gedruckt auf säurefreiem, alterungsbeständigem Papier
(hergestellt aus chlorfrei gebleichtem Zellstoff)

Vorwort

Die erste Handelshochschule im deutschsprachigen Raum entstand 1898 in Leipzig. Ihr folgten zumeist auf Initiative von Unternehmen und unterstützt von Industrie- und Handelskammern bis 1919 zehn weitere Einrichtungen dieser Art: 1901 Köln und Frankfurt/M., 1903 Aachen, 1906 Berlin, 1907 Mannheim, 1908 St. Gallen (1899 als Handelsakademie), 1910 München, 1915 Königsberg und 1919 Nürnberg.

Es sind somit 100 Jahre vergangen, seitdem sich die Betriebswirtschaftslehre an Hochschulen zu etablieren vermochte. Dies hat mein hoch verehrter akademischer Lehrer, Herr Professor Dr. Dr. h.c. *Erwin Dichtl*, zum Anlaß genommen, sachkundige Fachvertreter um sich zu scharen, welche die Entwicklungen im Fach Revue passieren lassen sollten und zugleich einen Blick auf Gegenwart und Zukunft der Betriebswirtschaftslehre an Hochschulen zu werfen.

Alle Beiträge gehen auf eine Serie zurück, die in der Zeitschrift WiSt - Wirtschaftswissenschaftliches Studium im Zeitraum Herbst 1997 bis Winter 1998 erschienen ist. Die Autoren haben die Gelegenheit genutzt, Aktualisierungen, Ergänzungen und Querverweise einzubauen. Insgesamt ist dadurch ein Buch entstanden, das dem Leser einen abgerundeten Überblick über die Historie des gesamten Fachs und einzelner Teildisziplinen zu bieten vermag.

Zwei Beiträge beschäftigen sich überblicksartig mit wichtigen Meilensteinen des gesamten Fachs. In neun weiteren Modulen werden Entwicklungslinien spezieller Betriebswirtschaftslehren analysiert. Schließlich wird das Buch abgerundet durch drei Elemente, die sich mit der Rolle der deutschen Betriebswirtschaftslehre im internationalen Vergleich, berufsständigen Organisationen und Medien sowie Fachverlagen in der Betriebswirtschaftslehre beschäftigen.

Mit der Herausgeberschaft dieses Buches möchte ich zugleich die besondere Rolle, die der Wissenschaftler *Erwin Dichtl* für die deutsche Betriebswirtschaftslehre gespielt hat, würdigen. Er hat wie kaum ein anderer Generationen von Studierenden, aber auch Praktiker, durch seine mehrere Hundert Publikationen (u.a. *Vahlen*s Großes Wirtschaftslexikon (gemeinsam mit *Otmar Issing*), die drei Bände umfassende Allgemeine Betriebswirtschaftslehre (gemeinsam mit *Franz Xaver Bea* und *Marcell Schweitzer*), Marketing (gemeinsam mit *Robert Nieschlag* und *Hans Hörschgen*) und die Zeitschrift für Ausbildung und Hochschulkontakt WiSt - Wirtschaftswissenschaftliches Studium (begründet gemeinsam mit *Otmar Issing*, fortgeführt von *Norbert Berthold* und *Michael Lingenfelder*)) mit wertvollen Informationen versorgt. Nicht genug damit engagierte sich *Erwin Dichtl* aufopferungsvoll beim Aufbau des Fachs in den neuen Bundesländern, was die TU Dresden veranlaßte, ihm die Ehrendoktorwürde zu verleihen.

Schließlich war er auch ein vorbildlicher akademischer Lehrer. Seine Schüler haben ihre Verbundenheit mit *Erwin Dichtl* u.a. durch die zum 60. Geburtstag überreichte Festschrift zum Ausdruck gebracht (*Bauer, H.H./Diller, H.* (Hrsg.), Wege des Marketing, Berlin 1995).

Leider ist *Erwin Dichtl* im September 1997 viel zu früh an den Folgen einer heimtückischen Krankheit verstorben. Es war in seinem Sinne, daß dieses Buch auf den Markt gebracht wird. Ich widme dieses Buch *Erwin Dichtl*, einem Wegbereiter der neueren deutschen Betriebswirtschaftslehre.

Marburg, im August 1998 Prof. Dr. *Michael Lingenfelder*

Inhaltsverzeichnis

Vorwort V

Prof. Dr. Dr. h.c. mult. *Dieter Schneider*
Geschichte der Betriebswirtschaftslehre 1

Prof. Dr. *Günther Schanz*
Wissenschaftsprogramme
Orientierungsrahmen und Bezugspunkte betriebswirtschaftlichen
Forschens 31

Prof. Dr. *Marcell Schweitzer* und Dipl.-Kffr. *Katja Wagener*
Geschichte des Rechnungswesens 49

Dr. *Volker Lingnau*
Geschichte des Controllings 73

Prof. Dr. *Hans-Jörg Hoitsch* und Dipl.-Ing. *Bülent Akın*
Geschichte der Produktionswirtschaft 93

Prof. Dr. *Alfred Kieser*
Geschichte der Organisationslehre 107

Prof. Dr. *Gertraude Krell*
Geschichte der Personallehren 125

Prof. Dr. *Wolfgang Breuer*
Geschichte der Finanzwirtschaftslehre: Finanzierungstheorie . 141

Prof. Dr. *Wolfgang Breuer*
Geschichte der Finanzwirtschaftslehre: Investitionstheorie . . 157

Prof. Dr. *Hermann Sabel*
Geschichte des Marketing in Deutschland 169

Prof. Dr. Dr. h.c. mult. *Peter Mertens*
Geschichte und ausgewählte Gegenwartsprobleme der Wirtschaftsinformatik   181

Prof. Dr. *Christian Homburg*
Die Rolle der deutschen Betriebswirtschaftslehre im internationalen Vergleich   195

Prof. Dr. *Klaus Backhaus*
Betriebswirtschaftliche Vereinigungen
Ihre Bedeutung für die Verbreitung ökonomischen Gedankenguts   213

Prof. Dr. *Michael Lingenfelder* und Dipl.-Kfm. *Peter Loevenich*
Medien und Fachverlage in der Betriebswirtschaftslehre . .   231

Verzeichnis der Autoren   251

Sachverzeichnis   253

Geschichte der Betriebswirtschaftslehre

Prof. Dr. Dr. h.c. mult. Dieter Schneider

1. Wer ist älter: Betriebs- oder Volkswirtschaftslehre?

Innerhalb der Wirtschaftswissenschaft haben nicht wenige Volkswirtschaftler den Irrtum verbreitet, die **Volkswirtschaftslehre** sei eine altehrwürdige Wissenschaft, die **Betriebswirtschaftslehre** eine junge (mit dem Hintergedanken: unreife). Jedoch sind wissenschaftliche Einsichten, die heute zur Betriebswirtschaftslehre zählen, älter als solche zur Volkswirtschaftslehre, weil es in Landgütern, Handelsgesellschaften oder bei der Verwaltung von Heeresbeständen und deren Rechnungslegung seit Jahrtausenden Probleme zu lösen galt, während eine Volkswirtschaft als Wirtschaftssystem mit überwiegend marktmäßiger Koordination von Einzelwirtschaftsplänen und gezielter staatlicher Wirtschafts- und Finanzpolitik sich erst ab dem 17./18. Jahrhundert herausgebildet hat.

Montchrétien (1575–1621), einer der Schöpfer des Begriffs „Politische Ökonomie" (économie politique, heute Volkswirtschaftslehre), wundert sich, daß bei dem altgriechischen Schriftsteller *Xenophon* (einem Schüler des *Sokrates* und pensionierten General, um 430–354 v.Chr.) und dem Philosophen *Aristoteles* (384–321 v.Chr.) Ökonomik und Politik getrennt seien (vgl. *Montchrétien*, 1615/1889, S. 31 f.). Für *Montchrétien* ist Ökonomik eine Wissenschaft, Politische Ökonomie eine Kunst. Genau umgekehrt sieht einer der Gründerväter der akademischen Betriebswirtschaftslehre, *Eugen Schmalenbach* (1873–1955, Hochschullehrer in Köln), 1912 in der damaligen „Handelswissenschaft" eine Kunstlehre und beläßt der Volkswirtschaftslehre den Anspruch, Wissenschaft zu sein (vgl. *Schmalenbach*, 1911/12). Während eine Lehre an Universitäten zu betriebswirtschaftlichen Fragen ansatzweise als „Ökonomik" innerhalb der angewandten Ethik nach dem Mittelalter beginnt und sich mit der **Kameralwissenschaft** zu Beginn des 18. Jahrhunderts verselbständigt, wird die Volkswirtschaftslehre erst im 19. Jahrhundert eine eigenständige akademische Hochschulgemeinschaft.

2. Einzelne Beispiele zu frühen betriebswirtschaftlichen Einsichten außerhalb der Wirtschaftswissenschaften

Einsichten zu betriebswirtschaftlichen Einzelproblemen werden bis ins 19. Jahrhundert überwiegend außerhalb der Wirtschaftswissenschaften, sowohl der Politischen Ökonomie als auch der betriebswirtschaftlichen Vorläuferwissenschaften der Ökonomik und Kameralwissenschaft, gewonnen: als Nebenprodukte ethischer bzw. rechtlicher und entscheidungslogischer Untersuchungen zu praktischen Problemen. So begründet z.B. *Gottfried Wilhelm Leibniz* (1646–1716) die **Kapitalwertrechnung** durch Ableitung aus unbestrittenen Rechtssätzen gegen das damalige Zinseszinsverbot und schafft damit 1682 den ersten, über Finanzmathematisches hinausgehenden Beitrag zur Investitionstheorie (vgl. *Leibniz*, 1682/1962). *Leibniz* (1678/1957, S. 48) legt mit der Begründung von Wahrscheinlichkeiten und *Daniel Bernoulli* (1700–1782) mit der **Entscheidungsregel** „Maximiere den Erwartungswert des Risikonutzens des Vermögens" (vgl. *Bernoulli*, 1738/1967) Grundsteine zur heutigen **Theorie der Entscheidungen unter Ungewißheit**.

Da in den Beiträgen zur Geschichte der Finanzwirtschaftslehre innerhalb dieser Reihe historische Quellen nur äußerst dürftig herangezogen sind, sei wenigstens auf ein Problem kurz eingegangen, das zwischen 1950 bis nach 1970 in der Betriebswirtschaftslehre mehrfach erörtert wurde: die Suche nach einem **optimalen Finanzplan** mit dem Nebenproblem der Mehrdeutigkeit interner Zinsfüße aufgrund nicht expliziter Wiederanlage- oder Refinanzierungsannahmen.

Ein amüsantes frühes Beispiel für dieses Problem bietet ein chinesischer **Kredit-** und **Finanzanlageplan** um 1710, der die spiegelbildliche Verknüpfung von Investition und Finanzierung und die Unsicherheit künftigen Geldeingangs verdeutlicht. Der Kredit- und Finanzanlageplan ist durch ein Schreiben des Jesuitenpaters *Jacquemin* überliefert, der von 1711–1725 eine Mission in der Mündung des Yangtse leitete. Die Handelsaktivitäten der Mission schlossen Darlehensvergaben zu 24% ein. Damit unterboten die Jesuiten zwar einheimische Kaufleute, was dennoch von den vorgesetzten kirchlichen Stellen in Europa als Wucher angesehen wurde. In einem Rechtfertigungsschreiben erläutert Pater *Jacquemin* die Unsicherheit bei der Kreditvergabe aufgrund der geographischen, kulturellen, finanziellen usw. Gegebenheiten in Chongming (vgl. *Jacquemin*, 1712/1781, S. 220–223; *Reiss/Scorgie/Rowe*, 1996, S. 206–209, zitieren offenbar nach einer anderen Ausgabe).

Dem Kredit- und Finanzanlageschema liegt eine Gesellschaft von sieben Kaufleuten zugrunde, um einem von ihnen, der in Zahlungsschwierigkeiten gerät, beizustehen. Dabei wurden folgende Zahlungsströme aufgestellt: A, der im Jahre 0 einen Kredit von 60 Pistolen (einer damaligen Währungseinheit) benötigt, zahlt insgesamt nach sechs Jahren 90 zurück, B, der im nächsten Jahr 60 an Kredit erhält, 80 usw., bis zu dem Geldgeber G, der jährlich fünf zu leisten hat (also 30 insgesamt), um am Ende des sechsten Jahres 60 zu erhalten (vgl. *Tab. 1*).

Gesell-schafter \ Jahre	0	1	2	3	4	5	6	Gesamt-Zahlung	Effektiv-verzinsung (–) Rendite (+)
A	+60	–15	–15	–15	–15	–15	–15	90	–13%
B	–15	+60	–13	–13	–13	–13	–13	80	–16%
C	–13	–13	+60	–11	–11	–11	–11	70	nichtbe-rechenbar
D	–11	–11	–11	+60	–9	–9	–9	60	0%
E	–9	–9	–9	–9	+60	–7	–7	50	+12%
F	–7	–7	–7	–7	–7	+60	–5	40	+16%
G	–5	–5	–5	–5	–5	–5	+60	30	+20%
Σ	0	0	0	0	0	0	0		

Tab. 1: Zahlungsströme

Obwohl A in absoluten Zahlen das meiste zu leisten hat und G das wenigste, behaupteten die chinesischen Kaufleute, daß der Vertrag für A vorteilhafter als für B bis G sei, weil er früher 60 Pistolen erhalte und damit größere Profite aus einer Wiederanlage dieser Gelder ziehen könne.

Das heutige Wissen auf diesen Finanzplan angewandt, zeigt bei Berechnung der (einfachen) **internen Zinsfüße** ohne explizite Annahmen zur

Wiederanlage oder Finanzierung: A nimmt Kredit mit Zinseszinsen für rund 13% auf, B für rund 16%. Für C existiert keine Nullstelle des Kapitalwerts, während G als hauptsächlicher Geldgeber aus der Investition eine interne Verzinsung von 20% erhält. Explizite Annahmen über die Zinssätze i der Wiederanlage bzw. Finanzierung belegen, daß A den vorteilhaftesten Vertrag besitzt, solange i > 15,4% ist, für i < 15,4% ist der Vertrag von G der beste.

3. Vorläuferwissenschaften zur Unternehmungsführung

3.1. Ökonomik

(1) Das Wort **oikonomia** scheint erstmals in der Umgebung des *Perikles* (nach 500–429 v.Chr.) aufzukommen als Bezeichnung für das vernünftige Gestalten aller mit dem Haus (oikos) eines freien Bürgers zusammenhängenden Angelegenheiten (vgl. *Singer*, 1958, S. 46 f.). So schreibt *Xenophon* (1897) seinen „Oeconomicus" als Lehre von der sittlichen und technisch-wirtschaftlich vernünftigen „Unternehmungsführung" für den Haus- und Gutsherren. Dabei beschränkt er sich auf heute elementare Forderungen, wie: Die Ausgaben dürfen nicht die Einnahmen übersteigen, und man habe auf die Eigenart der mitarbeitenden Menschen Rücksicht zu nehmen.

Aristoteles (1980, Rnr. 1252a, 1260a) rechnet in seiner „Politik" nur das zur Ökonomik, was zum Wissen des Hausherren selbst gehöre; denn: „Der Sklave hat das Vermögen zu überlegen überhaupt nicht, das Weibliche hat es zwar, aber ohne die erforderliche Entschiedenheit"! Drückt der griechische Mythos die Mißachtung gegenüber praktisch-wirtschaftlichen Tätigkeiten dadurch aus, daß *Merkur* Gott der Gewerbetreibenden und zugleich der Betrüger und Diebe ist, so trennt *Aristoteles* immerhin zwischen der natürlichen Erwerbskunst **(Ökonomik)** und der Bereicherungskunst des Händlers **(Chrematistik)**. Diese stehe außerhalb der Ökonomik; denn Gewinne außerhalb des Hauses könnten die Interessen anderer Haus-Herren-Menschen verletzen, und deshalb seien solche Gewinne unehrenhaft. Jenseits der häuslichen Leistungserstellung sei der Wert der Güter unveränderlich, so daß alles, was einer erwirbt, ein anderer verlieren muß. Der **Handelsgewinn** erscheint so als Raub am Vermögen des Käufers. Plünderungen bei Eroberungszügen ordnet dieser Philosoph der Ökonomik und damit dem ethisch erstrebenswerten Erwerb zu (vgl. *Aristoteles*, 1980, Rnr. 1256b).

Zwei römische Landbauschriftsteller bieten Handfesteres: *Varro* (116–27 v.Chr., häufig politischer Gegner von *Julius Caesar*) trennt für die **landwirtschaftliche Produktionsplanung** zwischen begrenzt teilbaren (heute: „fixen") und proportional zur bestellenden Fläche zu vermehrenden („variablen") Produktionsfaktoren. *Varro* (1934, S. 224–226) will den Leistungswillen der Sklaven durch Leistungsanreize und Belohnungen anstacheln.

Columella (0–70 n.Chr., Offizier, Gutsbesitzer und Pazifist) folgt ihm hierin mit zahlreichen Einzelvorschlägen. Er verweist z.b. auf die Erfahrung, man solle keine größeren Gruppen bilden als 10 Mann, „weil diese begrenzte Anzahl bei der Arbeit sich am bequemsten überwachen lasse und nicht eine zu große Menge die Aufmerksamkeit des anleitenden Aufsehers überfordere": die **optimale Lenkungsspanne** (Kontrollspanne). Bei *Columella* (1972, S. 69, 110 f., 259, 269 f.) findet sich auch ein erster Ansatz einer **Wirtschaftlichkeitsrechnung** zum Vergleich zwischen Weinanbau und dem von Heu und Gemüse. *Columellas* Überlegungen, wie man Drosseln als Luxusgegenstände züchte, Fische vor dem Verkauf füttern müsse, erfolgen von den Absatzmöglichkeiten her. Wer will, mag darin einen ersten Ansatz zum Marketing-Denken sehen.

Die erhalten gebliebenen Schriften zur **Ökonomik** ab der **Antike** behandeln menschliche Beziehungen und Tätigkeiten zur Güterversorgung: von der Viehfütterung über die Sklavenhaltung und die Wahl der richtigen Ehefrau bis zur Vermögenserfassung.

Wegen des Niedergangs des Römischen Reiches und der Wirren der Völkerwanderung gibt es in der **europäischen Entwicklung** ökonomischen Denkens über ein Jahrtausend Stillstand, der erst durch das Aufblühen des Textilhandels in Oberitalien und durch die Renaissance des römischen Rechtsdenkens überwunden wird.

(2) Im ausgehenden Mittelalter entwickelt sich eine Ökonomik speziell für Kaufleute: die sog. **Handlungswissenschaft**. Sie beginnt mit einer arabischen Handelskunde, geschrieben um das 9.–12. Jahrhundert, der zahlreiche kaufmännische Erziehungslehren folgen. Diese gipfeln im „Vollkommenen Handelsmann" (Le parfait négociant, 1. Aufl. 1675) von *Jacques Savary* (1622–1690, zunächst Textilkaufmann, später Mitarbeiter am ersten eigenständigen Handelsgesetzbuch, der „Ordonnance

de Commerce" 1673). *Savarys* Lehr- und Nachschlagewerk über das kaufmännische Wissen wird über ein Jahrhundert lang nachgedruckt. Als Spätwerke zur Ökonomik lassen sich einzelne Schriften des Leiters einer Hamburger Handelsakademie *Johann Georg Büsch* (1728–1800) und des Nürnberger Handelsschulgründers und Verlegers *Johann Michael Leuchs* (1763–1836) ansehen (vgl. *Büsch*, 1797–1800; *Leuchs*, 1791, 1804).

3.2. Kameralwissenschaft und nachfolgende Wirtschaftszweiglehren

(1) Die **Kameralwissenschaft** ist eine Folge der Aufkläsungsphilosophie. Erfahrungswissenschaften werden von Metaphysik und damit zugleich von der Ethik getrennt. Dies bewirkt, daß die ethische Verankerung der „Ökonomik" einer praktisch-gestaltenden Sicht Platz macht.

Die Kameralwissenschaft verselbständigt sich als **Hochschulwissenschaft**, als die ersten, dem Inhalte nach betriebswirtschaftlichen Lehrstühle ab 1727 vom Preußischen König *Friedrich Wilhelm I.* in Halle und Frankfurt/Oder errichtet werden. Dem Vater *Friedrichs des Großen*, sonst eher ein Geizhals und kein Förderer der Wissenschaft, mißfällt, daß junge Leute „schlechte Oeconomie" betrieben und durch juristische Studien Advokaten erzeugt würden, die das Land nur „aussaugten, und sozusagen aushungerten". Man müsse auch auf „Politica, oeconomica und cameralia, so man im Lande würcklich gebrauchen könte" Gewicht legen (vgl. *Stieda*, 1906, S. 18). Mit cameralia ist die fürstliche Schatzkammer, also das Finanzwesen, gemeint.

Der erste Inhaber eines kameralwissenschaftlichen Lehrstuhls an der Universität Halle, *Simon Peter Gasser* (1676–1745), behandelt in seinem Lehrbuch ausführlich **Vorkalkulationen** zur Gebäudeunterhaltung und Planung im Sinne einer **Vorschaurechnung** (vgl. *Gasser*, 1729/1970, z.B. S. 82, 149, 164). Im weiteren Verlauf werden durch *Georg Heinrich Zincke* (1692–1769) schon **Unternehmungsplanspiele** ausgearbeitet (vgl. *Zincke*, 1751/1752, 4. Theil, S. 1059, 1062) oder von *Joachim Georg Darjes* (1714–1791) erstmals kalkulatorische Abschreibungen in Form unterschiedlicher Verzinsungssätze für verschiedene Anlagegegenstände beschrieben (vgl. *Darjes*, 1768/1969, S. 219). Das spätere Wissen der Kameralwissenschaft faßt *Edward Baumstark* (1807–1889) in einer Enzyklopädie 1835 zusammen. Auf ihn geht der Name **„Betriebswirthschaft"** zurück (vgl. *Baumstark*, 1835/1975, S. 155). Er verwendet ihn im Sinne einer Erhaltung, Verwendung und Berechnung des Vermögens und Einkommens in den einzelnen Gewerben.

Kameralwissenschaftler beschäftigen sich teils mit betriebswirtschaftlichen Fragen, teils mit der Lehre von den Steuern, der Policeywissenschaft (Verwaltungslehre), aber auch mit technischer Gewerbe- und Vieharzneikunde; ein Kameralwissenschaftler wurde durch Augenstaroperationen berühmt: *Johann-Heinrich Jung(-Stilling)*, 1740–1817, Studienfreund *Goethes*.

Wegen der Breite der Aufgaben, der sich die Kameralwissenschaft als **Vorläufer interdisziplinärer Managementwissenschaft** widmet, aber auch wegen der Niveauarmut ihrer Vertreter, entsteht kein Leitbild des Forschens, das eine Theorienbildung auslöst. Deshalb wird die Kameralwissenschaft zu Beginn des 19. Jahrhunderts als Verwaltungslehre von der Jurisprudenz und hinsichtlich der Wirtschafts- und Finanzpolitik von der Klassischen Nationalökonomie aus den Universitäten verdrängt. An den Hochschulen des deutschen Sprachraums bleiben nur zwei Zweige des einzelwirtschaftlichen Astes der Kameralwissenschaft erhalten: die **landwirtschaftliche Betriebslehre** und im österreichischen Kaiserreich die **Staatsrechnungswissenschaft** (vgl. Abschn. 4.3).

(2) Vorbild einer praktisch gestaltenden Betriebswirtschaftslehre wird im 19. Jahrhundert die **landwirtschaftliche Betriebslehre.** *Johann Heinrich von Thünen* (1783–1850, in Mecklenburg ansässiger Gutsbesitzer) spricht (1826, 1850/1910) als erster heute allgemein bekannte Optimumregeln aus, wie: Die Produktion sei auszudehnen, bis das Erzeugnis des letzten Arbeiters durch den Lohn, den er erhält, aufgezehrt wird. Unabhängig von *David Ricardo* (1772–1823, erfolgreicher Börsenspekulant, ab 1814 Privatgelehrter, verbessert die „klassische" Theorie zur Verteilung des Volkseinkommens ausschlaggebend) erkennt *Thünen* 1826, daß die **Bodenrente** Gewinn-, nicht Kostenbestandteil ist und erfindet 1850 neu die **Grenzproduktivitätstheorie** der **Entlohnung.** Sinngemäß bestimmt er den Investitionsumfang nach der Regel Grenzrendite gleich Kalkulationszinsfuß und erörtert, wann bei sich ändernden Umweltbedingungen eine Handlungsweise von einer anderen, dann vorteilhafteren, verdrängt wird (heute wird dies Sensitivitätsanalyse genannt) (vgl. *Thünen*, 1850/1910, 2. Teil, S. 178, 498, 588).

Am bekanntesten ist seine **Standortlehre:** die sog. *Thünen*schen Kreise. Sie sind das Ergebnis von Modellüberlegungen, welches landwirtschaftliche Produktionsprogramm gewählt werden soll in Entfernung von dem Marktort, der im Mittelpunkt eines isolierten Staates liegend gedacht wird. Zukunftsweisend wendet *Thünen* für das landwirtschaftliche Produktionsprogramm die Methode einer isolierenden Abstraktion an. Er argumentiert „ceteris-paribus" und bestimmt Optima durch eine **Marginalanalyse** unter Verwendung der **Differentialrechnung** (vgl. *Thünen*, 1850/1910, 2. Teil, z.B. S. 407–409). *Thünen* betont die Notwendigkeit des **Modelldenkens**. Den Gefahren eines ungeprüften Übertragens von Modellergebnissen in die Praxis sucht er durch Vergleiche mit seiner jahrelang mühsam aufgebauten landwirtschaftlichen Buchhaltung (also durch Tests von Hypothesen) zu begegnen.

(3) Neben der landwirtschaftlichen Betriebslehre entstehen im 19. Jahrhundert eine Reihe von Untersuchungen zu anderen Wirtschaftszweigen. Sie hätten der Betriebswirtschaftslehre in der ersten Hälfte des 20. Jahrhunderts den Weg weisen können, wären sie zur Kenntnis genommen oder sorgfältiger ausgewertet worden. Nur drei Autoren seien erwähnt.

Eisenbahngesellschaften sind die ersten Unternehmungen, für die das Anlagevermögen überragende Bedeutung gewinnt. Der erste Autor, der das Eisenbahnwesen umfassend behandelt, schreibt zugleich eine **erste Industrie-** bzw. **Verkehrsbetriebslehre** (vgl. *Lardner*, 1855/1968, z.B. S. 107–119, 148–150, 250–252). *Dionysius Lardner* (1793–1859, aus Irland stammender Mathematiker) ist einer der Begründer **betriebswirtschaftlicher Kostentheorie**. Seine Ausführungen über variable und fixe Kosten und darüber, wie in der Preispolitik das Gewinnmaximum gefunden werden kann, entstehen nicht nur unabhängig von dem in der Volkswirtschaftslehre hochgeschätzten *Augustin Cournot* (1801–1877, Schulverwaltungsbeamter in Grenoble und Dijon; vgl. *Cournot*, 1838), sondern sie sind vor allem stärker an der Wirklichkeit ausgerichtet, weil sie auf die Kostenerfassung eingehen. *Lardner* erörtert auch die **Innenfinanzierungspolitik** und die **Bilanzierung**, insbesondere bei technischem Fortschritt. Er kann als Entdecker einer leistungsmäßigen **Substanzerhaltung** angesehen werden.

Eine allgemeine, Landwirtschaft, Handel und Industrie umfassende Erwerbslehre unter Herausheben der Unternehmerfunktion eines Suchens nach Spekulationsgewinnen verfaßt (1855, S. 184) *Jean-Gustave Courcelle-Seneuil* (1813–1892), lehrt u.a. in Chile, später französischer Staatsrat).

Karl Bernhard Arwed Emminghaus (1831–1916, Professor in Karlsruhe, später Generaldirektor einer Versicherungsbank) erkennt 1868 die Notwendigkeit, zwischen der Volkswirtschaftslehre und der Privatwirtschaftslehre zu trennen und eine rationale **„Gewerkslehre"** (Industriebetriebslehre, ohne den Bergbau) zu errichten (vgl. *Emminghaus*, 1868a, S. 46 f.). Er spricht sich in bestechender Klarheit für eine rein praktisch-gestaltende Lehre aus und fordert die Koalitionsfreiheit der Arbeiter zu Gewerkschaften, den Unternehmern und Regierungen seiner Zeit um Jahrzehnte vorauseilend.

4. Anfänge ökonomischer Analyse des Rechts der Rechnungslegung und der internen Erfolgsrechnung

4.1. Inventar- und Buchhaltungsvorschriften zur Dokumentation und Vermögenszurechnung

(1) Kontrollen durch einen Herrscher, ob seine Anordnungen befolgt wurden, und die Rechenschaft durch einen Beauftragten sind die ursprünglichen Aufgaben des Rechnungswesens. So wird eine der Tontafeln aus der Zeit um 3000 v.Chr. als Inventar von Kupferminen und gesiebter Gerste ausgelegt (vgl. *Melis*, 1950, S. 132 f.).

Daneben erlangen Aufzeichnungen von Geschäftsvorfällen Bedeutung vor allem im Streitfall vor Gericht. Bankiers sind schon in Rom zur Kaiserzeit dazu verpflichtet, Bücher zu führen; sie haben diese bei Streitigkeiten vorzuzeigen, weil ihr Wirkungskreis öffentlich ist. So schenkt der Jurist *Cicero* (106–43 v.Chr.) demjenigen keinen Glauben, der seine Bücher nachlässig führt (vgl. *Cicero*, 1970, S. 185; *Pflüger*, 1904). Spätere Juristen, wie der erste „Handelsrechtler" *Straccha* (1509–1578), greifen auf diese Aussage über die Beweiskraft der **Handelsbücher** gern zurück (vgl. *Straccha*, 1558, Tz. 51). Demgegenüber bleiben die zahlreichen Buchhaltungsschriftsteller bis ins 19. Jahrhundert überwiegend im rechentechnischen, betriebswirtschaftlich Unbedarften stecken, Ausnahmen werden unter Abschn. 4.3 genannt.

(2) Im späteren Mittelalter verallgemeinern die oberitalienischen Zünfte die **Buchführungspflicht**: zur Sicherstellung der Forderungen der Zünfte an ihre Mitglieder, zur Kontrolle der Zunftgesetze über Kauf und Verkauf und als Beweismittel in Prozessen (*Doren*, 1908, S. 627–629). Da z.B. jeder Schneider ein Buch führen muß, in dem jede zugeschnittene Stoffmenge zu notieren ist, muß die Bürokratie bei den damaligen gerin-

gen bürotechnischen Möglichkeiten viel schlimmer als heute gewesen sein.

(3) Rechnungslegung entsteht bei Handelsgesellschaften, sobald die Gesellschafter nicht mehr in einer Haus- und Erwerbsgemeinschaft zusammenleben. **Rechnungslegung** wird insbesondere bei auswärtigen Niederlassungen benötigt, sowie in Gelegenheitsgesellschaften, zu denen sich Kaufleute zusammenschließen, z.B. um im Mittelalter Gewürze aus dem Orient zu holen. Nach und Nach entwickelt sich als Handelsbrauch das Aufstellen eines jährlichen **Inventars**. *Savary* (1675, Livre I, S. 325–330) fordert z.b. für Kleinhändler ein jährliches Inventar, weil sie keine doppelte Buchführung haben. Damit geht er über das zweijährige Inventar hinaus, das die „Ordonnance de Commerce" verlangt. In diesem jährlichen Inventar bewertet *Savary* Vorräte mit dem Marktpreis, sofern dieser unter den Anschaffungskosten liegt (also nach einem „Niederstwertprinzip"), jedoch uneinbringliche und zweifelhafte Forderungen zum Nennwert. Privatentnahmen werden nicht dem Gewinn zugezählt, so daß *Savarys* „balance du présent inventaire" allenfalls einer periodischen Vermögenszurechnung genügt, nicht aber einer Gewinnermittlung zum Zwecke der Einkommensmessung.

4.2. Messung des Einkommens als Periodengewinn bei Auftragshandeln

(1) Probleme des Rechnungswesens, die über das Erstellen von Bestandsverzeichnissen und das Dokumentieren von Geschäftsvorfällen hinausreichen, entstehen bei der Beendigung einer **Vermögensverwaltung** im Auftrag anderer, z.B. bei der Vermögensverwaltung des Vormundes für das Mündel, des Ehemannes für die Mitgift der Frau bei Ehescheidungen, beim Nießbrauch eines Grundstücks oder von Sklaven. Nach römischem Recht ist dem jeweiligen Auftraggeber (Mündel, der Scheidung begehrenden Ehefrau usw.) der **„Vermögensstamm"** zu erstatten. Die während des Handlungszeitraums zugewachsenen „Früchte" gehören dem Beauftragten (dem Vormund, Ehemann usw.). Die Unterscheidung von Frucht und Vermögensstamm bildet den Ursprung des **Einkommensbegriffs**. Dabei werden die jährlichen Früchte als Reinertrag vom „Vermögensstamm" (der zu erhaltenden Substanz) in folgen-

der Weise geschieden (vgl. *Petrazycki*, 1893, S. 221–261; *Reichel*, 1901, bes. S. 208–223):

Der Begriff des **Ertrages** bleibt auf die regelmäßigen, betriebsgewöhnlichen Zuflüsse an Gütern und Geld beschränkt. Veräußerungsgewinne aus Gegenständen des Vermögensstammes gelten nicht als Ertrag; denn Veräußerungsgewinne wachsen nicht dem Vermögensstamme als dessen Früchte zu. Darüber hinaus zählen z.b. bei einem Landgut selbst die betriebsgewöhnlichen „Erträge", wie der Nachwuchs an Tierjungen, nicht zur Frucht, solange die Substanz nicht in ihrer ursprünglichen Menge erhalten geblieben ist (also die Anzahl der Rinder oder Schafe in einer Viehherde). Dieser eingeengte Ertragsbegriff wird durch Saldierung mit den „betriebsgewöhnlichen" Ausgaben zum **Reinertrag**. Außerordentliche Ausgaben, z.b. Reparaturen an Dächern, belasten den Vermögensstamm.

(2) Der Begriff des **Periodengewinns** ist dem römischen und gemeinen (mittelalterlichen) Recht fremd. Gewinn, der von einem Gesellschafter entnommen werden darf (ohne daß er gegenüber anderen zum Schuldner wird), liegt erst am rechtlichen Ende einer Unternehmung vor („neque enim lucrum intellegitur nisi omni damno deducto neque damnum nisi omni lucro deducto", Corpus iuris civilis, Digesta XVII, 2, 30, § 1). Nur der „Totalgewinn" (Einnahmenüberschuß am Ende einer Unternehmung, z.b. einer Seereise in den Orient, eines Bergbaus) ist rechtlich Gewinn.

Um dennoch den Gesellschaftern Entnahmen des bisher erwirtschafteten Gewinns zu ermöglichen, entsteht in den großen Handelsgesellschaften des späten Mittelalters eine rechtlich-organisatorische Innovation: auf zwei bis fünf Jahre beschränkte Gesellschaftsverträge mit anschließender Erneuerung. So können wenigstens nach zwei bis fünf Jahren Gewinne verteilt werden. Daraus folgt dann über einen jahrhundertelangen Prozeß die Entwicklung zum entnahmefähigen Periodengewinn.

Auf den Zweck der Entziehbarkeit des Periodengewinns durch die Gesellschafter stellt erstmals das Preußische Allgemeine Landrecht 1794 ab (§§ 654, 656, 261–265). Für den Fall, daß im Gesellschaftsvertrag keine Gewinnermittlungsregeln enthalten sind, werden auf Anregung hanseatischer Kaufleute das **Realisationsprinzip** (erst durch Umsätze werden Gewinne verwirklicht), das **Imparitätsprinzip** (drohende Verluste sind vorwegzunehmen) sowie das **Periodisierungsprinzip** in Form von Anlagenabschreibungen vorgeschrieben (vgl. *Lion*, 1928, S. 429–434).

(3) **Aktiengesellschaften** bedürfen im deutschen Sprachraum bis in die zweite Hälfte des 19. Jahrhunderts der staatlichen Genehmigung. Die in der Preußischen Gesetzessammlung veröffentlichten Statuten der preußischen Aktiengesellschaften spiegeln bis über die Mitte des 19. Jahrhunderts hinaus die „Grundsätze ordnungsmäßiger Gewinnermittlung" wider, wie sie von Gesetzeszwängen unbeeinflußte Kaufleute damals empfinden: Den erzielten und verteilbaren Gewinn bildet der „**betriebsgewöhnliche" Einnahmenüberschuß** aus einfacher Buchhaltung ab, und nicht der Überschuß der Aktiva über die Passiva als Ergebnis eines Abschlusses sämtlicher Konten bei doppelter Buchführung (vgl. *Schneider*, 1981, S. 453–458). Noch nach 1870 gilt: „Die Eisenbahngesellschaften ... ermitteln den Gewinn durch Saldirung des Betriebscontos ohne Rücksicht auf die übrigen Bilanzconten" (o.V., 1879, S. 270). Ausgaben zur Ersatzbeschaffung verbrauchter Teile des Vermögensstammes werden sofort als Aufwand verbucht und führen zu einer Festwertrechnung.

Der Wunsch, bei (staatlich genehmigten) Aktiengesellschaften eine Verteilung des Reinertrages erst nach Ausgleich früherer Verluste zuzulassen, veranlaßt den preußischen Gesetzgeber 1856, eine Gewinnermittlung über eine **Einnahmenüberschußrechnung** bei Ausklammerung des Anlagevermögens (im damaligen Sprachgebrauch: über „Ertragsbilanzen") zu **verbieten**. Erst danach bildet für (Nicht-Eisenbahngesellschaften) „der Ueberschuß der Aktiva über die Passiva" (*Weinhagen*, 1866, Anhang S. 87) den Reingewinn.

Die weitere Rechtsentwicklung will die Ausschüttung „fiktiver" (unrealisierte Gewinne einschließender) Dividenden verhindern. Sie stellt die **Erhaltung** des (im heutigen Sprachgebrauch) **gezeichneten Kapitals** bei Kapitalgesellschaften in den Vordergrund, weil bei diesen keine Zubußepflicht der Anteilseigner aus ihrem Privatvermögen besteht. Deshalb wird in der Begründung zum HGB 1897 für Einzelkaufleute und Personengesellschaften die Übernahme der aktienrechtlichen Bewertung nach dem Realisationsprinzip als „hier zwecklos" betrachtet (*Denkschrift*, 1897, S. 3162).

Beginnend mit der Rechtskommentierung des Aktiengesetzes von 1884 (vor allem durch den Berliner Rechtsanwalt *Herman Veit Simon*, 1856–1915, vgl. *Simon*, 1886) und in Auseinandersetzung mit der Rechtsprechung des Preußischen Oberverwaltungsgerichts zum Einkommensteuergesetz 1891 werden nach und nach fast alle Einzelanwendungen der **handelsrechtlichen Grundsätze ordnungsmäßiger Buchführung** erarbeitet, die noch ein Jahrhundert später die Gewinnermittlung prägen.

4.3. Interne Erfolgsrechnung

(1) Einen Meilenstein für die **interne Periodenerfolgsrechnung** setzen die Überlegungen zu einem „verbeßerten Cameral-Rechnungs=Fuße" durch die österreichische Hofrechenkammer um 1760 (vor allem durch die Schriften ihres Hauptbuchhalters *Johann Matthias Puechberg*, 1708–1788). Die österreichische Hofrechenkammer bemüht sich im Geiste der Aufklärung, den Unterricht im Rechnungswesen zu fördern. In Wien und später an anderen Hochschulen des österreichischen Kaiserreichs werden Lehrstühle für Staatsrechnungswissenschaft errichtet (vgl. *Puechberg*, 1764, 1774).

(2) *Johann Gottfried Brand* (um 1740–1801), k.k. Rechnungsrath und ordentlicher öffentlicher Lehrer der Staatsrechnungswissenschaft an der Hochschule zu Wien, trennt 1790 als erster deutlich „die Vermögensbilanz, – die das reine Vermögen am Anfange mit jenem am Ende vergleicht, und alle Zuwächse und Abfälle des Vermögens in sich begreift, wenn sie auch nicht unmittelbar als Wirthschaftserträgnisse oder Aufwandstheile zu betrachten sind" von der „Wirtschaftsbilanz". Diese wird entweder als Plan-Ist-Vergleich des Jahreserfolgs verstanden oder hält „am Ende des Jahres die Summen der wirklichen Erträgnisse (Gewinnste) jenen des wirklichen Aufwandes (Verlustes) entgegen" (*Brand*, 1790, S. 44). Die Trennung zwischen einer sog. **statischen** und **dynamischen Bilanz** findet sich somit ein Jahrhundert vor *Schmalenbach*.

(3) Zahlenmäßige **Sollvorgaben** entwickeln sich vor sorgfältigen Istkostenrechnungen. Verwiesen sei nur auf den Produktions-, Absatz- und Finanzplan und die Vor- und Nachkalkulation eines Hochofens 1802 bei dem Herzoglich-Braunschweigisch-Lüneburgischen Cammerdirektor *Leopold Friedrich Fredersdorff* (1737–1814), der eine Plankostenrechnung mit ausgebauter Analyse der Ursachen für Abweichungen des Ists vom Soll beschreibt (vgl. *Fredersdorff*, 1802, S. 99–104, 451).

(4) Die Schwierigkeiten **innerbetrieblicher Leistungsverrechnung** werden durch *Johann Freiherr von Puteani* (1782–1847) an dem etwas anrüchigen Beispiel der „Bilanzirung der Miststätte" erläutert (vgl. *von Puteani*, 1818, S. 139 f.). Warum soll man das Problem der Ertragszurechnung (Abteilungserfolgsrechnung) bei Kuppelproduktion nicht am Beispiel der Viehwirtschaft verdeutlichen?

(5) Die betriebswirtschaftliche Lehre vom Rechnungswesen, wie sie sich in der ersten Hälfte des 20. Jahrhunderts entwickelt, greift auf die Quellen aus der Staatsrechnungswissenschaft nicht zurück, obwohl diese vor

allem in Italien (*Francesco Villa*, 1801–1884; *Fabio Besta*, 1845–1921) vertieft wird. Ein Grund mögen Animositäten zwischen deren Interpreten *Leon Gomberg* (1866–1935, zeitweise Professor in St. Gallen) und *Schmalenbach* gewesen sein (vgl. *Villa*, 1840/1841; *Besta*, 1891/1922; *Gomberg*, 1908).

5. Betriebswirtschaftliche Problemstellungen in der Volkswirtschaftslehre vor der Verselbständigung der Betriebswirtschaftslehre

(1) In der **Klassischen Politischen Ökonomie** werden betriebswirtschaftliche Probleme hintangestellt. Erst spätklassische Nationalökonomen formen Optimierungsregeln mit Hilfe des Marginalprinzips (zugleich als Grundlagen „neoklassischer Mikroökonomie") aus, wie *Claus Kröncke* (1771–1843) in einer Schrift über das Steuerwesen (1804, S. 388–394) oder *Georg Franz August Graf de Buquoy-de Longueval* (1781–1851) zur Tiefe des Pflügens (1815, S. 54) als Vorläufer *von Thünens*.

Hervorzuheben sind Ausführungen zur **Lehre** von den **Unternehmerfunktionen**: nach *Cantillon* (ca. 1680–1734, aus Irland stammender, in Frankreich und später London tätiger Bankier) und *Jean-Baptiste Say* (1767–1832, als Finanzbeamter bei Napoleon in Ungnade gefallen und daraufhin Lehrer der Volkswirtschaftslehre) insbesondere durch den preußischen Historiker *A.F. Riedel* (1809–1872) in einem Lehrbuch über Nationalökonomie 1838 (vgl. *Riedel*, 1838, S. 250, 258; 1839, S. 16, 286) und den Volkswirtschaftler *Hans von Mangoldt* (1824–1868) über den Unternehmergewinn 1855/1966.

(2) Spätklassische Autoren entwickeln die **Lehre** von den **Verfügungsrechten**. Bereits der schottische Emigrant *James Steuart* (1712–1799) behauptet 1767, das Schaffen von Verfügungsrechten erhöhe die Produktivität und damit das Volkseinkommen (vgl. *Steuart*, 1767/1966, S. 318 f.), und gegen *Adam Smith* (1723–1790, schottischer Ethiker, der als erster Vertreter der Klassischen Nationalökonomie gilt) betont dies vor allem *Say* (1814, Bd. 1, S. 237–240). Dessen nicht immer klare Aussagen rundet *Friedrich Benedikt Wilhelm Hermann* (1795–1868, Professor in München und bayerischer Politiker) ab, um „Kundschaften, Erwerbsrechte, Erleichterungsmittel und Gelegenheiten des Absatzes oder Kaufs

aller Art, über deren Genuß Einzelne ausschließlich verfügen können", in die „Reihe der Kapitale" treten zu lassen (*Hermann*, 1832/1987, S. 289 f.). Über *Say* und *Hermann* hinaus geht *Riedel* (1838, S. IX, 161, 172, 174) mit der Behauptung, daß nicht nur das **Schaffen**, sondern auch das **Übertragen** von **Verfügungsrechten** produktiv sei.

(3) Den Institutionen, in welche die „wirthschaftliche Persönlichkeit" verwoben ist, widmet *Albert Eberhard Friedrich Schäffle* (1831–1903, Nationalökonom in Wien, später Privatgelehrter) einen großen Teil seiner Forschungen. So untersucht „Die Anwendbarkeit der verschiedenen Unternehmensformen" (1869) Vor- und Nachteile der **Wahl** der **Rechtsform** von Handelsgesellschaften und Genossenschaften. *Schäffles* Untersuchung überragt durch Berücksichtigung sehr vieler Einflußfaktoren die kurz zuvor erschienene sorgfältige, diesbezügliche Arbeit von *Emminghaus* (1868b).

(4) In Kritik zur marktwirtschaftsbetonten Klassischen Politischen Ökonomie entwickelt sich im 19. Jahrhundert eine **historisch-ethische Schule** der **Nationalökonomie** mit einem Schwerpunkt im Deutschen Kaiserreich. Der Wortführer ihrer jüngeren Richtung, *Gustav Schmoller* (1838–1919, Preußischer Staatsrat), will durch seine Lehre von der Unternehmung „die Elemente zu einer deskriptiven psychologischen Gesellschaftslehre" (*Schmoller*, 1890, S. 76) erkennen und weiterentwickeln. Für *Schmoller* ist die geschichtliche Entwicklung der Unternehmung ein „psychologischer Erziehungsprozeß und ein Entwicklungsprozeß von Institutionen". Die historisch-ethische Schule beeinflußt maßgeblich den Denkstil amerikanischer Business-Schools und deren Absatzlehre. Jene Nationalökonomen und Wirtschaftsgeschichtler, die zwischen 1890 und 1920 die amerikanischen **Business-Schools** ausbauen, haben überwiegend bei Vertretern der historischen Schule im deutschen Sprachraum studiert (vgl. *Jones/Monieson*, 1990).

(4) Die Entwicklung der **neoklassischen Mikroökonomie** kann hier aus Raumgründen nicht nachgezeichnet werden. Sie legt den Grund für die heutige Preis-, Kosten- und Finanzierungstheorie. Jedoch soll nicht verschwiegen werden, daß das wohl wichtigste Werk der Neoklassik, nämlich die „Principles of Economics" (1890) *Alfred Marshalls* (1842–1924, Hochschullehrer hauptsächlich im britischen Cambridge), in der deutschsprachigen Volks- und Betriebswirtschaftslehre vor dem Zweiten Weltkrieg kaum Berücksichtigung findet. Praktisch unbeachtet bleiben auch die Werke von *Irving Fisher* (1867–1947, Nationalökonom in Yale), auf die sich erst Schriften zur **Investitionsrechnung** ab etwa 1960 häufig beziehen (vgl. *Fisher*, 1896 und in späteren Büchern).

6. Akademische Verselbständigung der Betriebswirtschaftslehre und Entwicklung bis zum Zweiten Weltkrieg

(1) Falsch ist es, in der Gründung von Handelshochschulen ab 1898 eine Art „Geburt" der Betriebswirtschaftslehre zu sehen. Zum einen ist die Gründung von Handelshochschulen nur in provinzieller Sicht eine Neuerung; denn sie folgt Vorbildern in Frankreich, Belgien und den USA. Zum anderen entstehen Handelshochschulen, um die Allgemeinbildung der Kaufleute in Recht, Fremdsprachen und Volkswirtschaftslehre zu verbessern, letzteres nicht zuletzt wegen des als unternehmerfeindlich empfundenen Selbstverständnisses der historisch-ethischen Volkswirtschaftslehre an den reichsdeutschen Universitäten (vgl. *Henning*, 1990, S. 67 f.).

In den Handelshochschulen erlebt das kameralistische Wissenschaftsverständnis eine nur wenig veränderte Wiederauferstehung. Erst nach 1908, also ein Jahrzehnt nach Erreichung der ersten Handelshochschulen, beginnen Lehrer der Buchhaltung und Handelskunde jene wissenschaftliche Gemeinschaft zu entwickeln, die heute „Betriebswirtschaftslehre" heißt. Sie führt zunächst noch den Namen **Privatwirtschaftslehre** oder **Handelswissenschaft** (zu verstehen in dem weiten Sinne, in dem das Handelsgesetzbuch kaufmännische Tätigkeiten regelt). Sie verselbständigt sich als akademische Disziplin ab 1912 durch Abgrenzung, ja Einigelung gegenüber der Volkswirtschaftslehre. Merkmale für die Verselbständigung der heute Betriebswirtschaftslehre genannten wissenschaftlichen Gemeinschaft sind:

(a) Zum Erfahrungsaustausch über **kaufmännische Techniken** (z.B. zur Kostenrechnung), der sich die beiden ersten Fachzeitschriften (*Zeitschrift für handelswissenschaftliche Forschung*, heute: *ZfbF; Zeitschrift für Handelswissenschaft und Handelspraxis*, heute: *DBW*) vorwiegend widmen, treten erste theoretische Erörterungen. *Schmalenbach* versucht 1908/09 mit seiner nach fünf Jahren gekürzt veröffentlichten Habilitationsschrift, die **Kostentheorie** aus der **Grenznutzenschule** (z.B. das Konzept der Opportunitätskosten) für eine Lehre von den **Verrechnungspreisen** anzuwenden: Sind knappe Faktoren zusätzlich zu beschaffen, entscheiden die **Grenzkosten**. Sind sie nicht zu beschaffen, entscheidet der **Grenznutzen** im Sinne einer alternativen Verwendbarkeit der knappen Bestände.

(b) Mit dem Lehrbuch von *Heinrich Nicklisch* (1876–1946, Hochschullehrer hauptsächlich in Berlin) wird eine erste **Allgemeine Betriebswirtschaftslehre** (1912) vorgestellt, die über Wiederbelebungsversuche früherer handlungswissenschaftlicher Lehrtexte (vgl. *Hellauer,* 1910; *Schär,* 1911) hinausgeht.

(c) Wissenschaftliche Selbständigkeit erlangt diese Gemeinschaft von Hochschullehrern der Handelswissenschaft bzw. Privatwirtschaftslehre durch die Auseinandersetzung um die Privatwirtschaftslehre als **„Profitlehre"** 1912.

(2) Der Streit um die **Privatwirtschaftslehre als Wissenschaft** entsteht als Nachwehe zum **Werturteilsstreit** drei Jahre zuvor in der Volkswirtschaftslehre. Der Anlaß des Werturteilsstreits ist aus dem Selbstverständnis der Mehrheit damaliger deutscher Volkswirtschaftler zu verstehen: „Wer glaubt denn heutzutage außerhalb unserer Kreise noch an nationalökonomische Wissenschaft? Die Praxis doch ganz gewiß nicht, und ich kann es wahrhaftig der Praxis nicht verdenken, daß sie diese Art Wissenschaft gering achtet" (*Werner Sombart,* 1863–1941, auf der Tagung des „Vereins für Socialpolitik", 1909, S. 569). Eine Gruppe Mittvierziger, mit *Max Weber* (1864–1920, Hochschullehrer in Freiburg, Heidelberg und München) an der Spitze, will weg von sozial- und wirtschaftspolitischen Reden und hin zu erklärenden Theorien. Das ist der Anlaß des Werturteilsstreits. In dessen Folge spalten sich **Soziologie** und **Betriebswirtschaftslehre** von der **Volkswirtschaftslehre** (damals oft **Staatswissenschaft** genannt) ab.

Als Nachwehe dieses Streits betont *Lujo Brentano* (1844–1931, Volkswirt in München), daß die Professoren der Volkswirtschaftslehre „den ihnen anvertrauten Stoff vom Standpunkt des Gesamtinteresses zu behandeln" (*Brentano,* 1912/13, S. 6) haben. Aus dieser Haltung heraus verdächtigt er seinen Kollegen *Richard Ehrenberg* (1857–1921), der sich inzwischen von seinem Gutachten für Handelshochschulen ein gutes Dutzend Jahre zuvor zu distanzieren bemüht (vgl. *Ehrenberg,* 1910, 1912/13), und zwei jüngere Nationalökonomen (*M. Weyermann,* 1876–1935, Hochschullehrer in Freiburg, Bern und Jena, *H. Schönitz,* Dozent in Freiburg, 1915 gefallen), sie förderten die wirtschaftspolitischen Sonderinteressen der Unternehmer. Jedoch wünschen *Weyermann* und *Schönitz* lediglich im Sinne *Max Webers* eine „wertfreie" (= erklärende) Privatwirtschaftslehre (vgl. *Weyermann/Schönitz,* 1912, z.B. S. 48–54). Der einzige offene Angriff von volkswirtschaftlicher Seite gegen die Betriebswirtschaftslehre ist somit nicht nur aus Brotneid und akademischem Hohepriestertum zu erklären, sondern vor allem durch Kämpfe zwischen volkswirtschaftlichen Ideologien.

Dies belegt auch der Vorwurf damaliger reichsdeutscher Volkswirtschaftler gegen die Privatwirtschaftslehre, diese sei bloße „Profitlehre". Geflissentlich übersehen sie dabei, daß viele Größen ihres Faches, z.B. *Quesnay, Adam Smith, Ricardo, John Stuart Mill, Jevons*, der ethischen Lehre des Hedonismus bzw. Utilitarismus folgen, wonach ein Verfolgen des Eigennutzes zugleich dem Gemeinwohl diene.

(3) Die Mehrzahl der Vertreter der Privatwirtschaftslehre betont, ihr Fach solle nur zu **privatwirtschaftlicher Erkenntnis** führen, nicht zu wirtschaftspolitischer. Dennoch fordern ein gesellschaftlich-verpflichtetes Wissenschaftsziel *Johann Friedrich Schär* (1846–1924, Hochschullehrer in Zürich und Berlin) 1912/13 und entgegen früherer Kritik an *Schär* nach 1915 *Nicklisch*, vermutlich unter dem Eindruck von *Brentano*s Angriff: „So sehen auch die Vertreter der Privatwirtschaftslehre bei ihrer Arbeit in erster Linie den Menschen und dann das Verhältnis des Einzelnen … Er ist Glied des Ganzen. Und sein Tun und Lassen muß beherrscht sein durch dieses Verhältnis des Einzelnen zur Gesamtheit" (*Nicklisch*, 1915/16, S. 104).

Schmalenbach wendet sich erst ab 1918 dem Ziel einer **Gemeinwirtschaftlichkeit** zu, indem er seine Überlegungen zur Verbesserung der innerbetrieblichen Wirtschaftlichkeit an wohlfahrtsökonomischen Theoremen des Konkurrenzgleichgewichts ausrichtet. Musterhaft belegt dies teils die Erstfassung seiner **„dynamischen Bilanzauffassung"** (1919), deutlich seine **Preiskalkulation** nach einem sog. **„proportionalen Satz"** als widerspruchsreichem Vorläufer einer **Teilkostenrechnung**. *Schmalenbach*s Hinwendung zu einer Gemeinwirtschaftlichkeit kann als Nachhall der Angriffe von volkswirtschaftlicher Seite gegen die Privatwirtschaftslehre erklärt werden, aber auch dadurch, daß die Reichsregierung bei ihren Sozialisierungsbestrebungen nach 1918 keine Vertreter der Privatwirtschaftslehre beratend hinzuzieht, weil die Privatwirtschaftslehre als Profitwissenschaft für Unternehmer gilt.

Der gesellschaftspolitisch neutrale Klang des Namens **Betriebswirtschaftslehre** gegenüber der als bloße Profitlehre verdächtigten „Privatwirtschaftslehre" gibt für die Umbenennung der wissenschaftlichen Gemeinschaft von „Privatwirtschaftslehre" in „Betriebswirtschaftslehre" (zunächst in Köln) den Ausschlag. Als „Betriebswirtschaftler" wird dann auch *Schmalenbach* 1919 in den vorläufigen Reichswirtschaftsrat berufen (vgl. *Schmalenbach-Vereinigung*, 1948, S. 24). Die Namensänderung der

Privatwirtschaftslehre in „Betriebswirtschaftslehre" und die wirtschafts-
politische Zielsetzung der Gemeinwirtschaftlichkeit bei einzelwirtschaftlichen Untersuchungen sind Reaktionen auf die gleiche Ursache: Auswei-
chen vor dem Vorwurf einer bloßen Profitlehre.

Gegen den Strom gemeinwirtschaftlichen Denkens äußert *Wilhelm Rieger*
(1878–1971, Professor in Nürnberg und Tübingen) ein Bekenntnis zu einer marktwirtschaftlichen Ordnung und nennt sich zuletzt als einziger
noch „Privatwirtschaftler". Er sieht Gewinnstreben als das Unterneh-
mungsziel an, auf das hin die Betriebswirtschaftslehre erklärende Theorien zu entwickeln habe (vgl. *Rieger*, 1928).

(4) Bis 1920 führt die Privat- bzw. Betriebswirtschaftslehre ein wenig be-
achtetes Dasein. Eine erste in den Augen der Öffentlichkeit respekter-
heischende Leistung gelingt mit Lösungsvorschlägen zum Problem
Geldentwertung und **Bilanzierung**. Praktiker wie *Walter Rathenau* (Leiter
der *AEG* und der Rohstoffabteilung im Preußischen Kriegsministerium,
1922 als Reichsaußenminister ermordet) und betriebswirtschaftliche
Hochschullehrer erkennen ab Oktober 1920 das Problem und entwik-
keln Lösungsvorschläge, denen später aus dem Reichsfinanzministerium
sogar ein Konzept zur Nettosubstanzerhaltung folgte (vgl. *Schneider*,
1994, S. 226–238). Zwei Meßtechniken prägen die bilanztheoretische
Diskussion hierüber in den folgenden Jahrzehnten:

(a) *Fritz Schmidt* (1882–1950, Hochschullehrer in Frankfurt) erläutert die
Ermittlung des quellenmäßigen **Reinertrags** für Zeitläufe mit steigenden
Preisen. Er fordert (wenngleich nicht als erster) für alle Bilanzbestände
und für Aufwand und Ertrag die **Bewertung** zu **Wiederbeschaffungspreisen** am **Umsatztag** (dem bilanzrechtlichen Realisationszeitpunkt für
Ertrag und Aufwand; vgl. *Schmidt*, 1921, 1929/1951). Den Buchgewinn
aus der Bewertung der Bestände zu Wiederbeschaffungskosten, die über
den Anschaffungs- oder Herstellungskosten liegen, neutralisiert er durch
eine offene Zwangsrücklage „Wertänderungen am ruhenden Vermögen". Über die Voraussetzung einer „Wertgleichheit von Geldforderun-
gen und Geldschulden" definiert er das Problem einer **inflatorischen
Finanzierungslücke** weg (weil Gewinn bereits im Zeitpunkt der For-
derungsentstehung verwirklicht wird und gewinnabhängige Ausgaben
vor dem Einnahmenzufluß auslöst) sowie das Problem ihres Abbaus
durch Kreditaufnahmen oder Kundenanzahlungen. Nicht beachtet wird
in *Schmidts* organischer Tageswertbilanz, inwieweit in den Zinssätzen eine
Inflationsrate bereits „überwälzt" ist.

(b) *Walter Mahlberg* (1884–1935, Betriebswirtschaftler zuletzt in Freiburg) und *Schmalenbach* konstruieren im einzelnen die Rechentechnik für eine bilanzielle Gewinnermittlung, die über **Kaufkraftindices Geldwertänderungen** bereinigt: reale Kapitalerhaltung (vgl. *Mahlberg*, 1921/1923; *Schmalenbach*, 1921, 1922). Die Meßtechniken zur **Substanzerhaltung** und zur **realen Kapitalerhaltung** zählen zu den im Weltmaßstab wichtigsten Beiträgen der deutschsprachigen Betriebswirtschaftslehre in der ersten Hälfte dieses Jahrhunderts.

(5) Neben einem Ausbau der **Handelsbetriebslehre** (*Josef Hellauer*, 1871–1956; *Julius Hirsch*, 1882–1961; *Rudolf Seÿffert*, 1893–1971) entwickelt sich die **Kostentheorie** und **Kostenrechnung** zum Schwerpunkt betriebswirtschaftlicher Forschung. Eine zweite im Weltmaßstab originäre Leistung bilden vor und in der Zeit der Weltwirtschaftskrise Arbeiten zu den vielfältigen **Preisuntergrenzen** in Abhängigkeit von einzelnen Umweltbedingungen (Verkauf vom Lager, Mehrproduktbetrieb, Liquiditätsengpässe, Liquidationsüberlegungen) vor allem durch *Carl Ernst Schulz* (1899–1959), *Fritz Schmidt* und *Hellauer* (vgl. *Schulz*, 1928; *Schmidt*, 1930, S. 129–135; *Hellauer*, 1931, S. 128–145).

Schmalenbach befürchtet 1928 aus der **Zunahme** der **fixen Kosten** das **Ende** einer **marktwirtschaftlichen Ordnung**: Kartelle und eine durch staatliche Planung „gebundene Wirtschaft" seien zwangsläufig zu erwarten. Während sich einzelne Volkswirtschaftler mit dieser waghalsigen Prognose eines künftigen Wirtschaftssystems auseinandersetzen, schweigen die Vertreter der Betriebswirtschaftslehre dazu. Sie versagen (sich) vor dem Einbinden ihres Forschungsgebiets in Probleme der Wirtschaftsordnung.

Bald darauf, in der Zeit des Nationalsozialismus, wird es lebensgefährlich, sich gegen die völkisch-wirtschaftliche Doktrin zu äußern. Einzelne Betriebswirtschaftler halten 1938 mit beachtlichem Mut dagegen (*Max Rudolf Lehmann*, 1886–1965, *Alexander Hoffmann*, 1879–1946), andere fallen auf das nationalsozialistische Gemeinschaftsgefasel herein (wie *Nicklisch*, 1933, S. 307) oder biedern sich an.

7. Betriebswirtschaftslehre nach dem Zweiten Weltkrieg

(1) Der Wiederbelebung betriebswirtschaftlicher Forschung nach dem Zweiten Weltkrieg ist das **Eingebundensein** ihres **Untersuchungs-**

objektes in eine **Wirtschaftsordnung** selbstverständlich: „Die deutsche Betriebswirtschaftslehre verdankt ihre Fortschritte in erster Linie dem dynamisch-organischen Denken, das den **Betrieb als eine Durchgangsstelle des wirtschaftlichen Kreislaufs** im Strome der Wirtschaftsumsätze sieht" formuliert *Fritz Schmidt* in seinem letzten Aufsatz, der zugleich das Wiedererscheinen der *ZfB* 1950 eröffnet. *Schmalenbach* hat zuvor schon (1948, S. 24) den „Betrieb als einen mit eigener Lenkung ausgestatteten Organismus" bezeichnet, „der in dem Gesamtkörper der Wirtschaft eines Landes nur ein Organ ist". *Konrad Mellerowicz* (1891–1984, Hochschullehrer in Berlin) übernimmt dieses Bild in seine Überlegungen zum Verhältnis von Wirtschaftsordnung und Betriebsordnung (1950).

Gegen eine Betriebswirtschaftslehre als „**Wirtschaftlichkeitslehre** der Unternehmung", wie sie zum 50jährigen Jubiläum der ersten Handelshochschule und zum 75. Geburtstag *Schmalenbachs* als Programm formuliert wird, fordert als erster *Martin Lohmann* (geb. 1901, Betriebswirtschaftler in Freiburg) „eine die Sach- und Sozialwelt des Unternehmens in gleicher Weise umschließende Lehre" (*Lohmann*, 1949, S. 19*). *Karl Hax* (1901–1978, Professor vor allem in Frankfurt) kontert: „Man kann natürlich die Betriebswirtschaftslehre auch in Richtung auf eine Betriebssoziologie entwickeln; dann ist sie aber keine Wirtschaftswissenschaft mehr. Es fördert auch die Lösung der Probleme nicht, wenn man die Vertreter des Wirtschaftlichkeitsprinzips ... im Zwielicht einer materialistischen Weltanschauung erscheinen läßt, der gegenüber sich dann die eigene ‚soziale' Haltung um so wirkungsvoller abhebt. Das ist die glatte und bequeme Formel, mit der man den Problemen ausweicht, die aber nichts zu ihrer Lösung beiträgt" (*Hax*, 1949, S. 357). Ähnlich klar bezieht *Erich Schäfer* (1900–1984, Hochschullehrer hauptsächlich in Nürnberg) Stellung (*Schäfer*, 1952).

(2) Der Zwiespalt zwischen einer Betriebswirtschaftslehre, die, von marktwirtschaftlichem Willen getragen, auf der **Wirtschaftstheorie** aufbaut, und einer **Managementlehre**, die an eine ethisch-soziale Verantwortung der Unternehmungsführung appelliert und unter die Fittiche einer allumfassenden Verhaltens- bzw. Sozialwissenschaft schlüpfen will, bricht deutlich auf, nachdem *Erich Gutenberg* (1897–1984, Hochschullehrer hauptsächlich in Köln) sein Verständnis von den „Grundlagen der Betriebswirtschaftslehre" auf einer Kritik der mikroökonomischen Produktionstheorie und auf der Theorie der monopolistischen Konkurrenz 1951/55 aufbaut. Nicht ohne Widerstand wird der Einbau der im wesentlichen auf erklärende Theorien gerichteten Mikroökonomie in die bisher im wesentlichen praktisch gestaltende Betriebswirtschaftslehre

hingenommen. „Ursprung und Zweck der Betriebswirtschaftslehre ist die einzelbetriebliche Praxis … Eine Betriebswirtschaftslehre … soll … dem praktischen Betriebe dienen": Diese Forderung setzt *Mellerowicz* (1952, S. 146) dem Theoriebemühen *Gutenbergs* entgegen.

Nur an der Oberfläche geht es in diesem **Methodenstreit** um den Verlauf von Kostenkurven (*Mellerowicz*, der kritiklos den ertragsgesetzlichen Kostenverlauf übernommen hat, sieht seine Lehre durch *Gutenbergs* Kritik am Ertragsgesetz bedroht) und um das Für und Wider einer „mathematisch-deduktiven Methode". Wie die sich anschließenden Wortmeldungen (vgl. *Löffelholz*, 1952; *Fischer*, 1952) zeigen, fühlen sich die Anhänger einer **Betriebswirtschaftslehre** als **ganzheitlicher Organisationswissenschaft** (im heutigen Sprachgebrauch: einer interdisziplinären Managementwissenschaft) bedroht durch die wirtschaftstheoretische Sicht *Gutenbergs*.

(3) Von der bis etwa 1970 in eine fast dominierende Rolle hineinwachsenden, mikroökonomisch fundierten und durch die Unternehmungsforschung in Optimierungstechniken verfeinerten Betriebswirtschaftslehre wenden sich als erste viele an Absatzfragen Arbeitende ab. Sie importieren das amerikanische **„Marketing"**. Zu den Treppenwitzen der Fachgeschichte zählt, daß die von ihnen zurückgewiesene Preistheorie der unvollkommenen Konkurrenz gerade als Lehre von der Beeinflussung des Käuferverhaltens und realitätsbezogenen Annäherung an Marktprozesse gegen die neoklassische Lehre vom Konkurrenzgleichgewicht von *Edward Hastings Chamberlin* (1899–1967, Ökonom in Cambridge, Mass.) konzipiert ist (vgl. *Chamberlin*, 1933/1962; *Ahonen*, 1990, S. 95–97).

(4) Mit der nach 1970 immer offenkundiger werdenden Spaltung der Hochschulgemeinschaft „Betriebswirtschaftslehre" in gegensätzliche (entweder wirtschaftstheoretisch oder sozialwissenschaftlich verankerte) Denkstilgemeinschaften geht ein **Auflösungsprozeß** der **Allgemeinen Betriebswirtschaftslehre** im Hochschulunterricht, vor allem im Hauptstudium, einher. Ein Grund hierfür ist, daß sich in den letzten 25 Jahren die Forschung immer stärker auf den Ausbau Spezieller Betriebswirtschaftslehren verlagert, wobei die früheren **Wirtschaftszweiglehren** (vor allem: Industriebetriebslehre, Handelsbetriebslehre, Bankbetriebslehre) überwiegend durch weitaus stärker aufgegliederte **Funktionslehren** ersetzt werden.

Mit der aufgefächerten Spezialisierung wächst die **Zahl** der (ordentlichen bzw. heute C 4-) **Professoren**: von 6 (1920) über 26 (1938), 31 (1953) auf

304 (1980) und 351 (1994/5). Nach einem Auf und Ab vor dem Zweiten Weltkrieg explodiert in den letzten zwei Jahrzehnten die Betriebswirtschaftslehre zu einem **Massen-Studienfach** von 7030 Studenten (1920) über 2833 (1938) auf 1953: 9691 (plus 114 Wirtschaftswissenschaft allgemein neben 5786 Volkswirtschaftslehre), 1980: 24 146 (plus 22 547 Wirtschaftswissenschaft allgemein neben 11 985 Volkswirtschaftslehre), 1994/5: 139 207 (plus 80 401 Wirtschaftswissenschaft allgemein neben 23 831 Volkswirtschaftslehre).

(5) In den einzelnen **Speziellen Betriebswirtschaftslehren** werden dabei Forschungserfolge durch unterschiedliche methodologische Sichtweisen zu erreichen versucht:

Während ab 1970 innerhalb der deutschsprachigen Betriebswirtschaftslehre die über Absatz- und Organisations- (bzw. Personal- und Unternehmungsführungs-) Fragen Forschenden mehrheitlich einem „sozialwissenschaftlichen Basiskonzept" bzw. einer **interdisziplinären Managementwissenschaft** folgen, wählt die bis dahin kaum über begriffliche Systematisierungen und Faustformeln hinausgelangte Lehre von Investition und Finanzierung seit dieser Zeit eine wirtschaftstheoretische Sichtweise und baut verstärkt ab etwa 1980 auf Kapitalmarktgleichgewichtsmodelle. Da jedoch Modelle des Konkurrenzgleichgewichts Wettbewerb als Handeln im Ungleichgewicht wegdefinieren (auf einen Nullpunkt reduzieren), gilt auch für diesen Bereich betriebswirtschaftlicher Forschung, daß sich marktwirtschaftlicher Wille mit überwiegend planwirtschaftlichem Können und dessen Überschätzung paart (vgl. *Schneider*, 1989).

Um die Mitte der achtziger Jahre wendet sich die Finanzierungstheorie – wie die Lehre von der steuer- und handelsrechtlichen Rechnungslegung – einer **Theorie** der **Institutionen** innerhalb einer **Wettbewerbsordnung** zu. In der Forschung der Jahre bis 1998 drängt dabei die Übernahme und Weiterentwicklung der **Institutionellen Mikroökonomie** in den Vordergrund:

- eine **Lehre** von den **Verfügungsrechten** einschließlich weiter Teile einer ökonomischen Analyse des Kapitalmarkt-, Bilanz- und Steuerrechts, ansatzweise auch des Arbeits- und Wettbewerbsrechts;

- der **Transaktionskostenansatz**, der vor allem hierarchische Organisationen gegenüber Marktbeziehungen erklären will;

- die **Lehre** von den **Principal-Agent-Modellen**. Sie behandelt modellmäßig die Beziehungen zwischen Auftraggebern und von ihnen gegen Entgelt Beauftragten. Dabei beschäftigt sie sich vor allem mit sog. unvollständigen Verträgen, bei denen für die Gesamtlaufzeit Rechte und Pflichten der vertragschließenden Marktparteien nicht vollständig aufgelistet oder nicht rechtlich erzwungen werden können, z.b. weil Verstöße nicht zu beweisen sind.

Die Forschungen aus der **Institutionenökonomie** wiederbeleben das Interesse an einer Allgemeinen Betriebswirtschaftslehre und werden in den letzten Jahren zunehmend auch in der Absatz-, Organisations- und neuerdings in der Personalwirtschaftslehre aufgegriffen. Die institutionenökonomischen Ansätze sind inzwischen um evolutorische Sichtweisen über Marktprozesse, über Ressourcen, die anhaltende Wettbewerbsvorteile versprechen, und eine Lehre des Ausübens von Unternehmerfunktionen erweitert worden.

Literatur

Ahonen, G., A ‚Growth of Knowledge' Explanation to the Responses to Chamberlin's Theory of Monopolistic Competition, in: Research in the History of Economic Thought and Methodology, Vol. 7 (1990), S. 87–103.

Aristoteles, Politik, übers. von *E. Rolfes*, 4. Aufl., Hamburg 1980.

Baumstark, E., Kameralistische Encyclopädie, Heidelberg, Leipzig 1835 (Nachdruck Glashütten 1975).

Bernoulli, D., Specimen Theoriae novae de Mensura Sortis, in: Commentarii academiae scientiarum imperialis Petropolitanae, *Tomus V* (1738), S. 175–192; deutsche Übersetzung durch *A. Pringsheim*, Versuch einer neuen Theorie der Wertbestimmung von Glücksfällen, Leipzig 1896 (Nachdruck Farnborough Hants 1967).

Besta, F., La ragioneria, 1. Aufl., Mailand 1891; 2. Aufl., Vol. I, III, 1922, Vol. II, 1920.

Brandt, J.G., Tabellarische Uibersicht über die Grundsätze der Staatsrechnungswissenschaft, Wien 1790.

Brentano, L., Privatwirtschaftslehre und Volkswirtschaftslehre, in: Bank-Archiv, 12. Jg. (1912/1913), S. 1–6.

Büsch, J.G., Theoretisch-praktische Darstellung der Handlung in deren mannigfaltigen Geschäften, 5 Bde, Hamburg 1797–1800.

von Buquoy, G., Die Theorie der Nationalwirthschaft nach einem neuen Plane und nach mehrern eigenen Ansichten dargestellt, Leipzig 1815.

Cantillon, R., Essai sur la nature du commerce en général (um 1725), deutsche Übersetzung der französischen Ausgabe von 1755: Abhandlung über die Natur des Handels im allgemeinen, mit einer Einleitung von *F.A. Hayek*, Jena 1931.

Chamberlin, E.H., The Theory of Monopolistic Competition, Cambridge/Mass. 1933, 8. Aufl. 1962.

Cicero, M.T., Sämtliche Reden, übersetzt von *M. Fuhrmann*, 1. Band, Stuttgart-Zürich 1970, Rede für den Schauspieler *Q. Roscius*, S. 183–207.

Columella, De re rustica; deutsch: Über Landwirtschaft, übersetzt von *K. Ahrens*, Berlin 1972.

Corpus iuris civilis. Digesta, hrsg. von *T. Mommsen, P. Krüger*, 20. Aufl., Dublin, Zürich 1968.

Courcelle-Seneuil, J.-G., Traité théorique et pratique des entreprises industrielles, commerciales & agricoles, ou Manuel des affaires, Paris 1855; deutsch: Theorie und Praxis des Geschäftsbetriebs in Ackerbau, Gewerbe und Handel, Stuttgart 1868.

Cournot, A., Recherches sur les principes mathématiques de la théorie des richesses, Paris 1838; deutsch: Untersuchungen über die mathematischen Grundlagen der Theorie des Reichtums, Jena 1924.

Darjes, J.G., Erste Gründe der Cameral=Wissenschaften, 2. Aufl., Leipzig 1768 (Nachdruck Aalen 1969).

Denkschrift zu dem Entwurf eines Handelsgesetzbuchs und eines Einführungsgesetzes, in: Stenographische Berichte über die Verhandlungen des Reichstages, 9. Legislaturperiode, IV. Session 1895/97, Sechster Anlagenband, Berlin 1897, S. 3141–3298.

Doren, A., Das Florentiner Zunftwesen, Stuttgart, Berlin 1908.

Ehrenberg, R., Terrorismus in der Wirtschafts=Wissenschaft, Berlin 1910.

Ehrenberg, R., Keine „Privatwirtschaftslehre"!, in: Bankarchiv, 12. Jg. (1912/13), S. 55–57.

Emminghaus, A. (1868a), Allgemeine Gewerkslehre, Berlin 1868.

Emminghaus, A. (1868b), Zur Lehre von den Erwerbsgesellschaften, in: Vierteljahresschrift für Volkswirthschaft und Kulturgeschichte, Bd. XXI (1868), S. 39–61, Bd. XXIII (1868), S. 36–68.

Fischer, G., Keine einheitliche Wirtschaftstheorie!, in: ZfB, 22. Jg. (1952), S. 477–484.

Fisher, I., Appreciation and Interest, in: Publications of the American Economic Association, Vol. 11 (1896), No. 4.

Fredersdorff, L.F., Praktische Anleitung zu einer guten Eisenhütten=Oeconomie, Verfertigung der Eisenhütten=Ertrags=Anschläge oder jährlichen Hütten= Etats und zur zweckmäßigen Einrichtung der Betriebs= und Handlungs= Rechnungen, Pyrmont 1802.

Gasser, S.P., Einleitung zu den Oeconomischen Politischen und Cameral=Wissenschaften, Halle 1729 (Nachdruck Glashütten 1970).

Gomberg, L., Grundlegung der Verrechnungswissenschaft, Leipzig 1908.

Gutenberg, E., Grundlagen der Betriebswirtschaftslehre, Band 1: Die Produktion, 1. Aufl., Berlin u.a. 1951; Band 2: Der Absatz, 1. Aufl., Berlin u.a. 1955.

Hax, K., Betriebswirtschaftslehre als Wirtschaftlichkeitslehre der Unternehmung, in: ZfhF, NF, 1. Jg. (1949), S. 356–358.

Hellauer, J., System der Welthandelslehre, Erster Band: Allgemeine Welthandelslehre, Berlin 1910.

Hellauer, J., Kalkulation in Handel und Industrie, Berlin, Wien 1931.

Henning, F.-W., Von der Handelsakademie zur Handelshochschule (18. bis 20. Jahrhundert), in: Handelsakademie – Handelshochschule – Wirtschafts-

und Sozialwissenschaftliche Fakultät, hrsg. v. *F.-W. Henning*, Köln, Wien 1990, S. 53–79.

Hermann, F.B.W., Staatswirthschaftliche Untersuchungen über Vermögen, Wirthschaft, Productivität der Arbeiten, Kapital, Preis, Gewinn, Einkommen und Verbrauch, München 1832 (Nachdruck Frankfurt, Düsseldorf 1987).

Hoffmann, A., Zur nationalsozialistischen Betriebswirtschaftslehre, in: Der praktische Betriebswirt, 18. Jg. (1938), S. 324–330.

Jacquemin, Lettre du Père Jacquemin … au Père Procureux des Missions des Indes & de la Chine, le 1er septembre 1712, in: Lettres édifiantes et curieuses, écrites des missions étrangères, Mémoires de la Chine & c. Nouvelle Edition, Tome 18, Paris (Merigot) 1781, S. 179–223.

Jones, D.G., D.D. Monieson, Early Development of the Philosophy of Marketing Thought, in: Journal of Marketing, Vol. 54 (1990), No. 1, S. 102–113.

Kröncke, C., Das Steuerwesen, nach seiner Natur und seinen Wirkungen untersucht, Darmstadt, Gießen 1804.

Lardner, D., Railway Economy, A Treatise on the New Art of Transport … London 1850, 2. Aufl., New York 1855 (Nachdruck New York 1968).

Lehmann, M.R., Volkswirtschaftliches Denken beim betriebswirthschaftlichen Rechnen, in: ZfhF, 32. Jg. (1938), S. 97–118.

Leibniz, G.W., De incerti aestimatione (1678), Abdruck und Kommentar bei *K.-R. Biermann, M. Faak*, in: Forschungen und Fortschritte, 31. Jg. (1957), S. 45–50.

Leibniz, G.W., Meditatio juridico-mathematica de interusurio simplice (1682), in: *G.W. Leibniz*, Mathematische Schriften, hrsg. v. *C.I. Gerhardt*, Bd. VII, Die mathematischen Abhandlungen, Halle 1863 (Nachdruck Hildesheim 1962), S. 125–132.

Leuchs, J.M., Allgemeine Darstellung der Handlungswissenschaft, Nürnberg 1791.

Leuchs, J.M., System des Handels, 1. Aufl., Nürnberg 1804 (Nachdruck Stuttgart 1933).

Lion, M., Geschichtliche Betrachtungen zur Bilanztheorie bis zum Allgemeinen Deutschen Handelsgesetzbuch, in: Vierteljahresschrift für Steuer- und Finanzrecht, 2. Jg. (1928), S. 401–441.

Löffelholz, J., Betriebswirtschaft am Scheidewege?, in: ZfB, 22. Jg. (1952), S. 387–400.

Lohmann, M., Rezension „Wirtschaftsprüfung, Die – …", in: Weltwirtschaftliches Archiv, Bd. 62 (1949 I), S. 16*–19*.

Mahlberg, W., Bilanztechnik und Bewertung bei schwankender Währung, 1. Aufl., Leipzig 1921, 3. Aufl., Leipzig 1923.

von Mangoldt, H., Die Lehre vom Unternehmergewinn, Leipzig 1855 (Nachdruck Frankfurt 1966).

Marshall, A., Principles of Economics, 1. Aufl., London 1890.

Melis, F., Storia della Ragioneria, Bologna 1950.

Mellerowicz, K., Wirtschaftsordnung und Betriebsordnung, Das Problem in historischer Betrachtung, in: ZfB, 20. Jg. (1950), S. 321–331.

Mellerowicz, K., Eine neue Richtung in der Betriebswirtschaftslehre?, in: ZfB, 22. Jg. (1952), S. 145–161.

de Montchrétien, A., Traicté de l'oeconomie politique. Dedié en 1615 au Roy et à la Reyne mère du Roy, Nachdruck hrsg. von *Th. Funck-Brentano*, Paris 1889.

Nicklisch, H., Allgemeine kaufmännische Betriebslehre als Privatwirtschaftslehre des Handels (und der Industrie), Leipzig 1912.

Nicklisch, H., Rede über Egoismus und Pflichtgefühl, in: ZHH, 8. Jg. (1915/16), S. 101–104.

Nicklisch, H., Betriebswirtschaftslehre und Nationalsozialismus, in: Die Betriebswirtschaft, 26. Jg. (1933), S. 305–307.

o.V., Die Eisenbahn-Bilanzen in ihrem Verhältniss zum Handelsgesetzbuch, in: Zeitung des Vereins Deutscher Eisenbahn-Verwaltungen, 19. Jg. (1879), S. 268–271, 280–285.

von Petrazycki, L., Die Lehre von Einkommen, Bd. I: Grundbegriffe, Berlin 1893.

Pflüger, H.H., Ciceros Rede pro Q. Roscio Comoedo, Leipzig 1904.

Puechberg, J.M., Einleitung zu einem verbeßerten Cameral-Rechnungs=Fuße, auf die Verwaltung einer Herrschaft angewandt, Wien 1764.

Puechberg, J.M., Grundsätze der Rechnungs=Wissenschaft auf das Privatvermögen angewendet, zum Gebrauche der öffentlichen Vorlesungen bey den K.K. Ritterakademien, und der Realschule allhier, Erster Theil, Wien 1774.

von Puteani, J. Freyherr, Grundsätze des allgemeinen Rechnungswesens, mit der Anwendung auf alle Vermögens= und Gewerbsverhältnisse des bürgerlichen Lebens, insbesondere auf Landwirthschaft, Handlung und Staatswirthschaft, Wien 1818.

Reichel, H., Der Begriff der Frucht im römischen Recht und im deutschen B.G.B., in: Iherings Jahrbücher für die Dogmatik des bürgerlichen Rechts, Bd. 42 (1901), S. 205–308.

Reiss, J.A., M.E. Scorgie, J.D. Rowe, An historical example of discounting in an early eighteenth-century Chinese financial scheme, in: Accounting, Business and Financial History, Vol. 6 (1996), S. 203–211.

Riedel, A.F., Nationalöconomie oder Volkswirthschaft, Bd. 1, Berlin 1838, Bd. 2, Berlin 1839.

Rieger, W., Einführung in die Privatwirtschaftslehre, Nürnberg 1928.

Savary, J., Le parfait négociant ou instruction générale pour ce qui regarde le commerce de toute sorte de Marchandises, tant de France, que des Pays Estrangers, 1. Aufl., Paris 1675, Neudruck mit Kommentaren Düsseldorf 1993.

Say, J.B., Traité d'economie politiques, Paris 1803; deutsch: Abhandlung über die National-Oekonomie, übersetzt von *L.H. Jacob*, Wien 1814.

Schäfer, E., Selbstliquidation der Betriebswirtschaftslehre?, in: ZfB, 22. Jg. (1952), S. 605–615.

Schäffle, A., Die Anwendbarkeit der verschiedenen Unternehmungsformen, in: Zeitschrift für die gesammte Staatswissenschaft, Bd. 25 (1869), S. 261–359.

Schär, J.F., Allgemeine Handelsbetriebslehre, I. Teil, Leipzig 1911.

Schär, J.Fr., Das Verhältnis der Nationalökonomie zur Privatwirtschaftslehre in kaufmännischen Betrieben (allgemeine Handelsbetriebslehre), in: Bank-Archiv, 12. Jg. (1912/13), S. 297–298.

Schmalenbach, E., Über Verrechnungspreise, in: ZfhF, 3. Jg. (1908/09), S. 165–185.

Schmalenbach, E., Die Privatwirtschaftslehre als Kunstlehre, in: ZfhF, 6. Jg. (1911/12), S. 304–316.

Schmalenbach, E., Grundlagen dynamischer Bilanzlehre, in: ZfhF, 13. Jg. (1919), S. 1–60, 65–101.

Schmalenbach, E., Geldwertausgleich in der bilanzmäßigen Erfolgsrechnung, in: ZfhF, 15. Jg. (1921), S. 401–417.

Schmalenbach, E., Goldmarkbilanz, Berlin 1922.

Schmalenbach, E., Die Betriebswirtschaftslehre an der Schwelle der neuen Wirtschaftsverfassung, in: ZfhF, 22. Jg. (1928), S. 241–251.

Schmalenbach, E., Exakte Kapitallenkung, in: Betriebswirtschaftliche Beiträge, hrsg. von *E. Schmalenbach*, Bremen u.a. 1948, S. 19–25.

Schmalenbach-Vereinigung (Hrsg.), *E. Schmalenbach*, Ernste und heitere Geburtstagsgespräche zum 20. August 1948, Opladen, Köln 1948.

Schmidt, F., Die organische Bilanz im Rahmen der Wirtschaft, Leipzig 1921.

Schmidt, F., Die organische Tageswertbilanz, Leipzig 1929 (Nachdruck Wiesbaden 1951).

Schmidt, F., Kalkulation und Preispolitik, Berlin, Wien 1930.

Schmidt, F., Der Betrieb im Kreislauf der Wirtschaft, in: ZfB, 20. Jg. (1950), S. 3–10.

Schmoller, G., Das Wesen der Arbeitsteilung und der socialen Klassenbildung, in: Jahrbuch für Gesetzgebung, Verwaltung und Volkswirtschaft im Deutschen Reich, 14. Jg. (1890), S. 45–105.

Schneider, D., Geschichte betriebswirtschaftlicher Theorie, München, Wien 1981.

Schneider, D., Marktwirtschaftlicher Wille und planwirtschaftliches Können: 40 Jahre Betriebswirtschaftslehre im Spannungsfeld zur marktwirtschaftlichen Ordnung, in: ZfbF, 41. Jg. (1989), S. 11–43.

Schneider, D., Die Diskussion um Inflation und Gewinnbesteuerung 1920–1923 als Anstoß für die Entwicklung zweier Steuerwissenschaften jenseits der Finanzwissenschaft, in: Studien zur Entwicklung der ökonomischen Theorie XIII, hrsg. von *H. Rieter*, Berlin 1994, S. 199–248.

Schulz, C.-E., Das Problem der Preisuntergrenze, Berlin, Leipzig, Wien 1928.

Simon, H.V., Die Bilanzen der Aktiengesellschaften und der Kommanditgesellschaften auf Aktien, Berlin 1886.

Singer, K., Oikonomia: An Inquiry into Beginnings of Economic Thought and Language, in: Kyklos, Vol. 11 (1958), S. 29–57.

Sombart, W., Diskussionsbeitrag, in: Verhandlungen des Vereins für Socialpolitik in Wien 1909, Leipzig 1910, S. 563–572.

Steuart, J., An Inquiry into the Principles of Political Oeconomy, Vol. 1 (1867), Nachdruck Edinburgh, London 1966.

Stieda, W., Die Nationalökonomie als Universitätswissenschaft, Des XXV. Bandes der Abhandlungen der Philologisch-Historischen Klasse der Königl. Sächsischen Gesellschaft der Wissenschaften, No. II, Leipzig 1906.

Straccha, B., De mercatura (Venedig 1553), Ausgabe Lyon 1558.

von Thünen, J.H., Der isolierte Staat in Beziehung auf Landwirtschaft und Nationalökonomie, 1. Aufl., Rostock 1826, 2. Aufl., 1. Teil, Rostock 1842, 2. Teil, Rostock 1850 (Neudruck der 2. Aufl., Jena 1910).

Varronis, M.T., Rerum rusticarum, Liber primus XVII, 1–7, in: *M.P. Cato*, On Agriculture, Marcus Terentius Varro, On Agriculture, übers. von *W.D. Hooper*, London, Cambridge 1934 (Nachdruck 1960), S. 159–529.

Villa, F., La contabilita applicata alle amministrazioni private e publicche ossia elementi di scienze economico, Parte prima, Mailand 1840, parte secunda 1841.

Weinhagen, N., Das Recht der Aktien=Gesellschaften nach dem Allgemeinen Deutschen Handelsgesetzbuche und dem Preußischen Gesetze vom 15. Februar 1864, Köln 1866.

Weyermann, M., H. Schönitz, Grundlegung und Systematik einer wissenschaftlichen Privatwirtschaftslehre und ihre Pflege an Universitäten und Fach-Hochschulen, Karlsruhe 1912.

Xenophon, Oeconomicus; deutsch: Xenophons Wirtschaftslehre, übersetzt von *M. Hodermann*, Leipzig 1897.

Zincke, G.H., Cameralisten=Bibliothek. Der erste Theil von der Oeconomie. Zweiter Theil von der Policey=Wissenschaft, Leipzig 1751, Dritter Theil von der Cammer= und Finanzwissenschaft, Vierter und letzter Theil, Leipzig 1752.

Wissenschaftsprogramme
Orientierungsrahmen und Bezugspunkte
betriebswirtschaftlichen Forschens und Lehrens

Prof. Dr. Günther Schanz

In dem vorliegenden Beitrag werden Wissenschaftsprogramme vorgestellt, die als Orientierungsrahmen und Bezugspunkte des betriebswirtschaftlichen Forschens und Lehrens gedient haben oder noch immer dienen. Als historischer Abriß verfaßt, beginnen die Ausführungen bei herausragenden Wegbereitern der Betriebswirtschaftslehre und enden in der unmittelbaren Gegenwart, also ziemlich genau einhundert Jahre nach Gründung der ersten Handelshochschulen.

1. Allgemeines zu Wissenschaftsprogrammen

Dem amerikanischen Wissenschaftshistoriker *Thomas S. Kuhn* zufolge ist („reife") Wissenschaft im wesentlichen eine paradigmageleitete Angelegenheit. **Intellektuelle Anziehungskraft** und **Offenheit für zahlreiche Problemlösungen** werden von ihm als Hauptmerkmale von Paradigmen herausgearbeitet (vgl. *Kuhn*, 1973, S. 28).

Intellektuell anziehend und für zahlreiche Problemlösungen offen können nur relativ **umfassende** wissenschaftliche Leistungen sein, und es fällt auch nicht schwer, Beispiele aus verschiedenen Wissenschaftsbereichen anzuführen: Die *Newton*sche Physik etwa oder die Quantenmechanik, kognitive und lerntheoretische Konzepte der Psychologie sowie die klassische, die neoklassische und die keynesianische Nationalökonomie.

Im Vergleich zu ihrer Schwesterdisziplin handelt es sich bei der **Betriebswirtschaftslehre** um eine noch junge Wissenschaft. Schon deshalb ist bei der Beurteilung ihrer Leistungen Bescheidenheit angesagt. Vermutlich erscheint es daher auch angebrachter, bei der Charakterisierung des im Laufe ihrer noch kurzen Geschichte Hervorgebrachten auf den Paradigmabegriff völlig zu verzichten und statt dessen die Entwicklung und den Zustand der Disziplin mittels der Vorstellung von einer Abfolge und dem gelegentlichen Nebeneinander verschiedener betriebswirtschaftlicher **Wissenschaftsprogramme** zu beschreiben. Bei ihrer Charakterisierung soll im folgenden weniger auf die Akzeptanz innerhalb der Disziplin abgestellt werden, weil diese maßgeblich auch durch nicht-kognitive Umstände bestimmt wird. Anknüpfungspunkt sind vielmehr jene Programmbestandteile, die der Wissenschaftstheoretiker *Imre Lakatos* als ihre „harten Kerne" bezeichnet hat (*Lakatos*, 1974).

„Harte Kerne" sind für Wissenschaftsprogramme konstituierend: Zentrale Gedanken, um die herum im Laufe der Zeit relativ umfassende wissenschaftliche Aussagensysteme entworfen worden sind oder entworfen werden. Weil sie in der Lage sind, der Forschung eine bestimmte Richtung vorzugeben, bietet es sich an, von **Leitideen** zu sprechen. In dieser Bezeichnung kommt gleichzeitig zum Ausdruck, daß sie über **heuristisches Potential** verfügen. Wegen ihres hohen Stellenwerts sind Leitideen gleichzeitig auch besonders **diskussionsbedürftige** Bestandteile von Wissenschaftsprogrammen.

Leitideen – systemkonstituierende Grundgedanken also – können einen unterschiedlichen Status haben. Besondere Bedeutung kommt dabei der Unterscheidung zwischen **methodologischen** und **inhaltlichen Leitideen** zu. Sie sind, wie sich später zeigen wird, gelegentlich aber auch **metaphysischer, praktischer** oder **sozialphilosophischer Art** (vgl. insbesondere Abschnitt 4.2). Vertraut zu machen ist ferner mit dem Umstand, daß Leitideen als solche keineswegs immer auch artikuliert werden. Mitunter wird ihnen vielmehr lediglich **implizit** gefolgt. In solchen Fällen geht es darum, ihren prägenden Einfluß durch **Rekonstruktion** herauszuarbeiten.

Die Betriebswirtschaftslehre ist eine ziemlich heterogene Disziplin. Allein dies führt zu Schwierigkeiten, die im Laufe ihrer hundertjährigen Geschichte entwickelten Wissenschaftsprogramme zu identifizieren. Dennoch sollte es keine willkürliche Angelegenheit sein, wenn sich die folgenden Ausführungen auf

- *Eugen Schmalenbach, Heinrich Nicklisch* und *Wilhelm Rieger* im Sinne von (herausragenden) frühen Fachvertretern und Wegbereitern der Betriebswirtschaftslehre,

- *Erich Gutenbergs* faktortheoretischen Ansatz, die entscheidungs- und die systemorientierte Richtung sowie

- eine Gegenüberstellung von Neuem Institutionalismus und verhaltenstheoretischem Programm

konzentrieren. Die Ausführungen betreffen dabei vorrangig die den verschiedenen Ansätzen zugrundeliegenden Leitideen, wobei daran zu erinnern ist, daß es sich dabei um besonders diskussions- und kritikbedürftige Programmbestandteile handelt (vgl. hierzu die ausführliche Darstellung in *Schanz*, 1997).

2. Rückblick auf Wegbereiter der Betriebswirtschaftslehre

Mit der Gründung der ersten Handelshochschulen vor rund einhundert Jahren war die Betriebswirtschaftslehre als wissenschaftliche Disziplin natürlich nicht auch schon etabliert – ganz abgesehen davon, daß der Name selbst damals noch überhaupt nicht zur Verfügung stand. Die ersten wirklichen Forscherpersönlichkeiten mußten sich erst einmal entfalten können. Aus heutiger Sicht drängen sich dabei Namen wie *Eugen Schmalenbach, Fritz Schmidt* oder *Heinrich Nicklisch* auf. Ohne daß damit eine Wertung verbunden ist, wird im folgenden lediglich auf den Programmcharakter des wissenschaftlichen Werkes von *Schmalenbach* und *Nicklisch* eingegangen. Aufmerksamkeit verdient ferner die von *Wilhelm Rieger* vertretene Position.

2.1. *Eugen Schmalenbachs* „Kunstlehre" und die Idee der Wirtschaftlichkeit

Es ist nicht ganz einfach, in dem sehr umfassenden Gesamtwerk von *Eugen Schmalenbach* (1873–1955) irgendwelche systemkonstituierende Grundgedanken zu entdecken. Sein Denken und Schreiben betraf die Problemkomplexe der Bilanzierung, Finanzierung und Kostenrechnung, später dann auch Fragen der Betriebsführung und Betriebsorganisation sowie der Wirtschaftsordnung. Dabei lag ihm offensichtlich nicht daran, ein in sich geschlossenes System zu entwickeln.

Dennoch ist es möglich, zwei sein Schaffen durchziehende Leitvorstellungen zu identifizieren. In **methodologischer Hinsicht** handelt es sich um die Überzeugung, das Fach als **Kunstlehre** oder, wie man mittlerweile wohl sagen würde, als **technologische Disziplin** zu konzipieren und in den Dienst praktischer Zielsetzungen zu stellen. Aus heutiger Sicht ist dabei zu berücksichtigen, daß ihm seinerzeit noch nicht das methodologische Instrumentarium zur Verfügung stand, um den engen Zusammenhang zwischen (erfahrungswissenschaftlicher) Theorie und (daraus zu gewinnender) Technologie zu durchschauen. Ferner fehlte es damals – wir diskutieren über die Zeit vor dem 1. Weltkrieg – natürlich auch an technologisch verwertbarem Wissen theoretischer Art. Dies ist der Hintergrund, vor dem seine schroffe Gegenüberstellung von „Wissenschaft" und „Kunstlehre" gesehen werden muß (*Schmalenbach*, 1911/1970).

Der das Werk *Schmalenbach*s durchziehende inhaltliche Grundgedanke ist die **Idee der Wirtschaftlichkeit**, das Prinzip der möglichst sparsamen Mittelverwendung also. Dabei verlagerte sich sein Interesse im Laufe der Zeit von einer **Wirtschaftlichkeitslehre des Betriebes** zum Problem der **Gemeinwirtschaftlichkeit** und damit zur Frage nach einer bestmöglichen Bedarfsdeckung. (Beantworten konnte er letztere allerdings nicht befriedigend.)

Die hier herausgearbeitete Orientierung *Schmalenbach*s an der Idee der Wirtschaftlichkeit wird möglicherweise als selbstverständlich empfunden. Sie ist es jedoch keineswegs. Man muß sich nämlich vergegenwärtigen, daß die Ausrichtung am Prinzip der Rentabilität eine alternative Möglichkeit darstellt und damit auch ein partiell anderes Aussagensystem begründet (vgl. Abschnitt 2.3).

2.2. *Heinrich Nicklisch*s ethisch-normativer Ansatz und die Idee der Betriebsgemeinschaft

Das Werk *Schmalenbach*s wird von Begriffen wie Aufwand und Ertrag, Kosten und Leistungen oder Ausgaben und Einnahmen geprägt, von Grundtermini also, die den Bereich des betriebswirtschaftlichen Rechnungswesens gewissermaßen definieren. Von den das ökonomische Geschehen prägenden **Menschen** ist dagegen kaum die Rede. Ganz anders verhält es sich in dieser Hinsicht mit *Heinrich Nicklisch* (1876–1946), der gerade diesen Aspekt in den Mittelpunkt seines Schaffens stellte (vgl. *Nicklisch*, 1920).

Nicklisch beschreibt das Handeln der Wirtschaftssubjekte allerdings nicht so, wie es **ist** oder wie es (unter veränderten Bedingungen) sein **könnte**, sondern wie es sein **sollte**. In ihm begegnet uns – neben *Friedrich Schär* und später dann auch *Wilhelm Kalveram* – insofern ein typischer Vertreter des **ethischen Normativismus** innerhalb der frühen Betriebswirtschaftslehre.

Dies ist zugleich das **methodologische Charakteristikum** seines Schaffens. Obwohl die für *Nicklisch* typische Denkweise in der Disziplin immer wieder einzelne Anhänger gefunden hat, muß doch festgestellt werden, daß es sich um eine zwar gutgemeinte, letzten Endes aber nicht haltbare Position handelt. Darauf hätte im übrigen auch *Nicklisch* selbst kommen können, denn *Max Weber*s scharfsinnige Analysen zur Werturteilsproblematik waren seinerzeit bereits verfügbar.

Als inhaltliche Leitvorstellung des *Nicklisch*schen Werkes kann die **Idee der Betriebsgemeinschaft** rekonstruiert werden. Die hierzu entwickelten Gedanken demonstrieren zugleich, in welche Sackgassen der ethische Normativismus führen kann: Interessenunterschiede und Spannungen, wie sie in der Realität des betrieblichen Geschehens an der Tagesordnung sind, werden als Krankheitszeichen interpretiert, die konfliktlose Gemeinschaft zum Ideal stilisiert. Von einer nüchternen realwissenschaftlichen Betrachtungsweise ist all dies weit entfernt.

Wenn *Nicklisch* dennoch nach wie vor Beachtung und vielleicht sogar einen Ehrenplatz in der Geschichte des Fachs verdient, dann aus einem ganz anderen Grunde: Sein Werk ist von der Einsicht geprägt, daß die Betriebswirtschaftslehre eine **sozialwissenschaftliche Disziplin** darstellt, die einer **sozialphilosophischen Grundlage** bedarf. Er ist damit Vorläufer durchaus moderner Denkweisen (vgl. Abschnitte 3.2 und 4.2).

2.3. *Wilhelm Rieger*s „theoretischer" Standpunkt und die Idee der Rentabilität

Wilhelm Rieger (1878–1971), letzter der hier vorzustellenden frühen Fachvertreter, lehnte jeglichen Normativismus ab, auch den eher versteckten der *Schmalenbach*schen Gemeinwirtschaftslehre. Die Entwicklung von Verfahrensregeln hielt er ebenfalls für verfehlt. Aufgabe des Fachs sei vielmehr „das Forschen und Lehren als Ding an sich" (*Rieger*, [1928] 1964, S. 45) – so nachzulesen in seiner 1928 in erster Auflage erschienenen „Einführung in die Privatwirtschaftslehre".

In methodischer Hinsicht ist *Rieger* damit Vertreter eines strengen **„theoretischen" Standpunkts**. Alleiniges Ziel des Fachs sei „die Erklärung des menschlichen – in diesem speziellen Falle wirtschaftlichen – Handelns" (*Rieger*, 1964, S. 45), und man sollte meinen, daß er dabei ein realwissenschaftliches Programm im Auge hatte. Das ist jedoch keineswegs der Fall, denn in Wirklichkeit werden **idealtypische** Annahmen über den Unternehmer und sein Verhalten gemacht. Auf diese Weise kollidiert „Theorie" zwangsläufig mit „Praxis", ein Mißverständnis, auf das man auch heute noch häufig stößt.

In inhaltlicher Hinsicht handelt das *Rieger*sche Programm nicht von Wirtschaftlichkeit, sondern von **Rentabilität**: Im Mittelpunkt steht das Gewinnstreben des Unternehmenseigners. Weil der erzielte Gewinn eine absolute Größe darstellt, die für Vergleiche nur begrenzt tauglich ist, muß eine Relativierung – durch Bezug auf das eingesetzte Kapital – vorgenommen werden. Ihr Ergebnis ist die Rentabilität.

Vor dem Hintergrund solcher Überlegungen wird verständlich, weshalb *Rieger* konsequent von „Privatwirtschaftslehre" sprach. Sein Aussagensystem galt, wie er dies selbst zum Ausdruck brachte, einer historischen Erscheinungsform des Wirtschaftens, die er als „Geldwirtschaft" bezeichnete. Es war nur folgerichtig, daß darin der Gedanke des privaten Gewinnstrebens im Mittelpunkt stand. Kann man etwa sagen, *Rieger* sei in dieser Hinsicht überholt?

3. Der Weg der Betriebswirtschaftslehre von disziplinärer Abgeschlossenheit zur Interdisziplinarität

Die im folgenden vorzustellenden Ansätze betreffen die Entwicklung des Fachs nach dem Zweiten Weltkrieg bis in die achtziger Jahre. Im Rückblick wird deutlich, daß die Betriebswirtschaftslehre innerhalb dieses Zeitraums die Phase disziplinärer Abgeschlossenheit überwand und sich zu einer Art Interdisziplin wandelte. Sie tat dies in dem Sinn, daß zahlreiche Fachvertreter darangingen, Erkenntnisse aus Nachbardisziplinen aufzugreifen und in das Fach zu integrieren.

3.1. Das neoklassisch orientierte Programm

1951 erschien der erste Band eines auf drei Teile angelegten, „Grundlagen der Betriebswirtschaftslehre" betitelten Werkes. Sein Thema war

„Die Produktion". 1955 folgte „Der Absatz", deutlich später dann – 1968 – „Die Finanzen". Neu daran war insbesondere die konsequente **Übernahme des neoklassischen Denkstils**. Autor der genannten drei Bände ist *Erich Gutenberg* (1897–1984).

Daß dieses Programm im Fach binnen kurzem breiten Anklang fand, dürfte jenen Eigenschaften zu verdanken sein, die *Thomas S. Kuhn* einem Paradigma zuschreibt: Es erwies sich als intellektuell anziehend und offen für zahlreiche Problemlösungen. Auch der Tatbestand, daß *Gutenberg* an der Kölner Universität eine starke Wirkungsbasis hatte, trug vermutlich ebenfalls zur schnellen Verbreitung bei.

Beschrieben werden kann die für neoklassisches Theoretisieren charakteristische Vorgehensweise mit Stichworten wie „Partialanalyse" oder „Grenzwertbetrachtung". Die originäre Leistung *Gutenberg*s und seiner zahlreichen akademischen Schüler bestand darin, dieses Instrumentarium, wo immer es ihnen angeraten erschien, in einer der betriebswirtschaftlichen Problematik angemessenen Weise zu benutzen. In der Orientierung an dem der Nationalökonomie entlehnten neoklassischen Methodenarsenal kann das wohl wichtigste **methodologische Merkmal** des *Gutenberg*schen Ansatzes erblickt werden.

Am Beispiel von „Die Produktion" soll im folgenden kurz auf typische **inhaltliche Charakteristika** eingegangen werden. *Gutenberg* selbst spricht gelegentlich von einem „produktionstheoretischen Standpunkt" und signalisiert damit, daß die **Produktionsfunktion** im Mittelpunkt steht. Die Bemühungen konzentrierten sich dabei auf die Produktionsfunktion mit limitationalen Faktoren.

Das System der produktiven Faktoren, bestehend aus

• den Elementarfaktoren Werkstoffe, Betriebsmittel und objektbezogene Arbeitsleistung und

• dem dispositiven Faktor Geschäftsleitung (einschließlich Planung und Organisation),

bildet den globalen Orientierungsrahmen (vgl. *Gutenberg*, 1983, S. 3 ff.). Was es damit im einzelnen auf sich hat, kann hier nicht näher ausgeführt werden. Zahlreiche Schüler *Gutenberg*s arbeiteten in der Folgezeit an der Konkretisierung des von ihm konzipierten Programms. Für eine gewisse Zeit durfte sich die Betriebswirtschaftslehre im Besitz eines intellektuell attraktiven und für zahlreiche Problemlösungen offenen Paradigmas fühlen.

Der Reiz des neoklassisch geprägten Programms machte sich allerdings ziemlich selektiv bemerkbar. Im Rückblick ist beispielsweise festzustellen, daß seine methodischen und inhaltlichen Orientierungsleitlinien insbesondere die Entwicklung der Kostentheorie und der sog. Operations-Research-Verfahren gefördert haben. Eher hinderlich erwiesen sie sich dort, wo es um Fragen der Personalwirtschaft und der Organisation oder des Marketing ging. Dies wurde nach und nach als zu restriktiv empfunden; die sozialwissenschaftliche Öffnung des Fachs war die fast zwangsläufige Folge. Ende der sechziger Jahre erschien die Zeit dafür reif.

3.2. Sozialwissenschaftliche Öffnung und Entscheidungsorientierung

Das im folgenden zu skizzierende Programm wird, *Edmund Heinen* folgend, meist als **entscheidungsorientierte Betriebswirtschaftslehre** bezeichnet. Im Rückblick ist allerdings festzustellen, daß Entscheidungen keine programmatische Besonderheit dieses Ansatzes darstellen, sind diese doch seit jeher Gegenstand wirtschaftswissenschaftlicher Analysen. Entscheidungen spielen zudem auch in anderen sozialwissenschaftlichen Disziplinen eine zentrale Rolle. Besonders charakteristisch für das von *Heinen* initiierte Programm ist vielmehr die damit eingeleitete **sozialwissenschaftliche Öffnung** des Fachs. Wie diese gedacht wird, kommt beispielsweise in der folgenden Passage zum Ausdruck: „Die entscheidungsorientierte Betriebswirtschaftslehre entläßt ... den ‚homo oeconomicus' ... in das Reich der Fabel. Ihre Analyse des Entscheidungsverhaltens basiert auf Grundmodellen des Menschen, der Organisation und der Gesellschaft. Supradisziplinäre Konzepte (...) und betriebswirtschaftlich relevante Erkenntnisse vor allem der sozialwissenschaftlichen Nachbardisziplinen (...) sowie der Mathematik bilden das wissenschaftliche Fundament dieser Grundmodelle" (*Heinen*, 1976, S. 395 f.).

In den frühen siebziger Jahren fand im Fach eine intensive Diskussion über methodologisch-wissenschaftstheoretische Probleme statt. In diesem Zusammenhang wurde unter anderem auf die enge Beziehung zwischen dem kognitiven (auf Erkenntnis ausgerichteten) und dem praktischen (auf Beherrschung des natürlichen und sozialen Geschehens ausgerichteten) Wissenschaftsziels aufmerksam gemacht. Im *Heinen*schen Programm schlug sich dies in der Unterscheidung zwischen einer **Erklärungsaufgabe** und einer **Gestaltungsaufgabe** nieder. Mit letzterer soll die Dienstleistungsfunktion des Fachs gegenüber der betrieblichen Praxis zum Ausdruck gebracht werden; erstere wird als Voraussetzung für eine effektive Wahrnehmung der Gestaltungsaufgabe begriffen. Inwieweit derartige programmatische Festlegungen tatsächlich auch konsequent verfolgt wurden, kann an dieser Stelle nicht erörtert werden (vgl. hierzu *Schanz*, 1997, S. 120 ff.). Vielmehr soll abschließend auf das **heuristische Potential** aufmerksam gemacht werden, das die mit dem skizzierten Programm vollzogene sozialwissenschaftliche Öffnung birgt: Die einseitige ökonomi(sti)sche Betrachtung des betriebswirtschaftlichen Erkenntnisobjekts hat damit in Gestalt einer sozio-ökonomischen Problemsicht Konkurrenz bekommen.

3.3. Die systemtheoretische Perspektive

Parallel zu den soeben geschilderten Bemühungen wandten sich etwa ab Mitte der sechziger Jahre verschiedene Fachvertreter dem **Systemdenken** in der Absicht zu, es für die Betriebswirtschaftslehre fruchtbar zu machen. Besondere Beachtung fand dabei eine „Die Unternehmung als produktives soziales System" betitelte Studie. *Hans Ulrich*, ihr Autor, gilt seither als Begründer einer **systemorientierten Betriebswirtschaftslehre**. In jüngerer Zeit ist dieses Konzept in Richtung auf eine **Managementlehre** ausgebaut bzw. umgedeutet worden.

Die Unternehmung, der Betrieb bzw. die Wirtschaftsorganisation betrachtet *Ulrich* zunächst ganz allgemein als ein System im Sinne einer „geordnete(n) Gesamtheit von Elementen, zwischen denen irgendwelche Beziehungen bestehen oder hergestellt werden können" (*Ulrich*, 1970, S. 105), und mit Hilfe der Merkmale „produktiv" und „sozial" wird auf Besonderheiten betriebswirtschaftlich relevanter Systeme Bezug genommen. Darüber hinaus stellen die genannten Gebilde **Regelsysteme** dar. Auf diese Weise kommt die **Kybernetik** im Sinn einer allgemeinen Regelungslehre ins Spiel.

Dies ist eine für die Betriebswirtschaftslehre naheliegende Problemsicht, denn Unternehmen bedürfen der gezielten Lenkung bzw. Steuerung. Steuerungsbedürftig sind allerdings auch zahlreiche andere Institutionen, etwa Krankenhäuser, Universitäten, Gefängnisse oder Behörden aller Art. Dem trägt *Ulrich* in späteren Publikationen dadurch Rechnung, daß von einer (systemorientierten) Managementlehre gesprochen wird. Ihr Gegenstand sind nicht lediglich privatwirtschaftliche Unternehmungen,

sondern „alle zweckgerichteten Institutionen der menschlichen Gesellschaft" (*Ulrich*, 1983, S. 133).

Im Unterschied zu *Heinen* steht für *Ulrich* der **Gestaltungsaspekt** im
Vordergrund. Zum Ausdruck kommt dies in der folgenden Positions-
beschreibung: „Die Betriebswirtschaftslehre ist m.e. primär eine **Gestal-
tungslehre**, die sich von den Naturwissenschaften grundlegend durch
ihre auf Zukunftsgestaltung und nicht auf Erklärung ausgerichtete Ziel-
vorstellung, von den Ingenieurwissenschaften jedoch ‚nur‘ dadurch unterscheidet, daß sie nicht technische, sondern soziale Systeme mit bestimmten Eigenschaften entwerfen will" (*Ulrich*, 1971, S. 47).

Diesem Verständnis ist entgegenzuhalten, daß zwischen (nach „Weltver-
ständnis" strebenden und Erklärungen suchenden) Naturwissenschaften
und (Gestaltungsmöglichkeiten zur Verfügung stellenden) Ingenieurwissenschaften ein äußerst enger Zusammenhang besteht. Er kann hier auf
den einfachen Nenner gebracht werden, daß letztere ohne naturwissen-
schaftliche Fundierung ihren heutigen Stand niemals hätten erreichen
können.

Daß systemtheoretisch-kybernetische Vorstellungen ein einseitiges **tech-
nokratisches Wissenschaftsverständnis** zu fördern scheinen, läßt sich
daran erkennen, wie *Ulrich* den Verzicht auf Erklärungen begründet bzw.
die Suche nach solchen als „umwegig" nachzuweisen sucht. Die folgende Passage ist dabei sehr aufschlußreich: „Wir versuchen gar nicht, die
Vorgänge im Inneren des Systems" – gemeint sind steuerungsbedürftige
Institutionen – „im einzelnen zu erfassen und entsprechende Ursache-
Wirkungs-Beziehungen festzustellen, sondern begnügen uns mit dem,
was wir von außen beobachten können: Inputs und Outputs. Das System selbst betrachten wir als etwas Unzugängliches, eben als schwarzen
Kasten. Wir beobachten nun aber nicht nur die Ein- und Ausgänge, sondern wir manipulieren den Input und registrieren, was dabei als Output
herauskommt" (*Ulrich*, 1970, S. 132).

Ob es wohl gelingen kann, auf Grundlage einer derartigen Position
Sozialsysteme (mit oder ohne wirtschaftliche Zielsetzung) angemessen
zu konzipieren? Ist es beispielsweise möglich, mit „Inputmanipulatio-
nen" notwendige Änderungsprozesse voranzutreiben oder brauchbare
Leistungsanreize zu entwerfen?

Mit derartigen rhetorischen Fragen sollen systemtheoretisch-kybernetische Vorstellungen keineswegs diskreditiert werden. Es ist beispielsweise
notwendig, den Verflechtungen der verschiedenen Unternehmensberei-
che und natürlich auch den zahlreichen Umweltbeziehungen von

Wirtschaftsorganisationen Rechnung zu tragen. Für derartiges hat die Systemperspektive den Blick geschärft. Einige Merkmale des von *Hans Ulrich* in die Betriebswirtschaftslehre eingebrachten Programms lassen es aber gleichzeitig angeraten erscheinen, die Leistungsfähigkeit von Systemtheorie und Kybernetik nicht (naiv) zu überschätzen.

4. Zwischen Neuem Institutionalismus und verhaltenstheoretischer Grundorientierung

Entscheidungs- und Systemorientierung bilden nach wie vor Bezugspunkte betriebswirtschaftlichen Forschens und Lehrens. Aber es ist unverkennbar, daß mittlerweile andere Orientierungsrahmen in das Zentrum des Interesses gerückt sind. Dem **Neuen Institutionalismus** und der **Verhaltensorientierung** kommt in diesem Zusammenhang besonders große Bedeutung zu. Wie die Ausführungen zeigen werden, ist dabei von einem hohen Maß an (impliziter) Übereinstimmung auszugehen.

4.1. Betriebswirtschaftslehre in der Perspektive des Neuen Institutionalismus

In der Nationalökonomie hat der Neue Institutionalismus – zuweilen auch Theoretischer Institutionalismus, Neue Institutionelle Ökonomik oder Neue Institutionenökonomik genannt – schon seit längerem Fuß gefaßt. In jüngerer Zeit sind die für ihn charakteristischen Vorstellungen auch innerhalb der Betriebswirtschaftslehre aufgegriffen worden und werden seither mit wachsendem Selbstbewußtsein vorgetragen. Die maßgeblichen Impulse kamen (und kommen) aus dem angelsächsischen Raum.

Die aufgeführten Bezeichnungen lassen erkennen, daß die **Institutionenproblematik** darin eine besondere Rolle spielt. Sie tut es in dem Sinn, daß danach gefragt wird, warum Institutionen entstehen und wie sie das Verhalten der Akteure beeinflussen. Charakteristisch ist ferner eine spezifische **ökonomische Sicht der Welt**, die sich insbesondere in den Verhaltensannahmen bemerkbar macht (vgl. unten).

In methodischer Hinsicht handelt es sich um eine Weiterentwicklung des neoklassischen Programms der Nationalökonomie, eine Weiterentwicklung deshalb, weil der Versuch unternommen wird, in ökonomischen Analysen die das Verhalten der Wirtschaftssubjekte kanalisierenden Institutionen – also beispielsweise die Rechtsordnung, aber auch strukturelle Regelungen, Normen oder Anreizsysteme – zu berücksichtigen. Damit ist ein Rahmen geschaffen, der es im Prinzip erlaubt, das **institutionelle Vakuum** der Neoklassiker (*Léon Walras* u.a.) zu überwinden. Dies ist zugleich eine Besinnung auf das klassische Erbe, denn für *Adam Smith, David Hume* u.a. war es eine Selbstverständlichkeit, den vielfältigen institutionellen Aspekten individuellen Handelns Rechnung zu tragen.

Innerhalb des Neuen Institutionalismus lassen sich mehrere **Theorienstränge** identifizieren (vgl. beispielsweise *Picot*, 1991), wobei aus betriebswirtschaftlicher Perspektive insbesondere

- die den Einfluß (unternehmens-)rechtlicher Regelungen auf das (wirtschaftliche) Verhalten der Menschen thematisierende **Theorie der Verfügungsrechte** (Property-Rights-Theorie),

- die die Kosten der Koordination ökonomischer Aktivitäten akzentuierende **Transaktionskostentheorie** sowie

- die eine Erklärung der Beziehungen zwischen Auftraggebern (Prinzipalen) und Auftragnehmern (Agenten) anstrebende **Agency-Theorie** (auch Prinzipal-Agent-Theorie)

von Interesse sind. Die Gestaltung der Unternehmensverfassung und der Unternehmensorganisation, das Problem der Fertigungstiefe oder Führungsbeziehungen sind ein kleiner Ausschnitt des Spektrums möglicher Fragestellungen. Hinzu kommen viele Anwendungen auf nichtökonomische Bereiche (von Kultur bis hin zu recht trivialen Alltagsphänomenen), was Anlaß war, von einem **ökonomischen Imperialismus** zu sprechen.

Allen derartigen Bemühungen liegt allerdings ein spezifisches **Menschenbild** zugrunde, das weit davon entfernt ist, den vielfältigen Beweggründen individuellen Verhaltens in wirtschaftlich relevanten Kontexten Rechnung zu tragen. Bei *Oliver E. Williamson*, einer Referenzfigur für viele Vertreter des Neuen Institutionalismus hierzulande, kommt dies besonders deutlich darin zum Ausdruck, wie er **Opportunismus** im Sinn einer zentralen Verhaltensannahme einführt, nämlich als „... Verfolgung des Eigeninteresses unter Zuhilfenahme von List. Das schließt krassere Formen ein, wie Lügen, Stehlen und Betrügen, beschränkt sich aber keineswegs auf diese. Häufiger bedient sich der Opportunismus raffinierterer Formen der Täuschung ... Allgemeiner gesagt, bezieht sich Opportunismus auf die unvollständige Weitergabe von Informationen, insbesondere auf vorsätzliche Versuche irrezuführen, zu verzerren, verbergen, verschleiern oder sonstwie zu verwirren" (*Williamson*, 1990, S. 54).

Natürlich weiß *Williamson*, daß sich Menschen nicht immer und überall opportunistisch verhalten. Seine Botschaft besteht vielmehr darin, daß die Wirtschaftssubjekte gut beraten sind, diese Möglichkeit beim Abschluß von Verträgen und Vereinbarungen stets in Rechnung zu stellen. Indem er diese etwas düstere Seite der menschlichen Natur in den Mittelpunkt stellt, sollen „Transaktionen gegenüber den Gefahren opportunistischen Verhaltens" (*Williamson*, 1990, S. XI) abgesichert werden.

Die Bedeutung des Anliegens ist hoch einzuschätzen. Aber dies kann und darf wohl nicht alles sein, was die Ökonomik von der menschlichen Natur zur Kenntnis nimmt. Speziell aus der Sicht der Betriebswirtschaftslehre gefragt: Lassen sich damit so zentrale Fragen wie die nach den Bestimmungsfaktoren des individuellen Leistungsverhaltens (oder auch der Arbeitszufriedenheit) angemessen beantworten? Ist damit den vielfältigen Beweggründen beizukommen, die Unternehmer leiten? Oder können auf einer solchen Grundlage Konsumentenentscheidungen verstanden werden?

Die damit anklingende Kritik läßt sich mit dem Hinweis zum Ausdruck bringen, daß es nicht nur das institutionelle, sondern darüber hinaus auch das **motivationale Vakuum** der Neoklassik auszufüllen gilt. In dieser Hinsicht hat der Neue Institutionalismus bislang nur eine Verzichtlösung anzubieten. Das letzte Wort muß damit allerdings keineswegs gesprochen sein.

4.2. Systematische verhaltenstheoretische Fundierung der Betriebswirtschaftslehre

Ob es sich um die entscheidungs- und die systemorientierte Richtung oder um die gerade betrachtete Perspektive des Neoinstitutionalismus handelt – das Verhalten von Wirtschaftssubjekten spielt dabei stets eine zentrale Rolle. Insofern wird man nicht umhinkönnen, die Betriebswirtschaftslehre als Teil einer allgemeinen Verhaltenswissenschaft (oder der Verhaltenswissenschaften) zu interpretieren. Die im folgenden zu skizzierende **verhaltenstheoretische Betriebswirtschaftslehre** strebt eine **systematische Integration** an.

Dieser Anspruch wird durch konsequent aufeinander aufbauende Strukturelemente einzulösen versucht. Unter Bezug auf die eingangs skizzierte

Methodologie wissenschaftlicher Forschungsprogramme werden diese Elemente in Gestalt von **Leitideen** präsentiert, zwischen denen logisch-systematische Beziehungen bestehen. Sie sind metaphysischer, methodischer, (im engeren Sinn) theoretischer, praktischer und sozial- bzw. moralphilosophischer Natur, also sehr grundsätzlicher Art (zum folgenden vgl. ausführlich *Schanz*, 1988, S. 49 ff.).

Die erste (und insofern grundlegendste) Leitidee ist die **metaphysische Überzeugung**, daß soziales Geschehen **gesetzmäßigen Abläufen** folgt. Diese Grundvorstellung hat sich innerhalb naturwissenschaftlicher Erkenntnisbereiche hervorragend bewährt und fungiert dort – trotz Quantenmechanik oder Chaostheorie – als wesentlicher Motor des Erkenntnisfortschritts. Innerhalb der Sozialwissenschaften ist sie heftig umstritten. Allerdings sind ihre Verteidiger nicht so naiv, die Variabilität der konkreten Phänomene zu übersehen. Sie meinen gleichwohl, daß sich dahinter konstante Muster bzw. Invarianzen verbergen, und leiten daraus den Glauben ab, daß es rational ist, nach solchen zu suchen.

Die zweite Leitidee liefert einen Hinweis darauf, wo innerhalb der sozialen Realität solche Gesetzmäßigkeiten mit einiger Wahrscheinlichkeit anzutreffen sind: im Bereich individuellen Verhaltens. Dies ist ein **methodischer Aspekt**, was in der Rede vom **methodologischen Individualismus** zum Ausdruck kommt. Gemeint ist also nicht etwa eine bestimmte Werthaltung (Egoismus beispielsweise), sondern eine **Analysemethode**. Im Kern besagt diese, daß sich soziale bzw. kollektive Phänomene mit Hilfe von Gesetzesaussagen über individuelles Verhalten erklären lassen. (Die Gegenposition wird als methodologischer Kollektivismus bezeichnet.)

Traditioneller Ausgangspunkt wirtschaftswissenschaftlicher Fragestellungen ist die **Nutzenorientierung von Individuen** bzw. deren **Streben nach Bedürfnisbefriedigung**. Dieser **inhaltlich-theoretische Aspekt** fungiert als dritte Leitidee des verhaltenstheoretischen Programms. Was deren Konkretisierung anbelangt, so wird primär auf Motivationstheorien zurückgegriffen. Dabei hat sich die Erwartungs-Wert-Theorie, eine sogenannte Prozeßtheorie, als besonders ergiebig erwiesen. Ferner kommen inhaltstheoretische Konzepte, beispielsweise die Theorie der Leistungsmotivation, zur Anwendung. Hier wie dort handelt es sich um **Leihgaben der Psychologie** (einschließlich Sozialpsychologie), mit deren Hilfe es möglich ist, das vorangehend erwähnte motivationale Vakuum aufzufüllen. Besondere Bedeutung kommt dabei dem Sachverhalt zu, daß für das Verhalten von Wirtschaftssubjekten eine Motivvielfalt bestimmend ist und daß sich diese Subjekte im Hinblick auf deren konkrete Ausprägung beträchtlich voneinander zu unterscheiden pflegen.

Die vierte Leitidee zielt auf **praktisch** relevante Tatbestände und steht eindeutig im Mittelpunkt des verhaltenstheoretischen Programms. Sie betrifft die **Gestaltung von Organisationen und Märkten**. Hier geht es beispielsweise darum, situationsspezifisch wirksame Leistungsanreizsysteme oder strukturelle Regelungen zu entwerfen, die das Verhalten der Individuen in bestimmter Weise kanalisieren sollen. Hat man die im Kontext der genannten Institutionen handelnden Individuen im Auge, dann liegt es nahe, von **Produzenten** und **Konsumenten** im weiten Sinn zu sprechen.

Speziell im Hinblick auf die organisationale Problematik ist zu berücksichtigen, daß sich die Mitgliedschaft in den genannten Gebilden stets mit mehr oder weniger großen Einschränkungen des individuellen Verhaltensspielraums bzw. mit einem Freiheitsopfer verbindet: Aufgaben müssen erfüllt, Anweisungen ausgeführt werden, (pünktliche) Anwesenheit am Arbeitsplatz wird erwartet usw. Die fünfte Leitidee trägt dem Rechnung. Sie ist **moralphilosophischer Art** und besagt, daß das in Kauf zu nehmende Freiheitsopfer möglichst gering sein sollte. Ihr zentrales Problem ist folglich das der **Freiheitssicherung**, eine Vorstellung, der in den von westeuropäisch-liberalen Werten geprägten Teilen der Welt herausgehobene Bedeutung zukommt. Praktisch wirksam werden kann sie insbesondere im **Konzept der individualisierten Organisation** (vgl. *Schanz*, 1994, S. 94 ff.).

4.3. Brückenschläge zwischen Neuem Institutionalismus und verhaltenstheoretischer Betriebswirtschaftslehre

Es entspricht guter wissenschaftlicher Tradition, wenn nicht nur die **Gegensätze** zwischen verschiedenen Positionen betont, sondern auch ihre **Gemeinsamkeiten** herausgearbeitet werden. Auf diese Weise ist es unter Umständen möglich, daß es zu einer **wechselseitigen Befruchtung** kommt.

Tatsächlich gibt es zwischen Neuem Institutionalismus und verhaltenstheoretischer Betriebswirtschaftslehre (im skizzierten Sinn) unübersehbare Übereinstimmung:

(1) Die metaphysische Überzeugung, daß soziales Geschehen Gesetzmäßigkeiten folgt, dürfte implizit auch von zahlreichen Vertretern des Neuen Institutionalismus geteilt werden.

(2) Der methodologische Individualismus liegt beiden Programmen explizit zugrunde.

(3) Hier wie dort stehen das individuelle Streben nach Bedürfnisbefriedigung, die Nutzenorientierung und das (wohlverstandene) Selbstinteresse im Mittelpunkt.

(4) In beiden Fällen wird explizit von der Möglichkeit der Verhaltenssteuerung durch institutionelle Regelungen ausgegangen.

(5) Inwieweit die Idee der Freiheitssicherung hier wie dort Bedeutung erlangt, ist für das momentane Anliegen sekundär. Eine prinzipielle Unvereinbarkeit muß nicht angenommen werden.

Für den anzustellenden Vergleich verdienen die Punkte (3) und (4) herausgehobenes Interesse. Was zunächst das Streben nach Bedürfnisbefriedigung anbelangt, so legen Vertreter des Neuen Institutionalismus entweder eine unspezifizierte Nutzenfunktion oder, wie *Williamson*, die im Dienst des Selbstinteresses stehende Annahme opportunistischen Verhaltens zugrunde. Ersteres bleibt unbefriedigend, weil der Verzicht auf Spezifizierung sich zu Lasten des Informationsgehalts auswirkt. Letzteres erscheint unnötig restriktiv, denn das ökonomisch relevante Verhaltensrepertoire beschränkt sich nicht auf Opportunismus. Die moderne Motivationspsychologie beleuchtet auch andere Aspekte zielgerichteten Verhaltens und ist geeignet, das erwähnte motivationale Vakuum sinnvoll aufzufüllen. Aber weil es von Realismus zeugt, wenn auch die eher dunklen Seiten der menschlichen Natur in Rechnung gestellt werden, verdient *Williamson*s Opportunismusannahme (oder irgendein vergleichbares Konzept) selbstverständlich Beachtung.

Sinnvoll ergänzen können sich beide Programme auch im Hinblick auf Aussagen, die Möglichkeiten der Verhaltenssteuerung durch institutionelle Regelungen betreffen. Dies geht schon daraus hervor, daß hier eine enge Beziehung zum jeweils zugrundeliegenden Menschenbild (und damit zu den gerade erwähnten Verhaltensannahmen) besteht. Während beispielsweise eine von der modernen Motivationspsychologie inspirierte Anreizgestaltung den Blick unter anderem auf Tätigkeitsprofile lenkt, die eine intrinsisch motivierende Wirkung haben, liegt die Stärke neoinstitutionalistischen Theoretisierens eher dort, wo negative, auf Unterlassung von solchen Handlungen gerichtete Anreize gefragt sind, die auf einer Schädigung von Vertragspartnern hinauslaufen oder diese Möglichkeit zumindest in Rechnung stellen. (Um nicht einseitig zu argumentieren: Vertreter des Neoinstitutionalismus unterbreiten auch Vorschläge, wie positives, die Interessenlage von Vertragspartnern berücksichtigendes Tun angeregt bzw. erzwungen werden kann.)

Bei bloßen Brückenschlägen zwischen Neuem Institutionalismus und verhaltenstheoretischer Betriebswirtschaftslehre, wie sie hier andeutungsweise angeführt wurden, muß es im übrigen nicht bleiben. Die Verwandtschaft zwischen beiden Programmen ist so eng, daß im Grunde genommen eine völlige Integration denkbar (und im übrigen auch: wünschenswert) erscheint. Das Motto „zurück zu den Klassikern" der Nationalökonomie, die (wie etwa *Adam Smith*) in Wirklichkeit umfassend denkende Sozialwissenschaftler waren, könnte dabei wegweisend sein.

Literatur

Gutenberg, E., Grundlagen der Betriebswirtschaftslehre, Bd. I: Die Produktion, 24. Aufl., Berlin, Heidelberg, New York 1983; Bd. II: Der Absatz, 17. Aufl., Berlin, Heidelberg, New York 1984; Bd. III: Die Finanzen, 8. Aufl., Berlin, Heidelberg, New York 1980.

Heinen, E., Grundfragen der entscheidungsorientierten Betriebswirtschaftslehre, München 1976.

Kuhn, T.S., Die Struktur wissenschaftlicher Revolutionen, Frankfurt am Main 1973.

Lakatos, I., Falsifikation und die Methodologie wissenschaftlicher Forschungsprogramme, in: *I. Lakatos, A. Musgrave* (Hrsg.), Kritik und Erkenntnisfortschritt, Braunschweig 1974, S. 89–189.

Nicklisch, H., Der Weg aufwärts! Organisation, Stuttgart 1920.

Picot, A., Ökonomische Theorien der Organisation – ein Überblick über neuere Ansätze und deren betriebswirtschaftliches Anwendungspotential, in: *D. Ortelheide, B. Rudolph, E. Büsselmann* (Hrsg.), Betriebswirtschaftslehre und ökonomische Theorien, Stuttgart 1991, S. 143–170.

Rieger, W., Einführung in die Privatwirtschaftslehre, 3. Aufl., Erlangen 1964.

Schanz, G., Erkennen und Gestalten. Betriebswirtschaftslehre in kritisch-rationaler Absicht, Stuttgart 1988.

Schanz, G., Organisationsgestaltung. Management von Arbeitsteilung und Koordination, 2. Aufl., München 1994.

Schanz, G., Wissenschaftsprogramme der Betriebswirtschaftslehre, in: *F.X. Bea, E. Dichtl, M. Schweitzer* (Hrsg.), Allgemeine Betriebswirtschaftslehre, Bd. 1: Grundfragen, 7. Aufl., Stuttgart 1997, S. 81–198.

Schmalenbach, E., Die Privatwirtschaftslehre als Kunstlehre, in: Zeitschrift für handelswissenschaftliche Forschung (6) 1911/12, S. 304–316. Wiederabgedruckt in: Zeitschrift für betriebswirtschaftliche Forschung, N.F. (22) 1970, S. 490–498.

Ulrich, H., Die Unternehmung als produktives soziales System, 2. Aufl., Bern, Stuttgart 1970.

Ulrich, H., Der systemorientierte Ansatz in der Betriebswirtschaftslehre, in: *G. von Kortzfleisch* (Hrsg.), Wissenschaftsprogramm und Ausbildungsziele der Betriebswirtschaftslehre, Berlin 1971, S. 43–60.

Ulrich, H., Management – eine unverstandene gesellschaftliche Funktion, in: *H. Siegwart, G.J.B. Probst* (Hrsg.), Mitarbeiterführung und gesellschaftlicher Wandel, Bern, Stuttgart 1983, S. 133–152.

Weber, M., Gesammelte Aufsätze zur Wissenschaftslehre, hrsg. von *J. Winckelmann*, 3. Aufl., Tübingen 1968.

Williamson, O.E., Die ökonomischen Institutionen des Kapitalismus, Tübingen 1990.

Geschichte des Rechnungswesens

Prof. Dr. Marcell Schweitzer und Dipl.-Kffr. Katja Wagener

Die Wurzeln des betrieblichen Rechnungswesens können bis auf die Entstehung der Schreibkunst ca. 3500 v.Chr. zurückverfolgt werden. Aus den anfänglich sehr einfachen Aufzeichnungen entwickelt sich über mehr als fünf Jahrtausende ein komplexes, zweckorientiertes Informationssystem. Hat zunächst das Ziel der Dokumentation des Betriebsgeschehens im Vordergrund gestanden, dient das Rechnungswesen heute zusätzlich als differenziertes und leistungsfähiges Instrument zur Information und Rechenschaftslegung sowie zur Entscheidungsunterstützung verschiedener Entscheidungsträger.

Nach einer kurzen Kennzeichnung des Rechnungswesens als Informationssystem wird dessen Geschichte in ihren wichtigsten Meilensteinen an den Beispielen der Bilanzrechnung und der Kostenrechnung dargestellt.

1. Begriff des betrieblichen Rechnungswesens

Das betriebliche **Rechnungswesen** (Unternehmensrechnung) ist zentraler Bestandteil des Informationssystems eines Unternehmens. Es dient der systematischen Erfassung/Ermittlung und Analyse des in Geldeinheiten abgebildeten Unternehmensprozesses. Neben der Dokumentation dieses Prozesses hat es die Aufgabe, quantitative, entscheidungsrelevante Informationen zur Unterstützung von Führungsaufgaben herzuleiten. Das betriebliche Rechnungswesen umfaßt mehrere Rechnungssysteme (Rechnungsmodelle), die jeweils in Abhängigkeit vom verfolgten Rechnungsziel einen spezifischen Aufbau besitzen. Diese Rechnungssysteme können anhand unterschiedlicher Kriterien voneinander abgegrenzt werden, wobei der folgenden Darstellung die Untergliederung nach den Informationsadressaten in ein **externes** und ein **internes** **Rechnungswesen** zugrunde liegt. Während die **Bilanzrechnung** auf externe Adressaten zielt, dient die **Kosten-** und **Erlösrechnung** (kurz: Kostenrechnung) der Information interner Adressaten.

2. Historische Entwicklung des Rechnungswesens

2.1. Historische Entwicklung der Bilanzrechnung

2.1.1. Altertum

Ursprünge des **externen Rechnungswesens** als Instrument zur Herleitung gewünschter Informationen datieren bereits aus **vorchristlicher Zeit**. Aus der Epoche der Sumerer um 3500 v.Chr. sind in Mesopotamien wirtschaftliche Aufzeichnungen auf Tontafeln entdeckt worden. Auch aus archäologischen Funden im Tempel Dublal-mach in Ur geht hervor, daß dort um 3000/2900 v.Chr. eine **Buchhaltung** mit Inventar und monatlicher Gewinn- und Verlustrechnung geführt worden ist. Bei den Babyloniern, Assyrern und Persern finden sich ebenfalls Ursprünge der Buchhaltung. So ist z.B. aus Babylonien eine **Tempelbuchhaltung** von 2200 v.Chr. überliefert. Dem Hammurabi-Gesetz (Codex Hammurapi; etwa 1700 v.Chr.) kann entnommen werden, daß es wahrscheinlich schon damals eine **Buchführungspflicht** für **Kaufleute** gegeben hat. Im alten Ägypten werden bereits zu dieser Zeit Wirtschaftsbücher verwendet, die, ähnlich dem heutigen amerikanischen Journal, in eine Einnahmen- und mehrere Ausgabenspalten gegliedert sind. Auch von den Phöniziern und Karthagern sind Bestands- und Wertrechnungen überliefert. Zahlreiche griechische und römische Schriften zeugen ebenfalls von der Existenz der Buchhaltung in diesen Gebieten. Insbesondere die Griechen *Xenophon* (um 430–355 v.Chr.), *Aristoteles* (384–322 v.Chr.) und *Demosthenes* (384–322 v.Chr.) erwähnen in ihren Büchern Inventare, Buchungen über den Ein- und Ausgang von Lieferungen usw. Bei *Aristoteles* findet sich der Hinweis auf die Durchführung regelmäßiger **Erfolgsrechnungen** sowie Inventuren. Auch in den Schriften von *Plautus* (250–184 v.Chr.), *Cicero* (106–43 v.Chr.) und *Plinius* (um 61–113 n.Chr.) sowie in den römischen Rechtsbüchern lassen sich Anhaltspunkte für ein Buchhaltungswesen ausmachen. Dort wird zwischen einer Staats-, einer Bank- und einer Hausstands-Buchführung unterschieden. Das römische

Konto weist bereits eine Soll- und eine Haben-Seite auf. Der Hauptgrund für die genannten Aufzeichnungen ist die **Dokumentation** über erhaltene Einnahmen und geleistete Ausgaben (vgl. *Stiegler*, 1958, S. 8 ff.; *Bellinger*, 1967, S. 10 ff.).

Die Leistung des Rechnungswesens im Altertum besteht in der erstmaligen Niederschrift wirtschaftlich relevanter Informationen. Zusätzlich zur traditionellen mündlichen Übermittlung entwickeln sich der schriftliche Informationsaustausch sowie die dazu benötigten Hilfsmittel. Ton (Sumerer), Steinplatten (Perser, Ägypter), daneben auch Holztafeln, Papyrus oder Tierhaut dienen als Datenträger. Geschrieben wird mit Griffeln oder mit Federkielen und Tinte. Mit Hilfe dieser Aufzeichnungen gelingt es erstmals, bestimmte Güterflüsse, Ansprüche, Bestände u.a. art-, mengen- und wertmäßig zu erfassen, zu vergleichen und auszuwerten (vgl. *Stiegler*, 1958, S. 21 ff.; *Bellinger*, 1967, S. 11 f.).

2.1.2. Mittelalter

Aus den Anfängen des Mittelalters (Zeit zwischen dem Verfall der Antike und ihrer Wiedergeburt in der Renaissance) sind nur **wenige Überlieferungen** zur Buchhaltung erhalten. Gründe dafür sind zum einen die Eroberung Ägyptens durch die Araber (641), wodurch die Ausfuhr von Papyrus als Datenträger unterbunden wird. Kenntnisse der **Papierherstellung** werden erst im 12. und 13. Jahrhundert von China nach Europa gebracht. Zum anderen halten die Kaufleute ihre Aufzeichnungen aufgrund der unbeständigen Zeit der **Völkerwanderungen** und des negativen Ansehens ihres Standes geheim. Viele der bereits bestehenden Buchführungskenntnisse aus dem Altertum gehen verloren. Die Durchführung der Buchhaltung behält hauptsächlich die **römische Kirche** in ihren Grundzügen bei. Zur Verwaltung ihrer Besitztümer ist eine geordnete Buchführung notwendig (vgl. *Bellinger*, 1967, S. 21; *Stiegler*, 1958, S. 26 f.).

Der **zunehmende Handel** als Folge der Kreuzzüge hat den Bedarf nach Rechnungslegung gefördert. Aber erst mit der Einführung des **arabischen Zahlensystems** gewinnt die Buchführung auch außerhalb von Kirche und Kloster an Bedeutung. Das arabische Zahlensystem kommt den Anforderungen des kaufmännischen Rechnungswesens besonders entgegen, denn im Gegensatz zu römischen Zahlen ist es einfacher zu handhaben. Bereits um 800 hat der arabische Astronom und Mathematiker *Muhammed ben Musa Alchwarizmi* die Arbeitstechnik des Zahlensystems erläutert. Wegbereitend wirkt jedoch erst die von *Leonardo Fibonacci* veröffentlichte Schrift „Liber Abaci" (1202), in welcher er die Rechentechniken mit arabischen Zahlen, vor allem das **kaufmännische Rechnen**, beschreibt. Da die arabischen Zahlen aber wegen der optischen Ähnlichkeit der Ziffern 0, 6 und 9 für leichter fälschbar gehalten werden, wird das römische Zahlensystem erst drei Jahrhunderte später ganz ersetzt (vgl. *Schneider*, 1987, S. 93 f.).

Mit der Anwendung des arabischen Zahlensystems wird auf **Konten** gebucht, und die Wertrechnung gewinnt gegenüber der Mengenrechnung an Bedeutung. Die Buchhaltung entwickelt sich insbesondere in Ländern mit ausgeprägtem Handel sehr schnell. Zu diesen gehören Italien als Vorreiter sowie später Deutschland, Frankreich und England. Das **älteste europäische Geschäftsbuch** stammt von einem Bankier in Florenz aus dem Jahr 1211. Zunächst stehen die Aufzeichnungen listenförmig untereinander. Nach und nach wird die **Kontoform** mit der Aufteilung in Soll und Haben zur Basis der kaufmännischen Buchhaltung. Die ersten Konten sind **Personenkonten**. Gegen Ende des 13. Jahrhunderts entstehen **Sachkonten**. Aus dem Jahr 1288 datiert die erste überlieferte Aufzeichnung, in der Soll und Haben gegenübergestellt sind. Im 14. Jahrhundert wird das Kontensystem erweitert. Das Kapital- sowie das Gewinn- und Verlustkonto werden ergänzend eingeführt. Aus der **einfachen** entwickelt sich folgerichtig die **doppelte Buchhaltung (Doppik)** (vgl. *Stiegler*, 1958, S. 31 ff.).

Dem 15. Jahrhundert entstammen Aufzeichnungen des Franziskanermönchs und Mathematikers *Luca Pacioli*. 1494 veröffentlicht *Pacioli* in seinem Buch „Summa de Arithmetica, Geometria, Proportioni e Proportionalità" die **älteste systematische Abhandlung über die doppelte Buchführung**. Damit gelingt ihm die Schaffung eines formalen Unterbaus und die Erhöhung des Bekanntheitsgrades der Doppik, er ist jedoch nicht ihr Begründer. Die Wirtschaftspraxis ist mit ihrer Buchführung zu jener Zeit bereits bedeutend weiter, als es aus der Darstellung *Paciolis* zu entnehmen ist. Bedeutsam sind seine Ausführungen aber, weil er rechentechnisch zwischen dem privaten Haushalt des Kaufmanns und dessen Wirtschaftsbetrieb unterscheidet. Mit dieser Trennung ist die Voraussetzung für die Entwicklung des am Gewinn und Risiko orientierten Unternehmens geschaffen (vgl. *Bellinger*, 1967, S. 22 f.).

Der **Ursprung der Doppik** ist allerdings umstritten. Neben Italien werden sowohl der Nahe Osten als auch der Ferne Orient als Herkunftsgebiete genannt. In italienischen Handelsstädten finden sich Ansätze der Doppik, die über Genua, Florenz und Venedig in Europa verbreitet werden. Bereits die ab 1340 überlieferten Rechnungsbücher der städtischen Finanzverwalter Genuas sind in doppelter Buchhaltung angelegt. Es wird jeweils auf Konten im Soll und Haben gebucht. Die Doppik ist seit Ende des 14. Jahrhunderts auch in Büchern privater Kaufleute überliefert.

In Deutschland herrscht im 14. und 15. Jahrhundert noch die **einfache Buchführung** vor. Neben **Kreditgeschäften** werden später auch **Bargeschäfte** in den Büchern vermerkt. Zu besonderen Anlässen werden **Inventare** erstellt und eine Art **Bilanz** abgeleitet. Erst im 16. Jahrhundert setzt sich auch in Deutschland die Doppik nach italienischem Vorbild durch. Das **Eigenkapitalkonto** enthält neben Anfangsbeständen auch Gewinne, Verluste und Endbestände. Im Laufe der Zeit entsteht ein separates **Gewinn- und Verlustkonto** (vgl. *Stiegler*, 1958, S. 32 ff.).

Die Bezeichnung „doppelte Buchführung" findet sich erstmals 1610 bei *G.A. Moschetti* und ist somit viel später dokumentiert als die Doppik selbst. Ursprünglich ist unter „doppelt buchen" die Abbildung von Geschäftsfällen in zwei Büchern verstanden worden. Heute wird dagegen „doppelt buchen" entweder als zweifache Erfassung eines Vorgangs jeweils im Soll und Haben oder als zweifacher Erfolgsausweis in Bilanz- und GuV-Rechnung interpretiert. In seiner Veröffentlichung (1606) beschreibt der Mönch *Don Angelo Pietra* erstmalig die Verwendung der doppelten Buchhaltung auch in der Landwirtschaft, der Verwaltung und dem Handwerk (vgl. *Stiegler*, 1958, S. 39 ff.).

Zur Zeit des **Merkantilismus**, d.h. im 17./18. Jahrhundert, entwickelt sich im Rahmen der Kameralwissenschaft (vgl. *Schneider*, 1998, S. 1 ff., in diesem Buch) der **kameralistische Rechnungsstil**. Mit den Grundsätzen der Ordnungsmäßigkeit und der Vollständigkeit sowie den Zielen der Ermittlung des Ausgabendeckungsgrades und der Kontrolle der Wirtschaftlichkeit wird die Kameralistik als Soll-Ist-Rechnung formuliert. In der **einfachen Einnahmen- und Ausgabenrechnung**, dem „älteren Kameralstil", erfolgt die Buchung der Geschäftsvorfälle nach Sachtiteln geordnet. Der große Buchungsaufwand führt jedoch zur Verzögerung und Fehleranfälligkeit der Abrechnungen. Mit der Differenzierung in Tagebuch und Hauptbuch, die auf Veröffentlichungen des österreichischen Hofrechenkämmerers *Johann Matthias Puechberg* im Jahr 1764 zurückgeht, entsteht die „verbesserte Kameralrechnungsfuße". Während die Geschäftsvorfälle im Tagebuch chronologisch erfaßt werden, ist das Hauptbuch nach Sachtiteln geordnet. Außerdem werden in letzterem nicht mehr nur bereits erfolgte (Ist-Rechnung), sondern auch zukünftige Einnahmen und Ausgaben (Soll-Rechnung) erfaßt (vgl. *Walb*, 1926, S. 208 ff.; *Schneider*, 1987, S. 118 ff.).

In die Zeit des Merkantilismus fällt auch die Errichtung der ersten wirtschaftswissenschaftlichen (kameralwissenschaftlichen) Professur (1727) an der Universität Halle durch Verfügung *Friedrich Wilhelm I. von Preußen*, deren erster Inhaber *Simon Peter Gasser* gewesen ist. Erst mit den Veröffentlichungen *Carl Günther Ludovici*s (1707–1778; Professor der Weltweisheit/Vernunftlehre an der Universität Leipzig) entwickelt sich eine selbständige **Handlungswissenschaft**. Sein bedeutendstes Werk ist das in den Jahren 1752–1756 erschienene „Kaufmanns-Lexicon".

Neben der Berechnung von Steuern und Abgaben ist das Hauptziel der Rechnungslegung im Merkantilismus die **Dokumentation**. Mit der Ausweitung des Handels und der Errichtung großer Gesellschaften (z.B. „Holländische Ostindienkompagnie (VOC)", gegründet 1602) dient sie auch der Kontrolle und dem Vermögensausweis einzelner Eigner. Bis ins 17. Jahrhundert werden Bücherabschlüsse in der Regel nicht jährlich, sondern u.a. anläßlich geänderter Gesellschafterverhältnisse oder bei vollen Büchern durchgeführt. Mit der Einführung der „Ordonnance de Commerce" in Frankreich (1673), welche gesetzlich die Erstellung einer Inventur fordert, bekommt der **regelmäßige Bücherabschluß** ein größeres Gewicht. Der erste, der sich explizit mit Fragen der Bilanzzwecke befaßt, ist der Textilkaufmann und Mitverfasser der „Ordonnance de Commerce" *Jacques Savary* (1622–1690). Er nimmt in seinem Werk „Le parfait négociant" (1676) u.a. auch zu Fragen der **Bewertung** Stellung. *Savary* fordert, Warenzugänge mit den Einkaufspreisen anzusetzen und bei der Bewertung von Beständen Wertminderungen zu berücksichtigen. Während bis zu dieser Zeit die Veröffentlichungen vor allem Fragen der Rechnungslegung und der Kaufmannsmoral behandeln, stellt *Savary*s Werk ein umfassendes Lehrbuch mit vor allem betriebswirtschaftlichen und handelsrechtlichen Fragestellungen dar. Bis zur Einführung des **Allgemeinen Preußischen Landrechts** (1794) erfolgt die Bewertung im Inventar in Deutschland willkürlich. Das Landrecht regelt für Handelsgesellschaften ohne anders lautende gesellschaftsvertragliche Regelungen die Anwendung des **Realisations- und Imparitätsprinzips**. Des weiteren folgt es erstmalig der Vorstellung, die Bilanz zum Zweck der **Gewinnermittlung** und der anschließenden **Gewinnverteilung** zu erstellen. Letztere erfordert bei Gesellschaften die Durchführung jährlicher Abschlüsse. Aus Mangel an einer einheitlichen gesetzlichen Regelung werden in Deutschland Buchhaltungsvorschriften zu dieser Zeit, wenn über-

haupt, lediglich in Stadtrechten, Landrechten oder Reichsgesetzen fest-
geschrieben (vgl. *Schneider*, 1974, S. 159; *Schneider*, 1987, S. 95, 443 ff.).

2.1.3. Neuzeit (19. Jahrhundert)

Im 19. Jahrhundert werden zwar die Fertigungstechniken entscheidend
verbessert, nicht jedoch die Technik der Doppik. Durch den zunehmenden Handel steigt der Umfang der Buchhaltung beträchtlich an. Die alte
italienische Form mit nur einem Grundbuch, aus dem täglich in ein
Hauptbuch übertragen wird, erweist sich wegen der zunehmenden Zahl
der Buchungen als unzweckmäßig und unsystematisch. In den einzelnen
Ländern entwickeln sich daher im Laufe der Zeit verschiedene Arten der
Übertragungsbuchhaltung. Das Übertragen von Geschäftsvorfällen aus
mehreren Grundbüchern in ein Hauptbuch ist das gemeinsame Kenn-
zeichen dieser Arten. Sie unterscheiden sich jedoch in der sachlichen
Gliederung der Bücher und in der Übertragungsart (Übertragung einzelner Posten oder Übertragung von Summen) (vgl. *Stiegler*, 1958, S. 50 ff.).

Mit der Einführung des **Allgemeinen Deutschen Handelsgesetzbuchs**
von 1861 gibt es erstmals eine einheitliche gesetzliche Regelung zur
Durchführung der Buchhaltung. In den folgenden Jahren bekommt dieses Gesetzbuch in fast allen Staaten des damaligen Deutschen Bundes
Gültigkeit. Das zuvor auf Handelsgesellschaften beschränkte **Niederstwertprinzip** wird auf alle Unternehmen ausgedehnt. Mit der **Reform** der
aktienrechtlichen Rechnungslegung und der Erstellung des Bürgerlichen Gesetzbuchs (BGB) werden die Vorschriften zur Buchführung
weiterentwickelt. Der zweite Entwurf des Handelsgesetzbuchs tritt zusammen mit dem BGB am 1.1.1900 in Kraft. Es entstehen die heute
noch relevanten **Grundsätze ordnungsmäßiger Buchführung**, welche
die Darstellung der Geschäfts- und Vermögenslage nach präzisen Regeln
verlangen (vgl. *Schneider*, 1987, S. 452 ff.).

2.1.4. Neuzeit (20. Jahrhundert)

Einen bedeutenden Entwicklungsschritt für die Buchhaltungspraxis
stellt die Einführung des **Kontenrahmens** mit zehn Kontenklassen dar.
Grundlage dieser Konten-Systematik sind die Ideen *Eugen Schmalenbach*s,
welche er in seiner Schrift „Der Kontenrahmen" (1927) publiziert hat.
Die Grundgedanken *Schmalenbach*s finden sich auch in der 1937 erlasse-
nen **Buchführungsrichtlinie** wieder. Sie gelten allgemein als richtung-

weisend für die Anforderungen an eine ordnungsmäßige Buchführung (vgl. *Stiegler*, 1958, S. 80 f.).

Die **Bilanztheorie (Bilanzauffassung)** entwickelt sich ebenfalls entscheidend weiter. Es lassen sich rückblickend folgende drei Phasen der Entwicklung unterscheiden (vgl. *Schneider*, 1974, S. 158 ff.; *Eisele*, 1997, S. 387 ff.):

(1) Die **erste Phase** von der Jahrhundertwende bis zu Beginn der 30er Jahre ist durch die Erörterung der sog. klassischen Bilanzauffassungen geprägt. Zu diesen werden insbesondere die als statisch, dynamisch und organisch bezeichneten Bilanzauffassungen gezählt. **Statische Bilanzauffassungen** betonen die Notwendigkeit eines stichtagsbezogenen, detaillierten Vermögensausweises in der Bilanz. Hauptvertreter sind u.a. *Heinrich Nicklisch* und *Walter Le Coutre*. *Schmalenbach* stellt mit der Entwicklung der **dynamischen Bilanztheorie** im Jahr 1919 die Ermittlung eines vergleichbaren Periodenerfolgs als Indikator der Unternehmensentwicklung in den Vordergrund. Gewinn- und Verlustrechnung sowie Bewertungsaspekte erlangen nach dieser Auffassung besondere Bedeutung. *Schmalenbach*s dynamische Bilanztheorie wird von *Ernst Walb* (finanzwirtschaftliche Bilanz) und *Erich Kosiol* (pagatorische Bilanz) zu einem eindeutigen, widerspruchsfreien und strikt deskriptiven Satzsystem weiterentwickelt. Letzteres liegt auch in axiomatisierter Form vor (vgl. *Schweitzer*, 1972, S. 64 ff. und 1993, Sp. 113 ff.). Die **organische Bilanztheorie**, insbesondere vertreten von *Fritz Schmidt*, stellt auf die beiden Rechnungszwecke der periodischen Erfolgsermittlung und des vollständigen Vermögensausweises ab. Auf die Zeitperiode vor dem 1. Weltkrieg gehen das **Maßgeblichkeitsprinzip** der Handels- für die Steuerbilanz sowie der **Teilwertbegriff** zurück.

(2) In der **zweiten Phase**, den 30er Jahren, dominieren in der Diskussion insbesondere Einzelprobleme der Bilanzierungspraxis, wie Fragen des Teilwertes u.a. Mit der **Aktienrechtsnovelle** von 1931 wird die Prüfung der Jahresabschlüsse von Aktiengesellschaften zur Pflicht, und Mindestanforderungen an die Rechnungslegung sowie Bilanzierungsgrundsätze entstehen. In den 40er Jahren werden die Möglichkeiten der Angleichung von Handels- und Steuerbilanz bzw. die Erstellung einer **Einheitsbilanz** erörtert (vgl. *Kosiol*, 1949, S. 16 ff.). Diese Diskussion hat sich in den letzten Jahren im Rahmen der Frage nach der Existenzberechtigung des Maßgeblichkeitsprinzips neu entfacht.

(3) Die Entwicklung in der **dritten Phase** zur sog. neueren Bilanzdiskussion ab Mitte der 60er Jahre ist durch die Konzipierung kapitaltheoretischer und informationsbezogener Ansätze gekennzeichnet. Die **kapitaltheoretische Bilanzauffassung** stellt Fragen des ökonomischen Gewinns in den Mittelpunkt der Betrachtung. Der ökonomische Gewinn wird als derjenige entnahmefähige Betrag verstanden, welcher eine Erhaltung des Erfolgskapitals sichert. Während in dieser Bilanzauffassung die Informationsfunktion vernachlässigt wird, stellen **informationsbezogene Ansätze** Fragen der Entscheidungsrelevanz der Bilanzdaten in den Vordergrund. Es werden nicht nur die Prognoseeignung von Rechnungsinformationen, sondern auch das Problem der Manipulationsspielräume untersucht. Die Auffassung, daß der in der traditionellen Bilanz ermittelte Periodengewinn die wirtschaftliche Lage des Unternehmens nicht angemessen abbilde, führt zur Forderung von auf Zahlungsströmen aufbauenden Rechenwerken, die wiederum mit der Unsicherheit der Zahlungsprognosen behaftet sind.

Eine andere Entwicklung als in Deutschland hat die Rechnungslegung im **angloamerikanischen Raum** genommen. Als Grund dafür ist insbesondere die dort von jeher vorherrschende Stellung des **Kapitalmarktes** zu nennen. Während in der deutschen Rechnungslegung das **Gläubigerschutzprinzip** sowie das **Vorsichtsprinzip** dominieren, steht dort die entscheidungsrelevante **Information für Investoren und Aktionäre** auf der Basis eines periodengerechten Erfolgsausweises im Vordergrund. Die in den USA seit 1939 entwickelten Rechnungslegungsprinzipien, die sog. **US-GAAP (US-General Accepted Accounting Principles)**, betonen die Entscheidungsrelevanz sowie die Wesentlichkeit der publizierten Rechnungslegungsinformationen als oberste Grundsätze. Es gilt das Prinzip der „fair presentation" (wahrheitsgemäße Darstellung) sowie der Grundsatz „substance over form" (weitgehender Verzicht auf detaillierte Gliederungsvorschriften). Anders als in Deutschland sind die GAAP nicht in Gesetzen kodifiziert, ihre Anwendung ist dennoch zwingend, da bei Nichtbeachtung die Wirtschaftsprüfer ihr Testat verweigern dürfen. Auch die enge Verzahnung von Handels- und Steuerbilanz, wie sie im deutschen Recht über das Maßgeblichkeitsprinzip gegeben ist, kennt die angelsächsische Rechnungslegung nicht.

Mit dem Ziel der Harmonisierung der Rechnungslegungsvorschriften entsteht 1973 das **International Accounting Standards Committee (IASC)**. Dieser internationale Zusammenschluß von Berufsorganisationen der Wirtschaftsprüfer verfolgt das Ziel, allseits akzeptierte Regeln, die **International Accounting Standards (IAS)**, zu entwickeln. Auch das IASC stellt Rechenschaft und Informationen für den Investor in den Vordergrund. Die IAS sind weitgehend von den US-GAAP beeinflußt und haben wie diese keinen Gesetzes-, sondern lediglich Empfehlungscharakter.

Des weiteren hat sich die **Europäische Union (EU)** um eine Angleichung der einzelstaatlichen Rechnungslegungsvorschriften bemüht. Die von der EU als **Richtlinien** verfaßten Vorschriften haben für die Mitgliedsstaaten bindenden Charakter und verpflichten die Mitglieder zur Umsetzung in nationales Recht. Die **4. EG-Richtlinie** (Bilanzrichtlinie vom 25.7.1978) und die **7. EG-Richtlinie** (Konzernabschlußrichtlinie vom 13.6.1983) sind durch das **Bilanzrichtlinien-Gesetz** vom 19.12.1985 in deutsches Recht umgesetzt worden. Durch sog. nationale Wahlrechte wird das Ziel der Harmonisierung jedoch nur eingeschränkt erreicht. Die zunehmende Internationalisierung sowie Forderungen nach einer Anpassung an amerikanische oder internationale Bilanzierungsvorschriften prägen heute die Diskussion um die deutsche Rechnungslegung. So erlaubt beispielsweise das im Februar 1998 verabschiedete **Kapitalaufnahmeerleichterungsgesetz** börsennotierten Mutterunternehmen eines Konzerns, unter gewissen Auflagen den Konzernabschluß und -lagebericht nach international anerkannten Rechnungslegungsgrundsätzen zu erstellen (vgl. *Eisele*, 1997, S. 541 ff.).

2.2. Historische Entwicklung der Kostenrechnung

Die Entwicklung des **internen Rechnungswesens**, der Kosten- und Erlösrechnung, hängt eng mit der Geschichte der Bilanzrechnung zusammen. Im Laufe der Zeit hat sie sich sowohl zu einem eigenständigen Rechnungssystem neben der Bilanzrechnung als auch zu einem separaten Teilgebiet der Betriebswirtschaftslehre herausgebildet. In Weiterführung der Gliederung von *Dorn* kann ihre Entwicklung in folgende Phasen eingeteilt werden (vgl. *Dorn*, 1961):

(1) Ursprünge der Kostenrechnung bis etwa zur Jahrhundertwende (zum 20. Jahrhundert),

(2) Entwicklung vom Anfang des 20. Jahrhunderts bis zum Beginn des Nationalsozialismus,

(3) Entwicklung zur Zeit des Nationalsozialismus,

(4) Entwicklung bis zur Gegenwart.

(1) In der Entwicklung bis etwa zur Jahrhundertwende sind erste kosten-
rechnerische Ansätze erkennbar, die vorwiegend das Ziel der Stück-
preisberechnung (Preiskalkulation) verfolgen. Diese haben jedoch
noch keine Bedeutung für die Kontrolle der Wirtschaftlichkeit und
des Betriebsergebnisses. Nach *Penndorf* (1930, S. 627 ff.) reichen die
Ursprünge des internen Rechnungswesens in Form der **Betriebsbuchhaltung** bis ins 14. Jahrhundert zurück. Am Beispiel der italienischen Wolltuchindustrie zeigt er, daß schon damals Kosten der Herstellung mit dem Ziel der Ermittlung des Verkaufspreises aufgezeich-
net worden sind. Anfänge der Behandlung von Kostenrechnungs-
fragen finden sich in Deutschland bei *Klipstein* (1781). Dieser beschreibt einen Ansatz der Kostenstellenbildung zur Abbildung innerbetrieblicher Leistungsströme. Eine Abspaltung der Betriebsbuchhaltung von der Finanzbuchhaltung entwickelt *Jung-Stilling* (1786), der in
seiner Veröffentlichung zwischen „Fabrickbuchhaltung" und „Hand-
lungsbuchhaltung" unterscheidet. Auf ihn geht auch ein erster Ansatz zur Gliederung in **Kostenarten** zurück, der von *Leuchs* (1804) sy-
stematisiert und um **kalkulatorische Wagnisse** erweitert wird. Auch
die zunehmende Anzahl an Veröffentlichungen in der Mitte des
19. Jahrhunderts behandelt überwiegend Verfahren zur stückbezoge-
nen Preisermittlung und kaum die periodenbezogene Erfolgsermittlung. Zusammenfassend kann festgestellt werden, daß sich in dieser
Zeit kein einheitliches Kalkulationsschema herausbildet. Weder eine
einheitliche Begriffsbildung noch eine einheitliche Auffassung von
Notwendigkeit und Zielen der Kostenrechnung lassen sich ausmachen (vgl. *Dorn*, 1961, S. 23 ff.; 1993, Sp. 722 f.).

(2) Etwa mit dem Übergang zum 20. Jahrhundert lassen sich die endgül-
tige Trennung von Kosten- und Bilanzrechnung sowie eine erste systematische und wissenschaftliche Behandlung der Kostenrechnung
erkennen. Diese Entwicklung wird durch die zunehmende Industrialisierung gefördert und drückt sich in dem Verlangen der Praxis nach
einem Abrechnungssystem aus, welches die internen, auf das Sachziel
bezogenen Abläufe abbildet. Mit einer wissenschaftlichen Behandlung von Fragen der Kostenrechnung gehen sehr bald Bemühungen
der Standardisierung in Zusammenarbeit mit der Praxis einher.

Eine erste wichtige Veröffentlichung vor Ende des 19. Jahrhunderts
ist die von *Ballewski* (1877), in welcher er bereits auf die **Beziehung
zwischen Kosten und Beschäftigungsgraden** hinweist. Einen Meilenstein zur Entwicklung der heutigen **Deckungsbeitragsrechnung**
legt *Schmalenbach* mit seinem Aufsatz von 1899, in dem er eine ge-

trennte Behandlung von „primären Unkosten" und „sekundären Unkosten" vorschlägt (vgl. *Schmalenbach*, 1899, S. 8 ff.). Die erste systematische Analyse bereits vorhandener Kostenrechnungsansätze hat
Friedrich Leitner (1905) veröffentlicht. Mit der von *Lilienthal* (1907) publizierten „Fabrikorganisation, Fabrikbuchhaltung und Selbstkostenrechnung der Ludw. Loewe & Co." wird die bisher praktizierte Ge-
heimhaltung von Kostenrechnungen aufgegeben.

An der Systematisierung der Kostenrechnung wirken auch die **industriellen Vereinigungen und Verbände** mit. 1908 gibt beispielsweise
Bruinier im Auftrag des *Vereins Deutscher Maschinenbau-Anstalten
(VDMA)* eine Darstellung der „Selbstkostenrechnung für Maschinenfabriken" heraus. Das wissenschaftliche Interesse dieser Zeit bezieht sich hauptsächlich auf **Stückkostenrechnungen**. Mit der Differenzierung in Einzel- und Gemeinkosten gewinnt das Problem der
verursachungsgerechten Kostenzurechnung auf einzelne Produkte
an Bedeutung. Während die Zurechnung der Einzelkosten (häufig
Fertigungsmaterial und Fertigungslohn) vergleichsweise geringe
Schwierigkeiten bereitet, werden für die Zurechnung der (fixen) Gemeinkosten anstelle globaler nunmehr differenzierte Zuschlagssätze
empfohlen. Aus der generellen Formel Material + Lohn + 100 %
Zuschlag entwickeln sich betriebsindividuelle Zuschlagssätze, die zunächst lediglich summarisch, später sehr differenziert ermittelt werden (vgl. *Mellerowicz*, 1974, S. 20 ff.). Deshalb wird u.a. der Übergang
vom Lohn zur Arbeitszeit als Zuschlagsbasis für die Fertigungs-
gemeinkosten befürwortet. Neben einer Erhöhung der Genauigkeit
der Kostenzurechnung kommen Überlegungen zur Einrichtung einer
Kostenstellenrechnung als Mittler zwischen Kostenarten- und Ko-
stenträgerrechnung auf. **Periodenbezogene Betrachtungen** nehmen
weiterhin eine untergeordnete Stellung ein. Einzelne Veröffentlichungen weisen jedoch bereits auf ihren Nutzen hin (vgl. *Dorn*,
1961, S. 38 ff.).

Für die wissenschaftliche Weiterentwicklung der Kostenrechnung
sind insbesondere die Arbeiten *Schmalenbach*s von Bedeutung. Er
führt die heute noch gängige Definition der Kosten als bewerteter,
leistungsbezogener Güterverzehr ein und grenzt diese von neutralem
Aufwand ab. Mit der Veröffentlichung seines Aufsatzes „Selbstkostenrechnung I" (1919) in der von ihm begründeten „Zeitschrift für
handelswissenschaftliche Forschung" (ZfhF) (vgl. *Lingenfelder/Loeve-
nich*, 1998, S. 231 ff., in diesem Buch) legt *Schmalenbach* die Basis für
seine „Grundlagen der Selbstkostenrechnung und Preispolitik"

(1925), welche die Entwicklung der Kostenrechnung in Deutschland maßgeblich geprägt hat. In diesen beiden Publikationen nennt er außer der **Kalkulation** die **Wirtschaftlichkeits- und Erfolgskontrolle** sowie die **Unterstützung der Unternehmensführung** als weitere Ziele der Kostenrechnung. Mit seinen Ideen, insbesondere dem Streben nach Wirtschaftlichkeit, zählt *Schmalenbach* zu den bahnbrechenden Wirtschaftswissenschaftlern im deutschen Sprachraum (vgl. *Schanz*, 1998, S. 33 ff., in diesem Buch). Zugleich legt er mit dem Grundgedanken des sparsamen Mitteleinsatzes das Fundament für den 2. Methodenstreit, der vor allem aus der Kontroverse über die Wirtschaftlichkeit oder die Rentabilität als Ziel des Wirtschaftens entstanden ist. Auch der 1. Methodenstreit, die Frage nach einer rein theoretischen oder nach einer auch praxisbezogenen Ausrichtung der Betriebswirtschaftslehre, geht auf *Schmalenbach* zurück. Als Verfechter einer anwendungsorientierten Wissenschaft betont er insbesondere die Notwendigkeit zur Berücksichtigung der Praxis in der theoretischen Fundierung des Faches. Sein praxisorientiertes Denken zeigt sich auch in dem von ihm ins Leben gerufenen *„Verein Deutscher Diplomkaufleute"*, heute: *„Schmalenbach-Gesellschaft für Betriebswirtschaft e.V."* (vgl. *Backhaus*, 1998, S. 213 ff., in diesem Buch). Nicht zuletzt geht die Bezeichnung „Betriebswirtschaftslehre" als Name für das Fach auf *Schmalenbach* zurück.

Neben vielen anderen Ideen erkennt *Schmalenbach* den Zusammenhang zwischen der **Gestaltung** der **Kostenrechnung** und den von der Unternehmensleitung verfolgten **Zielen**. Neben einer systematisierenden Darstellung in der Praxis angetroffener Kalkulationsverfahren analysiert er u.a. auch die **Kostenabhängigkeit** von unterschiedlichen Beschäftigungsgraden. In seiner Veröffentlichung „Der Kontenrahmen" (1927) stellt er die Kostenrechnung gleichrangig neben die Bilanzrechnung. Forschungsschwerpunkte dieser Zeit sind vorrangig Fragen der **organisatorischen Einordnung** (Zusammenhang von Kostenrechnung und Bilanzrechnung), der differenzierten **Kostenzurechnung** und der Wahl von **Bewertungsansätzen** (vgl. *Dorn*, 1961, S. 86 ff.; 1992, S. 100 f.). Des weiteren werden Methoden der **Kostenauflösung** intensiv untersucht (vgl. *Kosiol*, 1927, S. 345 ff.).

Auch die Standardisierung und die Weiterentwicklung der Kostenrechnung werden von mit Praktikern und Wissenschaftlern besetzten **Fachausschüssen** nachhaltig vorangetrieben. Diese erarbeiten branchenindividuelle Rechnungskonzepte, da aufgrund der spezifischen Gegebenheiten in den unterschiedlichen Industriezweigen einheitliche Normen nicht als zweckmäßig erachtet werden. Zur weiteren Vereinheitlichung der Kostenrechnung erstellt der *Ausschuß für wirtschaftliche Fertigung (AwF)* (1920) einen „Grundplan der Selbstkostenrechnung". Dieser ist aus zwei Gründen bedeutend: Zum einen unterscheidet er bei der stufenweisen Kostenverrechnung zwischen unterschiedlichen Kostenstellengruppen und führt somit das Kostenstellenumlageverfahren für innerbetriebliche Leistungen ein. Zum anderen weist er der Kosten- und der Bilanzrechnung jeweils separate Rechnungsziele zu und legt somit den Grundstein für die Gleichwertigkeit beider Rechnungen (vgl. *Mellerowicz*, 1974, S. 23 f.). Um eine Verbindung zwischen Theorie und Praxis bemüht sich auch die *„Gesellschaft für wirtschaftliche Ausbildung, Frankfurt/Main"*, die 1924 erstmalig die Zeitschrift „Betriebswirtschaftliche Rundschau" herausgibt (vgl. *Dorn*, 1961, S. 123 ff.). Das Streben nach einer intensiven Zusammenarbeit von Wissenschaft und Praxis spiegelt sich auch heute noch in einer Vielzahl teils bereichsübergreifender, teils bereichsspezifischer betriebswirtschaftlicher Vereinigungen wider (zu einem Überblick vgl. *Backhaus*, 1998, S. 213 ff., in diesem Buch).

(3) Während des Nationalsozialismus ist die Entwicklung der Kostenrechnung in Deutschland durch einen starken **staatlichen Einfluß** bestimmt, der sich in einer Vielzahl von Erlassen, Verordnungen und Richtlinien manifestiert. Diese werden auf der Basis des **Wirtschaftlichkeits-** und **Marktordnungserlasses** des Reichswirtschaftsministers vom 12.11.1936 erarbeitet und tragen maßgeblich zur Vereinheitlichung der Kostenrechnung in Deutschland bei. Im damaligen System der Zentralverwaltungswirtschaft wird diese Rechnung wirtschaftspolitischen Zielsetzungen mit dem Gedanken „der Schaffung einer höchstmöglichen Wirtschaftlichkeit in der gesamten Wirtschaft" (*Michel/Elmar*, 1939, S. 11) dienstbar gemacht. Nicht nur die Kostenrechnung, sondern die Betriebswirtschaftslehre insgesamt wird von nationalsozialistischen Reglementierungen geprägt. Diese Entwicklung zeigt sich deutlich in den Veröffentlichungen jener Zeit (vgl. *Lingenfelder/Loevenich*, 1998, S. 238 f., in diesem Buch).

Die Entwicklung der Kostenrechnung reduziert sich v.a. auf Bestandsaufnahmen bereits praktizierter Verfahren. Mit dem Ziel der Vereinheitlichung von Ausgestaltung und Auswertung der Kostenrechnung erstellt der beim *Reichskuratorium für Wirtschaftlichkeit (RKW)* geschaffene „Reichsausschuß für Betriebswirtschaft" **Allgemeine Grundsätze der Kostenrechnung (Kostenrechnungsgrundsätze; KRG)**, zu denen von *Fischer/Heß/Seebauer* (1939) ein inoffizieller

Kommentar veröffentlicht wird. Diese Grundsätze treten mit dem Erlaß vom 16.1.1939 in Kraft und bilden die Grundlage für branchenbezogene **Kostenrechnungsrichtlinien**. Des weiteren wird die Kostenrechnung durch Regelungen zur betrieblichen Preisermittlung der Unternehmen beeinflußt. Es entstehen die „Leitsätze für die Preisermittlung aufgrund der Selbstkosten bei Leistungen für öffentliche Auftraggeber" (LSÖ) vom 15.11.1938, die „Richtlinien für die Preisbildung bei öffentlichen Aufträgen" (RPÖ) vom 15.11.1938 und die „Leitsätze für die Preisermittlung aufgrund der Selbstkosten bei Bauleistungen für öffentliche Auftraggeber" (LSBÖ) vom 25.5.1940. Vor dem Hintergrund einer Zwangskartellisierung und einer zentralen Lenkung der Wirtschaft in vielen Bereichen dient die Kostenrechnung auf staatlicher Seite vorrangig der **Preisüberprüfung** in Kartellen und der **Überwachung** von Unternehmen. Aus unternehmerischer Sicht steht vor allem der **Nachweis hoher Preise zur Gewinnsicherung** im Vordergrund. Positive Effekte der staatlichen Reglementierung sind die weitere Vereinheitlichung der **Fachterminologie** sowie die Verbreitung der **Zurechnung** der **Gemeinkosten** auf der Grundlage differenzierter Zuschlagssätze (vgl. *Dorn*, 1961, 156 ff.).

Erste Tendenzen zur Entwicklung einer Plankostenrechnung in Form der **Standardkostenrechnung**, die durch Ideen der „standard costs" und dem „budgetary control" angeregt werden, lassen sich bereits um 1925 ausmachen. *Eduard Michel* (1937) faßt die in Theorie und Praxis bestehenden Ansätze zusammen und formuliert darauf aufbauend eine zusammenhängende Darstellung der Standardkostenrechnung.

(4) Nach 1945 bekommen Theorie und Praxis der Kostenrechnung auch durch den wieder einsetzenden internationalen Gedankenaustausch neue Impulse. Ein Teil der staatlichen Vorschriften wird aufgehoben, ein anderer Teil wird in modifizierter Form für den öffentlichen Bereich beibehalten. Die Kostenrechnung entwickelt sich zum Instrument der Entscheidungsunterstützung für die Unternehmensführung mit den Rechnungszielen der **Abbildung** sowie der **Planung** und **Steuerung** des Unternehmensprozesses.

Die Mängel der Plankostenrechnung auf Vollkostenbasis, insbesondere die rechnerische Proportionalisierung fixer Kosten, führen zur Entstehung von **Teilkostenrechnungen**. *Hans-Georg Plaut* entwickelt zu Beginn der 50er Jahre die **Grenzplankostenrechnung** als Plankostenrechnung auf der Basis variabler (proportionaler) Kosten. *Wolfgang Kilger* (1961) hat dieses Konzept theoretisch ausgearbeitet. Die Grenzplankostenrechnung wird in den USA unter dem Namen **Direct Costing** angewendet. *Paul Riebel* (1972) entwickelt mit der **Einzelkosten- und Deckungsbeitragsrechnung** ebenfalls ein System der Kostenrechnung auf Teilkostenbasis. Als weiteres Kostenrechnungssystem entsteht die **Prognosekostenrechnung**. Dieses von *Kosiol* (1956, S. 51 ff.) präzisierte System zielt insbesondere auf die Planung und Steuerung der ökonomischen Ergiebigkeit des Unternehmens. In der Folge entwickelt sich im Hinblick auf unterschiedliche Rechnungsziele eine Vielzahl von Kostenrechnungssystemen und Konzepten zur Unterstützung der Planung und Steuerung von Potentialen, Programmen und Prozessen.

Mit dem Übergang vom Anbieter- zum Nachfragermarkt verändern sich auch die Kostenstrukturen. Die **Kosten des indirekten Leistungsbereichs** steigen stetig an, und neue Kosteneinflußgrößen nehmen an Bedeutung zu. Die herkömmlichen Systeme der Kostenrechnung können den geänderten Anforderungen nicht mehr genügen. Zur teilweisen Lösung dieser Problemstellung wird die **Prozeßkostenrechnung** in Form des activity-based costing von *Jeffrey G. Miller/Thomas E. Vollmann* (1985) formuliert und u.a. von *Thomas H. Johnson/Robert S. Kaplan* (1987), *Robin Cooper/Robert S. Kaplan* (1988), *Péter Horváth/Reinhold Mayer* (1989) weiterentwickelt.

In Verbindung mit einer mehrstufigen Deckungsbeitragsrechnung entsteht die **mehrstufige Periodenrechnung auf der Basis von Prozeßkosten** (vgl. *Schweitzer/Friedl*, 1994, S. 83 ff.). Durch die Kombination der beiden Systeme werden die individuellen Stärken genutzt und die Schwächen gemindert. Im Vordergrund steht dabei das Ziel einer verbesserten Entscheidungsunterstützung über das Produktionsprogramm. Die darin vorgeschlagene Trennung in fixe und variable Bestandteile wird in der Kostenprozeßrechnung konsequent fortgeführt, indem für die Kostenverrechnung beider Bestandteile getrennte Prozeßkostensätze gefordert werden. Die Idee einer verstärkten Prozeßorientierung findet sich auch in der **prozeßkonformen Grenzplankostenrechnung** von *Heinrich Müller* (1996) wieder. Ein ausgebautes System der Prognosekostenrechnung für die Eisen- und Stahlindustrie stellt die u.a. von *Gert Laßmann* (1968) entwickelte **Plankosten- und -erlösrechnung** auf **Einflußgrößenbasis** dar.

Mit dem Ziel der kurzfristigen Planung und Steuerung von Fertigungsprozessen in flexiblen Fertigungssystemen formuliert *Jens Knoop*

(1986) die **prozeßorientierte Kostenrechnung**. Dieses Modell umfaßt neben einer modifizierten Grenzplankostenrechnung als weitere Komponenten ein Simulationsmodell, ein online Betriebsdatenerfassungssystem sowie eine Mitlaufkalkulation. Zur Unterstützung der Kostenplanung und -steuerung in der Konstruktion wird die **konstruktionsbegleitende Kalkulation** bzw. Kostenrechnung entwickelt (vgl. z.B. *Ehrlenspiel*, 1985; *Friedl*, 1994; *Jehle*, 1984).

Neben dem traditionellen System der flexiblen Standardkostenrechnung (auf Vollkostenbasis) entstehen mit dem Ziel der **Verhaltenssteuerung** des weiteren das **Behavioral Accounting, Principal-Agent-Ansätze** und das **Target Costing**. Den genannten Ansätzen ist gemeinsam, daß es sich bei ihnen nicht um Kostenrechnungssysteme im herkömmlichen Sinn handelt. Beim **Behavioral Accounting** stehen die Beziehungen zwischen Unternehmensrechnung (Rechnungsinformationen) und menschlichem Verhalten im Vordergrund der Betrachtung (vgl. *Siegel/Ramanauskas-Marconi*, 1989). **Principal-Agent-Modelle** untersuchen u.a. den entscheidungsbezogenen Zusammenhang zwischen Voll- bzw. Teilkosteninformationen und geeigneten Anreizmechanismen bei asymmetrischen Informationsstrukturen (zum Überblick vgl. *Ewert/Wagenhofer*, 1997, S. 413 ff.). Die erfolgszielorientierte Kostenplanung und -steuerung sowie die Kostenbeeinflussung bis in die frühen Phasen der Konstruktion sind u.a. die Aufgaben des **Target Costing** (vgl. z.B. *Tanaka*, 1993; *Tani/Kato*, 1994).

Neuere Entwicklungen der Kostenrechnung richten sich an den Besonderheiten einzelner **Funktionen** und **Dienstleistungsbereiche** aus. Die Struktur der Kostenrechnungssysteme wird den Bedingungen und Entscheidungen der jeweiligen Prozesse oder Bereiche angepaßt. So entstehen Kostenrechnungen für Handel, Banken, Versicherungen, Krankenhäuser, Hochschulen usw. sowie als prozeßbezogene Rechnungen beispielsweise Qualitäts-, Fertigungs-, Logistik- und Absatzkostenrechnungen.

Die Verlagerung der Perspektive von der Kostenrechnung auf das **Kostenmanagement** als „Einflußnahme auf die Planung und Steuerung der Potentiale, Programme und Prozesse zur zielorientierten Gestaltung der Unternehmungskosten" (*Friedl*, 1997, S. 419) verlangt insbesondere nach einer **strategieorientierten Kostenrechnung**. Eine Verbindung von operativer und taktischer Ebene stellt der **investitionstheoretische Ansatz** der **Kostenrechnung** dar (vgl. *Küpper*, 1985). Dieses theoretische Grundkonzept verbindet planungsorientierte Systeme der Kostenrechnung mit der Investitionsrechnung. Weitere in diesem Zusammenhang diskutierte Ansätze sind die **lebenszyklusorientierte Kostenrechnung** sowie **Erfolgspotential- rechnungen**. Letztere dienen neben der Ermittlung und Gestaltung von Erfolgspotentialen auch der Auswahl von Strategien unter Be- rücksichtigung ihrer Auswirkungen auf die Potentiale. Die Einfluß- nahme auf Lebenszykluskosten erfordert die Bereitstellung von Kosteninformationen von der Entstehungs-, über die Markt- bis zur Entsorgungsphase (Elemination eines Produktes) (vgl. *Schweitzer/ Küpper*, 1998, S. 686 ff.).

3. Ausblick

Das Rechnungswesen kann auf eine sehr **lange Tradition** und **Entwick- lungsgeschichte** zurückblicken. *Kosiol* (1961, S. 323) bezeichnet die Buchhaltung als das „älteste mathematische Modell im Unternehmens- bereich" überhaupt. Aus einem anfänglich einfachen Ermittlungsmodell ist ein **umfassendes entscheidungsorientiertes Rechnungssystem** ent- standen. Die Buchhaltung und die Bilanzrechnung haben sich von rudi- mentären Aufzeichnungen zu einem geschlossenen doppischen System entwickelt. Die anfänglich auf die Preisermittlung ausgerichteten Ist- kostenrechnungen sind zu differenzierten Systemen der Informations- unterstützung von Planung und Steuerung des Unternehmensprozesses ausgebaut worden.

Gegenwärtig werden Möglichkeiten und Grenzen einer **Angleichung** des externen und internen Rechnungswesens diskutiert. Dieses Bestre- ben verfolgt zwei Ziele: Zum einen sollen in beiden Rechnungen die Ermittlungsvorschriften für die relevanten Daten eindeutiger gestaltet werden und somit Möglichkeiten der Manipulation eingeschränkt sowie die Rechnungstransparenz erhöht werden. Für die externe Rechnungs- legung bedeutet dieses vor allem eine Reduktion der Bewertungswahl- rechte sowie für die interne Rechnungslegung eine Verringerung des An- satzes aufwandsloser Kosten. Zum anderen verlangt die zunehmende In- ternationalisierung der Wirtschaft nach einer Harmonisierung der unter- schiedlichen Rechnungslegungskonzepte in den einzelnen Ländern. Die Notwendigkeit nach einer einfachen Handhabung in einem weltweit ge- spannten Unternehmensnetz und nach dem damit verbundenen Zwang zur Reduktion der Komplexität lassen auf eine Durchsetzung der Angleichung zwischen externer und interner Rechnung schließen. Auch der Wunsch nach Vermeidung von Doppelabschlüssen fördert dieses Bestreben.

Andererseits hat das deutsche Konzept des Rechnungswesens Einfluß auf die Ausgestaltung der Rechnungskonzepte in anderen Ländern genommen. Insbesondere werden Strukturen der deutschen Kosten- und Erlösrechnung, nicht zuletzt durch den Softwarehersteller *SAP*, weltweit verbreitet. Die Grundgedanken *Schmalenbachs* haben die Entwicklung des Kontenrahmens in zahlreichen europäischen (z.b. Niederlande, Österreich, Dänemark), aber auch außereuropäischen Ländern (z.b. Australien) beeinflußt. Auch hier lassen sich Tendenzen zur Vereinheitlichung der unterschiedlichen Ausprägungen erkennen.

Insgesamt ist die Entwicklung des Rechnungswesens bis zur Gegenwart nicht abgeschlossen. Eine eindeutige Entwicklungsrichtung ist unter den gegebenen komplexen und dynamischen Umweltbedingungen nicht erkennbar, so daß nur Tendenzaussagen formuliert werden können. Unter Berücksichtigung der unterschiedlichen Entscheidungs- und Rechnungsziele sowie der damit einhergehenden spezifischen Anforderungen an die Rechnungssysteme wird das Rechnungswesen in Zukunft wahrscheinlich zu einem noch leistungsfähigeren **Informationsinstrument** der Unternehmensführung weiterentwickelt. Im Mittelpunkt stehen dabei die Aufgaben der Bereitstellung nachprüfbaren, zielorientierten Wissens (Information) für interne und externe Adressaten sowie der Abstimmung (Koordination) der Führungsentscheidungen über Planungs- und Steuerungsprozesse (vgl. *Schweitzer/Küpper*, 1998, S. 677 ff.).

Literatur

Zitierte Literatur

Ballewski, A., Die Calculation von Maschinenfabriken, Magdeburg 1877.
Bellinger, B., Geschichte der Betriebswirtschaftslehre, Stuttgart 1967.
Bruinier, J., Selbstkostenrechnung für Maschinenfabriken, Berlin 1908.
Cooper, R., R.S. Kaplan, Measure Costs Right: Make the Right Decisions, in: Harvard Business Review, Vol. 66 (1988), Nr. 5, S. 96–103.
Dorn, G., Die Entwicklung der industriellen Kostenrechnung in Deutschland, Berlin 1961.
Dorn, G., Geschichtliche Entwicklung der Kostenrechnung, in: *W. Männel* (Hrsg.), Handbuch Kostenrechnung, Wiesbaden 1992, S. 97–104.
Dorn, G., Geschichte der Kostenrechnung, in: *K. Chmielewicz, M. Schweitzer*

(Hrsg.), Handwörterbuch des Rechnungswesens, 3. Aufl., Stuttgart 1993, Sp. 722–729.

Ehrlenspiel, K., Kostengünstig Konstruieren, Kostenwissen, Kosteneinflüsse, Kostensenkung, Berlin u.a. 1985.

Eisele, W., Bilanzen, in: *F.X. Bea, E. Dichtl, M. Schweitzer* (Hrsg.), Allgemeine Betriebswirtschaftslehre, Band 2: Führung, 7. Aufl., Stuttgart 1997, S. 370–552.

Ewert, R., A. Wagenhofer, Interne Unternehmensrechnung, 3. Aufl., Berlin et al. 1997.

Fischer, J., O. Heß, G. Seebauer, Buchführung und Kostenrechnung, Leipzig 1939.

Friedl, B., Kostenplanung und -steuerung in der Entwicklung, in: *H. Corsten* (Hrsg.), Handbuch Produktionsmanagement. Strategie-Führung-Technologie-Schnittstellen, Wiesbaden 1994, S. 497–515.

Friedl, B., Strategieorientiertes Kostenmanagement in der Industrieunternehmung, in: *H.-U. Küpper, E. Troßmann* (Hrsg.), Das Rechnungswesen im Spannungsfeld zwischen strategischem und operativem Management. Festschrift für Marcell Schweitzer zum 65. Geburtstag, Berlin 1997, S. 413–432.

Horváth, P., R. Mayer, Prozeßkostenrechnung. Der neue Weg zur mehr Kostentransparenz und wirkungsvolleren Unternehmensstrategien, in: Controlling, 1. Jg. (1989), S. 214–219.

Jehle, E., Kostenfrüherkennung und Kostenfrühkontrolle. Mitlaufende Kontrolle während des Konstruktions- und Entwicklungsprozesses, in: *G. von Kortzfleisch, B. Kaluza* (Hrsg.), Internationale und nationale Problemfelder der Betriebswirtschaftslehre, Berlin 1984, S. 263–285.

Johnson, T.H., R.S. Kaplan, Relevance Lost. The Rise and Fall of Management Accounting, Boston/Mass., 1987.

Jung-Stilling, J.H., Anleitung zur Cameral-Rechnungswissenschaft, Leipzig 1786.

Kilger, W., Flexible Plankostenrechnung, Köln, Opladen 1961.

Klipstein, P.E., Lehre von der Auseinandersetzung im Rechnungswesen, Leipzig 1781.

Knoop, J., Online-Kostenrechnung für die CIM-Planung, Berlin 1986.

Kosiol, E., Bilanzreform und Einheitsbilanz. Grundlegende Studien zu den Möglichkeiten einer Rationalisierung der periodischen Erfolgsrechnung, 2. Aufl., Berlin, Stuttgart 1949.

Kosiol, E., Pagatorische Bilanz. Die Bewegungsbilanz als Grundlage einer integrativ verbundenen Erfolgs-, Bestands- und Finanzrechnung, Berlin 1976.

Kosiol, E., Typologische Gegenüberstellung von standardisierender (technisch orientierter) und prognostizierender (ökonomisch ausgerichteter) Plankostenrechnung, in: *E. Kosiol* (Hrsg.), Plankostenrechnung als Instrument moderner Unternehmensführung. Erhebungen und Studien zur grundsätzlichen Problematik, 2. Aufl., Berlin 1956, S. 49–76.

Kosiol, E., Kostenauflösung und proportionaler Satz, in: Zeitschrift für handelswissenschaftliche Forschung, 21. Jg. (1927), S. 345–358.

Kosiol, E., Modellanalyse als Grundlage unternehmerischer Entscheidungen, in: Zeitschrift für handelswissenschaftliche Forschung, 13. Jg. (1961), S. 319–334.

Küpper, H.-U., Investitionstheoretische Fundierung der Kostenrechnung, in: Zeitschrift für betriebswirtschaftliche Forschung, 37. Jg. (1985), S. 26–46.

Laßmann, G., Die Kosten- und Erlösrechnung als Instrument der Planung und Kontrolle in Industriebetrieben, Düsseldorf 1968.

Leitner, F., Die Selbstkostenberechnung industrieller Betriebe, Frankfurt/Main 1905.

Leuchs, J.M., System des Handels, Faksimiledruck der 1. Aufl. von 1804, Stuttgart 1933.

Lilienthal, J., Fabrikorganisation, Fabrikbuchführung und Selbstkostenberechnung der Firma Ludw. Loewe & Co., Berlin 1907.

Ludovici, C.G., Eröffnete Akademie der Kaufleute: oder vollständiges Kaufmanns-Lexicon, Leipzig 1752–1756, neu hrsg. von *R. Seÿffert*, Stuttgart 1932.

Mellerowicz, K., Kosten und Kostenrechnung, Band 2,1, 5. Aufl., Berlin 1974.

Michel, Eduard, Handbuch der Plankostenrechnung, Berlin 1937.

Michel, Elmar, Die allgemeinen Grundsätze der Kostenrechnung, in: *E. Junghans, E. Michel, O. Heß*, Kostenrechnung und Preisbildung, 2. Aufl., Stuttgart 1939, S. 10–19.

Miller, J.G., T.E. Vollmann, The Hidden Factory, in: Harvard Business Review, Vol. 63 (1985), Nr. 5, S. 142–150.

Müller, H., Prozeßkonforme Grenzplankostenrechnung. Stand – Nutzanwendungen – Tendenzen, 2. Aufl., Wiesbaden 1996.

Pacioli, L., Summa de Arithmetica, Geometria, Proportioni e Proportionalità, Venedig 1494.

Penndorf, B., Die Anfänge der Betriebsbuchhaltung, in: Zeitschrift für handelswissenschaftliche Forschung, 24. Jg. (1930), S. 627–631.

Riebel, P., Einzelkosten- und Deckungsbeitragsrechnung, Opladen 1972.

Savary, J., Le parfait négociant ou Instruction générale pour ce qui regarde le commerce de toute sorte de marchandises, tant de France, que des pays éstrangers, Genève 1676.

Schmalenbach, E., Grundlagen der Selbstkostenrechnung und Preispolitik, 2. Aufl., Leipzig 1925.

Schmalenbach, E., Buchführung und Kalkulation im Fabrikgeschäft, in: Deutsche Metallindustriezeitung, 15. Jg. (1899), S. 3–31.

Schmalenbach, E., Grundlagen dynamischer Bilanzlehre, in: Zeitschrift für handelswissenschaftliche Forschung, 13. Jg. (1919), S. 1–60, 65–101.

Schmalenbach, E., Selbstkostenrechnung I, in: Zeitschrift für handelswissenschaftliche Forschung, 13. Jg. (1919), S. 257–299, 321–356.

Schmalenbach, E., Der Kontenrahmen, in: Zeitschrift für handelswissenschaftliche Forschung, 21. Jg. (1927), S. 385–402, 433–475.

Schmidt, F., Die organische Bilanz im Rahmen der Wirtschaft, Leipzig 1921.

Schneider, D., Allgemeine Betriebswirtschaftslehre, 3. Aufl., München 1987.

Schneider, D., Entwicklungsstufen der Bilanztheorie, in: WiSt - Wirtschaftswissenschaftliches Studium, 3. Jg. (1974), S. 158–164.

Schweitzer, M., Struktur und Funktion der Bilanz. Grundfragen der betriebswirtschaftlichen Bilanz in methodologischer und entscheidungstheoretischer Sicht, Berlin 1972.

Schweitzer, M., Axiomatik, in: *K. Chmielewicz, M. Schweitzer* (Hrsg.), Handwörterbuch des Rechnungswesens, 3. Aufl., Stuttgart 1993, Sp. 113–124.

Schweitzer, M., B. Friedl, Aussagefähigkeit von Kostenrechnungssystemen für das programmorientierte Kostenmanagement, in: *G. Seicht* (Hrsg.), Jahrbuch für Controlling und Rechnungswesen 1994, Wien 1994, S. 65–100.

Schweitzer, M., H.-U. Küpper, Systeme der Kosten- und Erlösrechnung, 7. Aufl., München 1998.

Siegel, G., H. Ramanauskas-Marconi, Behavioral Accounting, Cincinnati/Ohio 1989.

Stiegler, J.P., Fünf Jahrtausende Buchhaltung. Von der Urkartei auf Tontafeln bis zur Elektronik in der Buchhaltung, 3. Aufl., Stuttgart 1958.

Tanaka, T., Target Costing at Toyota, in: *B. Brinker* (Hrsg.), Emerging Practices in Cost Management, 1993 Edition, Boston/Mass. 1993, S. F1-1–F1-8.

Tani, T., Y. Kato, Target Costing in Japan, in: *K. Dellmann, K.-P. Franz* (Hrsg.), Neuere Entwicklungen im Kostenmanagement, Stuttgart, Bern 1994, S. 191–222.

Walb, E., Die Erfolgsrechnung privater und öffentlicher Betriebe, Berlin, Wien 1926.

Walb, E., Die finanzwirtschaftliche Bilanz, in: Zeitschrift für handelswissenschaftliche Forschung, 36. Jg. (1942), S. 213–240.

Weiterführende Literatur

Bea, F.X., Grundkonzeption einer strategieorientierten Unternehmensrechnung, in: *H.-U. Küpper, E. Troßmann* (Hrsg.), Das Rechnungswesen im Spannungsfeld zwischen strategischem und operativem Management. Festschrift für Marcell Schweitzer zum 65. Geburtstag, Berlin 1997, S. 395–412.

Born, K., Rechnungslegung international. Konzernabschlüsse nach IAS, US-GAAP, HGB und EG-Richtlinien, Stuttgart 1997.

Cordes, W. (Hrsg.), Eugen Schmalenbach. Der Mann – Sein Werk – Die Wirkung, Stuttgart 1984.

Haller, A., Wesentliche Ziele und Merkmale US-amerikanischer Rechnungslegung, in: *W. Ballwieser* (Hrsg.), US-amerikanische Rechnungslegung. Grundlagen und Vergleiche mit dem deutschen Recht, 3. Aufl., Stuttgart 1998, S. 1–27.

Hendriksen, E.S., Accounting Theory, 2. Aufl., Homewood/Ill. 1970.

Kosiol, E., Kontenrahmen und Kontenpläne der Unternehmungen, Essen 1962.

Kosiol, E., Buchhaltung als Erfolgs-, Bestands- und Finanzrechnung, Berlin, New York 1977.

Küpper, H.-U., Hochschulrechnung zwischen Kameralistik und Kostenrechnung, in: *H.-U. Küpper, E. Troßmann* (Hrsg.), Das Rechnungswesen im Spannungsfeld zwischen strategischem und operativem Management. Festschrift für Marcell Schweitzer zum 65. Geburtstag, Berlin 1997, S. 565–588.

Löffelholz, J., Geschichte der Betriebswirtschaft und der Betriebswirtschaftslehre, Stuttgart 1935.

Lücke, W., Rechnungswesen, in: *K. Chmielewicz, M. Schweitzer* (Hrsg.), Handwörterbuch des Rechnungswesens, 3. Aufl., Stuttgart 1993, Sp. 1686–1703.

Männel, W., Rechnungswesen, in: *W. Albers* u.a. (Hrsg.), Handwörterbuch der Wirtschaftswissenschaften, Stuttgart, New York u.a. 1978, S. 456–478.

Penndorf, B., Geschichte der Buchhaltung in Deutschland, Leipzig 1913.

Scherpf, P., Der Kontenrahmen. Entstehung, Verbreitung, Möglichkeiten, München 1955.

Schmalenbach, E., Die doppelte Buchführung, Köln, Opladen 1950.

Schmalenbach, E., Dynamische Bilanz, bearbeitet von *R. Bauer*, 13. Aufl., Köln, Opladen 1962.

Schneider, D., Entwicklungsschwerpunkte zur heutigen Kostenrechnung, in: *W. Männel* (Hrsg.), Handbuch Kostenrechnung, Wiesbaden 1992, S. 87–96.

Schneider, D., Geschichte der Buchhaltung und Bilanzierung, in: *K. Chmielewicz, M. Schweitzer* (Hrsg.), Handwörterbuch des Rechnungswesens, 3. Aufl., Stuttgart 1993, Sp. 712–721.

Schweitzer, M., Eugen Schmalenbach as the Founder of Cost Accounting in the German-Speaking World, in: *A. Tsuji, P. Garner* (Hrsg.), Studies in Accounting History. Tradition and Innovation for the Twenty-First Century, Westport/Conn. 1995, S. 29–43.

Schweitzer, M., Prozeßorientierung der Kostenrechnung, in: *A. Kötzle* (Hrsg.), Strategisches Management: theoretische Ansätze, Instrumente und Anwendungskonzepte für Dienstleistungsunternehmen, Stuttgart 1997, S. 85–110.

von Wysocki, K., Kameralistisches Rechnungswesen, Stuttgart 1965.

Geschichte des Controllings

Dr. Volker Lingnau

Controlling wird allgemein als „neuere" Entwicklung in der Betriebswirtschaftslehre angesehen. Daß dieses Teilgebiet dennoch eine Geschichte hat, zeigt der vorliegende Beitrag. Nach einem kurzen Überblick über die historische Entwicklung der Controllingfunktion im staatlichen Bereich wird schwerpunktmäßig die Geschichte des institutionalisierten industriellen Controllings für den anglo-amerikanischen sowie den deutschen Sprachraum behandelt (zur unterschiedlichen Entwicklung der Betriebswirtschaftslehre im deutschen und im anglo-amerikanischen Sprachraum vgl. *Homburg*, 1998, S. 195 ff., in diesem Buch). Um Verwechslungen mit der anglo-amerikanischen Managementfunktion „Controlling" zu vermeiden, wird für den anglo-amerikanischen Sprachraum der originalsprachliche Terminus „Controllership" verwendet, während für den deutschen Sprachraum die hier mittlerweile gebräuchliche Bezeichnung „Controlling" benutzt wird.

1. Wurzeln des Controllings im staatlichen Bereich

Als Ursprung des Controllings können staatliche Stellen angesehen werden, deren Aufgabe in der Führung einer **Gegenrechnung** zur Aufzeichnung ein- und ausgehender Gelder und Güter sowie im Vergleich von rechnerischen und tatsächlichen Beständen lag. Diese Funktion kann zwar, ähnlich wie die Wurzeln des Rechnungswesens (vgl. *Schweitzer/ Wagener*, 1998, S. 48 ff., in diesem Buch), bis in die Zeit des **Pyramidenbaus** zurückverfolgt werden (vgl. *Batzner*, 1963, S. 175), umfangreiche Quellen sind jedoch erst für die **Römerzeit** vorhanden (vgl. *Tab. 1*). Entstehungsgründe und Aufgaben, aber auch Probleme dieser Funktion weisen dabei zum Teil eine erstaunliche Aktualität auf.

Zeitepoche	Region	Bedeutung
um 2500 v.Chr.	Ägypten	einzelne institutionalisierte Controllingaufgaben beim Pyramidenbau
5. Jh. v.Chr.	Rom	Quästor als erster Controller
13. Jh. n.Chr.	England/Frankreich	Entstehung der Amtsbezeichnung Controller
1778	USA	erster moderner Controller

Tab. 1: Meilensteine des Controllings im staatlichen Bereich

Seit 446 v. Chr. waren im Römischen Reich vom Volk gewählte **Quästoren** eigenverantwortlich für die Verwaltung des **Staatskasse** und **Staatsarchiv** umfassenden Ärars zuständig (vgl. *Kunkel/Wittmann*, 1995, S. 510 ff.). Hierzu zählte auch die Aufsicht über das dort tätige **Personal**, das insbesondere die **Schreiber** umfaßte, denen die Führung der Bücher oblag. Aufgrund der mit dem Amt verbundenen Verantwortung mußten die Quästoren ein Mindestalter von 30 Jahren aufweisen. Das gesamte Finanzwesen war zuvor die Aufgabe der obersten Magistratsbeamten. Die durch das **Wachstum** der Städte und Kolonien steigenden **Anforderungen** auf allen Gebieten der Verwaltung, insbesondere jedoch im Bereich der **Finanzverwaltung**, führten zu der Notwendigkeit, ein Amt zu schaffen, das den so entstandenen neuen Anforderungen gerecht werden konnte. Die Kassenverwaltung wurde daher aus dem Zuständigkeitsbereich der obersten Magistrate herausgelöst, die jedoch weiterhin die **Oberaufsicht** ausübten und für **Entscheidungen** im Finanzbereich zuständig waren. Den Quästoren kam damit gleichzeitig eine wichtige **Kontrollfunktion** zu. Da sich die Quästoren häufig jedoch weder im System der Kassenführung noch in den Aktenbeständen auskannten, waren sie hier völlig von ihren Schreibern abhängig, die dadurch faktisch einen großen Einfluß hatten. Periodisch wiederkehrende Auszahlungen konnten von den Quästoren selbständig nach den vorhandenen Unterlagen vorgenommen werden. Alle sonstigen Verfügungen bedurften eines Magistratsbeschlusses. Weitere Aufgaben kamen je nach Einsatzgebiet des Quästors hinzu, so die **Kontrolle** über die staatlichen Güter und die von dort erfolgenden Lebensmittellieferungen, die Beschaffung von **Informationen** und die **Unterstützung** bei Regierungsgeschäften. In der Provinz waren die Quästoren auch Vertreter der Statthalter. Die hierarchische Stellung der Quästoren wird als **zwiespältig** beschrieben, da sie einerseits eigenverantwortlich die finanziellen Geschäfte führten, andererseits als bloße Gehilfen tätig wurden. Die rasch ansteigende Zahl von Quästoren ist jedoch ein Beleg dafür, daß sich die Einführung des Quästorenamtes **bewährt** hatte.

Die heutige Bezeichnung Controller ist erst sehr viel später entstanden. Sie ist auf das mittelalterliche lateinische Wort **contrarotulus** (Gegenrechnung) zurückzuführen, das 1242 in englischen Quellen erstmalig erwähnt wird (vgl. *Latham*, 1965, S. 112). Um 1268 wird derjenige, der die Gegenrechnung führt, als **contrarotularius**, 1291 in französischen Quellen als **countreroullour** bezeichnet. Bereits um 1274 findet sich auch schon die Schreibweise **comptrarotulator**, aus der die seit ca. 1500 bis in die Gegenwart gebräuchliche Bezeichnung **Comptroller** entstand. Diese Schreibweise wird darauf zurückgeführt, daß die erste Silbe des lateinischen Wortes im angelsächsischen Sprachraum irrtümlich als count (etymologisch compt) interpretiert wurde. 1342 wird ein Johannes de Turno als **contrarullator** der Diözese Paris genannt. Er ist damit einer der ältesten namentlich bekannten Träger der Bezeichnung „Controller". Das Amt des Controllers verbreitete sich in der Folgezeit an nahezu allen europäischen Höfen.

Die von der Staatsform unabhängige Bedeutung des Controlleramtes wurde schon kurz nach Gründung der Vereinigten Staaten von Amerika deutlich. 1778 schuf der Kongreß die Instanz eines **Comptrollers**, der die **Ordnungsmäßigkeit** und **Wirtschaftlichkeit** der Haushaltsführung der amerikanischen Regierung sicherstellen sollte. Die Wichtigkeit, die diesem Amt zugemessen wurde, ist auch daran zu erkennen, daß in einigen Bundesstaaten der Comptroller, ähnlich wie die römischen Quästoren, direkt vom Volk gewählt wurde.

2. Anglo-amerikanische Controllership

In den USA können zwei **Entwicklungsphasen** der Controllership relativ klar identifiziert werden:

- Zum einen die Zeit vom Ende des Ersten Weltkrieges bis zum Beginn der Weltwirtschaftskrise, während der eine **starke Zunahme** von Controllerstellen mit einer deutlichen Wandlung des Aufgabenfeldes zu verzeichnen ist,

• zum anderen die Zeit nach Gründung des *Controllers Institute of America* 1931, dem es gelang, einen weitgehenden **Konsens** über das Aufgabengebiet von Controllern herzustellen (vgl. *Schneider*, M., 1993, S. 11 f.).

Folglich wird die Entwicklung in drei Abschnitten erörtert: **Anfangsphase, Verbreitungsphase, Konsolidierungsphase.**

2.1. Controllership in der Anfangsphase

Die Periode zwischen 1865 und 1890 war in den USA gekennzeichnet durch ein starkes industrielles **Wachstum**. Dies führte sowohl zu einer steigenden Zahl von Unternehmungsneugründungen und damit zu einem verschärften **Wettbewerb** als auch zu einer **Vergrößerung** vorhandener Unternehmungen sowie zu Unternehmungszusammenschlüssen mit daraus folgenden steigenden **Gemeinkosten**. Die bis dahin allgemein praktizierte **persönliche Überwachung** des Unternehmungsgeschehens wurde so immer schwieriger. Des weiteren wurde nun auch in größerem Maße **Fremdkapital** zur Finanzierung benötigt.

Damit stieg die Nachfrage nach besseren **Management-Techniken** zur Bewältigung der gestiegenen **Komplexität**, die wiederum ein angemessenes, wissenschaftlich fundiertes **Rechnungswesen** zur **Informationsversorgung** benötigten. Gleichzeitig war ein stark zunehmender **staatlicher Einfluß**, insbesondere im Bereich der Besteuerung und Regulierung zu verzeichnen, der es notwendig machte, in den Unternehmungen eine Einrichtung zu schaffen, die den so entstandenen neuen Anforderungen gerecht werden konnte.

Des weiteren muß berücksichtigt werden, daß nach amerikanischem Recht für „corporations" nur zwei Organe vorgesehen sind: das der Hauptversammlung vergleichbare **Shareholders' Meeting** sowie das **Board of Directors**, dem sowohl Geschäftsführungs- als auch Überwachungsaufgaben zukommen. Ein, dem deutschen Aufsichtsrat vergleichbares, eigenständiges Kontrollorgan existierte damit nicht. Hierin ist, insbesondere vor dem Hintergrund der zunehmenden Bedeutung der Fremdfinanzierung sowie staatlicher Interessen, ein weiterer Grund für die Entstehung der Controllership zu sehen. Die angeführten Gründe weisen damit eine erstaunliche Übereinstimmung mit den Gründen für die Einrichtung des Quästorenamtes auf.

Die erste Unternehmung, von der die Einrichtung der Stelle eines „Comptrollers" bekannt ist, war 1880 die *Atchison, Topeka & Santa Fe*

Railway System, wenngleich die Aufgaben dieses Controllers eher **finanz-wirtschaftlicher** Art waren. Die 1885 von der *Southern Pacific Company* eingerichtete Controllerstelle weist dem Controller jedoch bereits Aufgaben im **Rechnungswesen** zu (vgl. *Jackson*, 1949, S. 7 f.).

Entsprechende **Controllerstellen** blieben vorerst jedoch die **Ausnahme**. So wiesen im Jahre 1900 nur acht von 175 untersuchten Unternehmungen eine derartige Stelle auf (vgl. *Ahearn*, 1954, S. 8). Im Vordergrund stand dabei zunächst die **Überwachungsfunktion** durch ein entsprechend gestaltetes **Rechnungswesen**. Die Aufgaben des Controllers in der Industrie entsprachen damit weitgehend denen in der öffentlichen Verwaltung.

2.2. Controllership in der Verbreitungsphase

Einen starken **Aufschwung** nahm die Verbreitung von Controllerstellen erst in den **zwanziger Jahren** dieses Jahrhunderts (vgl. *Jackson*, 1949, S. 7). Die Gründe hierfür sind in den durch eine weitere Zunahme von internem Wachstum und Unternehmungszusammenschlüssen verursachten Kommunikations- und Koordinationsproblemen sowie einer zunehmenden Fixkostenintensität zu sehen. Gleichzeitig stieg der Bedarf an Führungsinstrumenten zur Beherrschung volkswirtschaftlicher Unsicherheit.

Es kam nach dem **Ersten Weltkrieg** daher zu einer schwunghaften Entwicklung auf dem Gebiet der betrieblichen Planung und Budgetierung. Die bislang vorherrschende (vergangenheitsorientierte) **Überwachungs-funktion** des Rechnungswesens mit ihren historisch-buchhaltungs-orientierten Aufgabenkomplexen wurde zunehmend durch zukunfts-orientierte Aufgabenstellungen im Rahmen der **Planung** und **Budgetie-rung** ergänzt. Neue, in der Praxis nutzbare Instrumente für Planungs-rechnung und Budgetierung (z. B. Standardkostenrechnung) entstanden.

Das **Rechnungswesen** gehörte zu dieser Zeit überwiegend zum Aufgabengebiet von **Secretary** oder **Treasurer**, die durch die wachsenden Anforderungen zunehmend belastet wurden. In der Folge wurde das gesamte Rechnungswesen dem Controller übertragen, so daß „comptrol-lership may be considered ... as a logical out-growth of the offices of secretary and treasurer ..." (*Jackson*, 1949, S. 9). Schwerpunkt der Controller-Funktion in der Verbreitungsphase war damit die aus den Tätigkeitskomplexen von Secretary und Treasurer herausgelöste „**accounting**

function", weshalb das Rechnungswesen auch vielfach als „Keimzelle der Controlling-Entwicklung" bezeichnet wird. Damit verbunden waren Aufgaben sowohl des externen als auch des internen Rechnungswesens. Diese Zuweisung eines spezifischen, nicht mehr primär finanzwirtschaftlich orientierten Aufgabengebietes und die dem Secretary und Treasurer nunmehr hierarchisch entsprechende Stellung können als weitere Einflußfaktoren für die Erhöhung der Anzahl von Controller-Stellen in der Verbreitungsphase angesehen werden.

2.3. Controllership in der Konsolidierungsphase

Die Konsolidierungsphase ist zu Beginn durch die **Weltwirtschaftskrise** und nachfolgend durch den Zweiten Weltkrieg geprägt. Gerade der aus der Weltwirtschaftskrise erwachsende hohe Problemdruck wird als wesentliche Determinante für die Entwicklung der Controllership angesehen. In den dreißiger Jahren war zudem eine weitere Zunahme gesetzlicher Vorschriften zu verzeichnen, die die unternehmerische Tätigkeit einschränkten und umfangreiche Berichtspflichten gegenüber staatlichen Stellen begründeten.

In diesem Zusammenhang ist auch die Gründung des *Controllers Institute of America (CIA)* im Jahr 1931 zu sehen, die als Beginn der Konsolidierungsphase betrachtet werden kann. Das *CIA* übte von Anfang an einen maßgeblichen Einfluß auf die Entwicklung der Controllership aus, wobei ein Schwerpunkt auf der Definition des **Aufgabenbereiches** von Controllern lag. So wurde bereits 1933 eine erste Beschreibung dieses Aufgabenbereiches vorgenommen. 1940 wurde dann ein 17 Punkte umfassender **Aufgabenkatalog** veröffentlicht, der „... einen Überblick über das breite und komplexe Gebiet bietet, auf dem sich der Controller bewegt." (*Kröckel*, 1965, S. 22). Dieser sollte als Grundlage für die Mitgliedschaft im *CIA* dienen und stellt eine reine Auflistung dar, die keine Systematik erkennen läßt und aus der auch keine Aufgabenschwerpunkte abgeleitet werden können. Im einzelnen werden Aufgaben aus dem gesamten Bereich des internen und externen Rechnungswesens sowie die Zuständigkeit für steuerliche Belange, für Fragen des Versicherungsschutzes, für die Überwachung finanzieller Transaktionen und für Maßnahmen zur Befolgung staatlicher Auflagen genannt (vgl. *Anderson/ Schmidt*, 1966, S. 9 f.).

Es gelang dem *CIA* jedoch relativ schnell, einen weitgehenden **Konsens** über das **Aufgabenfeld** von Controllern herzustellen, wozu typischerweise als Kernfunktionen das gesamte Rechnungswesen, die interne Revision sowie steuerliche Belange zählten. Hinzu kam im Einzelfall noch eine Vielzahl weiterer Aufgaben des Controllers „... for which his training and experience have especially qualified him." (*Jackson*, 1949, S. 23). In dieser Zeit gab es demgegenüber noch Diskussionen über die „richtige" Schreibweise des Titels „**comptroller**", der in dieser Form von 122 Unternehmungen verwendet wurde, die an einer von *Jackson* (1949, S. 5) durchgeführten Studie teilnahmen, während nur 21 den Titel „**controller**" benutzten.

1946 wurde vom *CIA* eine Unterteilung der Controlleraufgaben in allgemeine und spezielle Funktionen vorgenommen, ohne daß dies jedoch eine wesentliche Verbesserung der Systematik bedeutete. Erst die 1949 erfolgte Zusammenfassung der einzelnen Aufgaben zu sechs Aufgabengruppen führte zu einer deutlichen **Straffung** der Aufgabengebiete. Gleichzeitig wurde die **Planungsfunktion** betont.

Die Aufstellung von 1949 war auch die Basis für die Behandlung der Controller-Funktion in der Literatur, die damit im wesentlichen eine stärkere **Strukturierung** der einzelnen **Aufgaben** enthielt. Grundsätzlich oblag dem Controller nicht nur das gesamte **Rechnungswesen**, er war auch für die **Planungsunterstützung** zuständig. Zum Teil wurde auch schon eine **Führungsunterstützungsfunktion** explizit formuliert: „Assistance to management in controlling operations and formulating policies." (*Anderson*, 1947, S. 5). Allgemein kann in dieser Phase festgestellt werden, daß die **Informationsversorgung** der Unternehmungsführung durch den Controller an Bedeutung gewinnt.

Der Katalog von 1949 wurde in der Folge nur leicht überarbeitet und ging nahezu unverändert in die Aufgabendefinition des Controllers aus dem Jahre 1962 ein, dem in Literatur und Praxis in den USA, aber auch in Deutschland, bis auf den heutigen Tag besondere Bedeutung zukommt, so daß die Entwicklung der **Controllership-Funktion** in diesem Zeitraum zu einem gewissen **Abschluß** gelangte.

Anlaß der Veröffentlichung des Aufgabenkataloges war die Umbenennung des *Controllers Institute of America* in *Financial Executives Institute (FEI)* im Jahr 1962, da ein immer größer werdender Anteil der Mitglieder zwischenzeitlich zu „**financial officers**" aufgestiegen war und somit sowohl Aufgaben des **Controllers** als auch des **Treasurers** wahrzunehmen hatte. Dadurch war eine Abgrenzung von Controller und Treasurer notwendig geworden, die mit der Formulierung von spezifischen Anforderungsprofilen für Controller und Treasurer aus dem Jahre 1962 vorgenommen

• Planning for Control

Aufstellung, Koordination und Umsetzung von Plänen zur Steuerung der betrieblichen Prozesse in der Eigenschaft als bedeutender Teil des Managements.

Solche Pläne enthalten, soweit benötigt, die Gewinnplanung, Finanzierungs- und Investitionsprogramme, Absatzprognosen, Ausgabenbudgets und Kostenvorgaben sowie die notwendigen Verfahren, um den Plan umzusetzen.

• Reporting and Interpreting

Vergleich von Ist- und Planwerten; Weitergabe der Ergebnisse betrieblicher Prozesse an alle Managementebenen sowie die Anteilseigner und die Interpretation der Ergebnisse.

Diese Funktion umfaßt die Formulierung von Richtlinien im Rechnungswesen, die Koordination von Systemen und Abläufen sowie die Aufbereitung von Betriebsdaten und die Erstellung von Sonderberichten im benötigten Umfang.

• Evaluating and Consulting

Beratungen mit allen Managementebenen, die für Richtlinien oder Ausführungen in jeglicher Phase betrieblicher Prozesse verantwortlich sind, sofern es sich um die Erreichung betrieblicher Ziele sowie um die Wirksamkeit der Richtlinien und aufbau- oder ablauforganisatorischer Maßnahmen handelt.

• Tax Administration

Aufstellung und Umsetzung von Richtlinien und Verfahren in Steuerangelegenheiten.

• Government Reporting

Überwachung bzw. Koordinierung der Erstellung von Berichten für staatliche Stellen.

• Protection of Assets

Sicherstellung des Schutzes betrieblicher Vermögenswerte durch interne Kontrolle und Revision sowie einen angemessenen Versicherungsschutz.

• Economic Appraisal

Ständige Bewertung von Entwicklungen in Volkswirtschaft, Gesellschaft und Politik und Bewertung der Auswirkungen auf die Unternehmung.

Quelle: *FEI*, 1962, S. 289.

Tab. 2: Controllership-Funktionen nach FEI

wurde (vgl. *FEI*, 1976, S. 78 ff.). Die entsprechenden „**Controllership Functions**" sind in *Tab. 2* zusammengestellt.

Die heutige Abgrenzung der Controllership-Funktion ist maßgeblich durch die Aufgabendefinition des *Financial Executives Institute* in den USA von 1962 geprägt worden. Auch die 1971 erfolgte **Zusammenfassung** von Treasurer- und Controllerfunktionen bestätigte grundsätzlich den Katalog von 1962. Weiterentwicklungen beschränkten sich im wesentlichen auf die Anwendung unterschiedlicher Systematisierungskriterien, ohne daß inhaltlich größere Abweichungen vom *FEI*-Katalog festzustellen sind.

Im Vergleich mit der Fassung von 1949 fallen zunächst die **Überschriften** zu den einzelnen Funktionen auf, die es erlauben, die **Schwerpunkte** der Funktion klarer zu identifizieren. Des weiteren wurden **Tax Administration** und **Government Reporting** als eigenständige, getrennte Funktionen aufgenommen. Die für die Abgrenzung der Controllership-Funktionen bedeutsameren Änderungen sind jedoch in Umformulierungen der Funktionen „**Planning for Control**" und „**Evaluating and Consulting**" zu finden.

Die Überschrift **Planning for Control** soll zunächst deutlich machen, daß der Controller nicht für die inhaltliche Planung verantwortlich ist, sondern für die Vorgehensweise bei der Planung: „... controllers should not be responsible for planning, although its modus operandi is their major concern." (*Peirce*, 1964, S. 50). Der Controller ist in diesem Sinne nun auch für die **Umsetzung** der Pläne verantwortlich. Gleichzeitig wird die Stellung des Controllers als **bedeutender Teil des Managements** aufgewertet. Eine Erweiterung der Aufgaben des Controllers wird schließlich auch dadurch deutlich, daß der Controller nicht mehr im wesentlichen für die **Abstimmung** der **Teilpläne** Sorge zu tragen hat, sondern seine Zuständigkeit auch auf die einzelnen Pläne erweitert wird.

Eine Aufwertung hat auch die **Beratungsfunktion** erhalten, die jetzt im Rahmen der Funktion **Evaluating and Consulting** im Vordergrund steht. Allerdings gehört die Überprüfung der **Gültigkeit** betrieblicher **Ziele** nun nicht mehr ausdrücklich zu den Aufgaben des Controllers.

Eine zusammenfassende Analyse des Kataloges macht deutlich, daß dem Controller im wesentlichen zwei Funktionen zukommen. Zum einen ist dies die **Informationsversorgung**, die nicht mehr auf das Rechnungswesen beschränkt ist (Reporting and Interpreting sowie Economic Appraisal). Zum anderen ist der Controller zuständig für **Verfahrensfragen**. Dies umfaßt auch das Auftreten gegenüber staatlichen Stellen, so bei der Erstellung von Steuererklärungen (Tax Administration) oder der Befolgung staatlicher Auflagen (Government Reporting). Eine gewisse **Sonderstellung** nimmt die Zuständigkeit für den Schutz betrieblicher Vermögenswerte (Protection of Assets) ein, die im wesentlichen auf die relativ geringe Bedeutung des Gläubigerschutzes in den USA zurückgeführt werden kann.

Insofern spiegelt dieser Aufgabenkatalog auch die **historischen Gründe** für die Entstehung der Controllership wider und zeigt damit gleichzeitig, daß diese Gründe immer noch aktuell sind: Die **Informationsversorgung** als Grundlage für moderne **Management-Techniken**, die Entwicklung und Anwendung einheitlicher und angemessener **Verfahren** zur Entscheidungsfindung als Antwort auf die steigende **Komplexität**, die Zuständigkeit für **steuerliche Belange** und die Befolgung **staatlicher Anweisungen** aufgrund zunehmender staatlicher **Vorschriften** sowie der Schutz von Vermögenswerten zur Absicherung der **Fremdkapitalgeber**.

3. Controlling in der Bundesrepublik Deutschland

3.1. Terminologische Abgrenzungen

Weder für die **Funktion (Controllership)**, noch für den **Funktionsträger (Controller)** konnten geeignete deutsche Ausdrücke gefunden werden, so daß man feststellen kann, daß ein gleichbedeutendes deutschsprachiges Wort nicht existiert. In der deutschsprachigen Literatur wurde daher zunächst die Bezeichnung „**Controllership**" übernommen. Gegen Ende der sechziger Jahre setzte sich dann jedoch die Bezeichnung „**Controlling**" immer mehr durch, „**Controllership**" wird nur noch vereinzelt benutzt. Somit kann festgestellt werden, daß sich **Controlling (Funktion)** und **Controller (Funktionsträger)** im deutschen Sprachraum eingebürgert haben. Beide Wörter werden auch im *Duden* nicht mehr als undeklinierte fremdsprachliche Ausdrücke, sondern als Ausdrücke der deutschen Sprache geführt, die entsprechend zu deklinieren sind. Das englischsprachige und das deutschsprachige Begriffspaar gleichen sich also in bezug auf die Bezeichnung des **Funktionsträgers**, während die von diesem ausgeübte **Funktion** unterschiedlich benannt wird (vgl. *Abb. 1*).

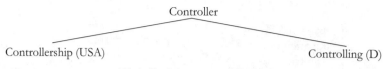

Abb. 1: Funktionsträger und Funktion

3.2. Entwicklung der Controlling-Funktion

Auch in Deutschland finden sich schon gegen Ende des 19. Jahrhunderts erste Ansätze, **Controllingaufgaben** zu institutionalisieren (vgl. *Vahs*, 1990, S. 208 ff.). So wurde bereits 1875 bei *Krupp* ein „Rechnungs-Revisions-Bureau" eingerichtet, dem Aufgaben der Wirtschaftlichkeitskontrolle, der Mitwirkung bei der Etataufstellung und der Berichterstattung oblagen. Ähnliche Stellen gab es auch in anderen deutschen Industrieunternehmungen. Eine eigenständige, umfassende **Controllingfunktion** ist jedoch erst ab der zweiten Hälfte der **fünfziger Jahre** in Deutschland nachzuweisen. Dies geschah somit zu einem Zeitpunkt, als die Entwicklung der **Controllership-Funktion** in den USA bereits nahezu **abgeschlossen** war. Eine stärkere Verbreitung des Controllings in Theorie und Praxis ist hierzulande allerdings erst zu Beginn der **siebziger Jahre** festzustellen.

Im Laufe der Zeit wurde eine Vielzahl von **Controlling-Ansätzen** postuliert, die zum Teil parallel entstanden, so daß eine chronologische Darstellung auf grundsätzliche **Entwicklungsrichtungen** beschränkt bleiben muß. Zumeist gingen diese Ansätze über eine – dem *FEI*-Katalog vergleichbare – Auflistung von Aufgaben hinaus und versuchten, eine begriffliche und konzeptionelle Abgrenzung vorzunehmen.

Aufbauend auf einer relativ weit verbreiteten **Differenzierung** in **rechnungswesenorientierte**, **informationsorientierte** und **managementorientierte** Ansätze sollen analog zur Entwicklung in den USA eine **Anfangs-**, eine **Verbreitungs-** und eine **Konsolidierungsphase** unterschieden werden. Man gelangt so zu folgender zeitlicher Einteilung (vgl. *Abb. 2*): **Rechnungswesenorientierte** Ansätze sind charakteristisch für die Phase der Rezeption der amerikanischen Controllership von Mitte der fünfziger bis Ende der sechziger Jahre **(Anfangsphase)**. Sie wurden von den **informationsorientierten** Ansätzen abgelöst, die in den siebziger Jahren dominierten **(Verbreitungsphase)**. Seit Ende der siebziger Jahre setzten sich immer stärker **managementorientierte** Ansätze durch,

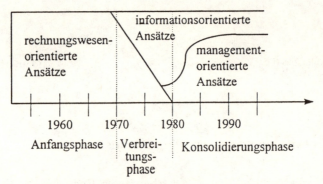

Abb. 2: Phasen der Controllingentwicklung

ohne jedoch das **informationsorientierte** Controllingverständnis gänzlich abzulösen **(Konsolidierungsphase)**.

3.3. Controlling in der Anfangsphase

Erste umfassendere Ansätze für ein Controlling wurden nach Studienreisen deutscher Manager und Wissenschaftler in die USA gegen Mitte der fünfziger Jahre publiziert. In dieser Zeit wurden, zunächst in deutschen Niederlassungen amerikanischer Unternehmungen, auch erste **Controllerstellen** eingerichtet. Als **Kern** des Controllings wird bei diesen frühen deutschen Ansätzen überwiegend das **Rechnungswesen** angesehen, wonach der Controller „... das Zahlenmaterial heranschafft" (*Auffermann*, 1952, S. 6), um eine „... indirekte Leitung und Kontrolle mit Hilfe des Rechnungswesens" zu sichern (*Kröckel*, 1965, S. 128).

Während der Anfangsphase wurde vom Rechnungswesen zunehmend eine **Zukunftsorientierung** verlangt, die das Controlling gewährleisten sollte, um das Rechnungswesen zu einem **Steuerungsinstrument** der Unternehmungsführung zu machen. Das Controlling hatte die für betriebliche Entscheidungen benötigten Daten aus dem Rechnungswesen zu **beschaffen** und zu **analysieren**. Innerhalb des Rechnungswesens sollten Verfahrensweisen vereinheitlicht und formalisiert werden, um eine schnelle und zuverlässige **Informationsversorgung** sicherzustellen. Rechnungswesen sowie Planungs- und Kontrollrechnung wurden im Controlling zusammengefaßt. Das Rechnungswesen wurde damit als ursprünglicher und grundlegender Controllingbereich angesehen: „Zunächst einmal ist der Controller Chef des internen Rechnungswesens." (*Deyhle*, 1971, S. 9).

Der Controllinggedanke stieß zunächst auf erhebliche **Akzeptanz-probleme**. Dies galt insbesondere für die Verwendung der Bezeichnung „**Controller**", die noch Ende der sechziger Jahre in Deutschland praktisch nicht anzutreffen war. Wenn überhaupt, dann wurde die Bezeichnung von Großunternehmungen nur im internationalen Verkehr benutzt. Dementsprechend wurde in den sechziger Jahren auch nur eine geringe Zahl von **Controllerstellen** ausgeschrieben, wohingegen eine starke Zunahme **controlling-ähnlicher** Stellen zu verzeichnen war (vgl. *Weber/Kosmider*, 1991, S. 21).

3.4. Controlling in der Verbreitungsphase

Die Verbreitungsphase ist gekennzeichnet durch eine **starke Zunahme** der Verbreitung des Controllings in Theorie und Praxis. 1977 hatten einer Untersuchung von *Hahn* (1978) zufolge bereits 35% der befragten Großunternehmungen **Controllingstellen** eingerichtet, weitere 27% benutzten die Bezeichnung „**Controller**", ohne daß entsprechende Stellen im Organisationsplan vorgesehen waren. *Horváth* et al. (1978) kommen ein Jahr später für Großunternehmungen sogar auf über 90%, insgesamt auf ca. 30–40% der Unternehmungen, die das Controlling bereits institutionalisiert haben. Zu Beginn der siebziger Jahre ist daher auch ein starker Anstieg entsprechender Stellenanzeigen zu verzeichnen, was sowohl die **controlling-ähnlichen** Stellen als auch die reinen **Controllerstellen** betrifft. In der zweiten Hälfte der siebziger Jahre nimmt die Zahl der ausgeschriebenen **Controllerstellen** nochmals deutlich zu. Dies geschieht zu Lasten der **controlling-ähnlichen** Stellen, die auf das Niveau der sechziger Jahre zurückfallen (vgl. *Weber/Kosmider*, 1991, S. 21).

Die Verbreitungsphase wird dominiert von einem **informationsorientierten** Controllingverständnis, wonach die Koordination von Informationsbedarf und Informationsbeschaffung als Hauptaufgabe des Controllings gesehen wird (vgl. *Müller, W.*, 1974, S. 139 ff.; *Hahn*, 1979, S. 4). Das Controlling wird in diesem Verständnis zu einer zentralen Einrichtung der betrieblichen **Informationswirtschaft**. Damit bauen die informationsorientierten Ansätze auf den rechnungswesenorientierten Ansätzen auf, dehnen allerdings, insbesondere vor dem Hintergrund eines zunehmenden **EDV-Einsatzes** in den Unternehmungen, die Aufgaben der Informationsbeschaffung und -analyse aus.

In der Verbreitungsphase entstehen auch erste **Vereinigungen**, die die Verbreitung des Controllinggedankens verfolgen: *Controller-Akademie* in

Gauting bei München (1971), *Arbeitsgemeinschaft Wirtschaftswissenschaft und Wirtschaftspraxis im Controlling und Rechnungswesen der FH Köln im Fachbereich Wirtschaft (AWW Köln)* (1971), *Controller-Verein e.V. München* (1975). 1976 wird als erste fachbezogene **Zeitschrift** das **Controller Magazin** gegründet.

3.5. Controlling in der Konsolidierungsphase

In den achtziger Jahren erfolgte eine weitere starke **Zunahme** ausgeschriebener **Controllerstellen**, die nun erstmals die Zahl der **controllingähnlichen** Stellen übertrafen (vgl. *Weber/Kosmider*, 1991, S. 21). 1988 hatten bereits 72,3% der befragten Unternehmungen das Controlling institutionalisiert, wobei insbesondere bei mittelständischen Unternehmungen ein deutlicher Anstieg gegenüber der Verbreitungsphase zu verzeichnen ist (vgl. *Küpper* et al., 1990b, S. 439 f.). Das **Controlling** hat sich damit in der Wirtschaftspraxis weitgehend **durchgesetzt**.

Neben einer **Weiterentwicklung** der **informationsorientierten** Ansätze (vgl. z. B. *Serfling*, 1983, S. 16; *Reichmann*, 1985, S. 11) erfolgte die Formulierung weiterer Controllingansätze, so daß es zu einer starken Verbreitung **gleichzeitig** existierender Controllingsichtweisen kam. Insbesondere für die neuformulierten Ansätze ist typisch, daß das Controlling **systemorientiert** als **Führungssubsystem** definiert wird, das innerhalb des Führungssystems **Koordinationsaufgaben** wahrnimmt (vgl. z.B. *Schmidt, A.*, 1986, S. 44). Gleichzeitig wird der Controllinggedanke auch für betriebliche **Teilbereiche** formuliert (z.B. Beschaffungs-, Produktions-, Personal-, Marketingcontrolling) und auf den **Non-Profit-Bereich** übertragen.

Horváth (1978, S. 202) definierte erstmalig Controlling umfassend funktional als „… unterstützendes Subsystem der Führung, das Planung, Kontrolle sowie Informationsversorgung koordiniert". Ausdrücklich weist *Horváth* darauf hin, daß die **inhaltliche** Planung und Kontrolle nicht Aufgabe des Controllings ist. Die damit begründete **koordinationsorientierte** Sichtweise ist allerdings in Deutschland nicht völlig neu. So stellte schon *Beyer* (1971, S. 207) fest: Die „… zentrale Aufgabe besteht in der Koordination aller Teilsysteme der Unternehmung, d.h. der Koordination der gesamten Geschäftsleitung und aller Teilpläne." Dieser Ansatz setzte sich jedoch, wohl weil er in keine umfassende **Controllingkonzeption** eingebunden war, seinerzeit noch nicht durch.

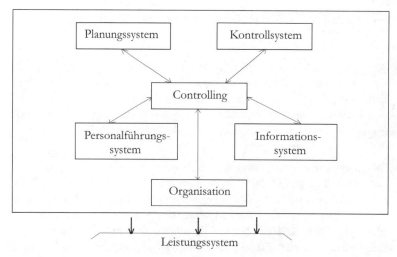

Quelle: *Küpper*, 1997, S. 15.

Abb. 3: Controlling als Koordination des Führungssystems

Küpper (1987) und *Weber* (1988) geben die von *Horváth* vorgenommene **Beschränkung** der Koordination auf einzelne Führungsteilsysteme auf, indem sie, ähnlich wie *Beyer*, die **Koordination** des **Führungsgesamtsystems** als Controllingfunktion ansehen, wobei jedoch die besondere Bedeutung des Planungs-, Kontroll- und Informationssystems betont wird (vgl. *Abb. 3*).

Die Verbreitung und Durchsetzung des Controllings spiegelt sich in der Konsolidierungsphase auch im **Zeitschriftenbereich** wider: Seit 1984 führt die Zeitschrift **Kostenrechnungspraxis** (krp) den Untertitel Zeitschrift für Kostenrechnung und Controlling, der 1988 auf Zeitschrift für Controlling verkürzt wird. 1989 kommt es zur Gründung der Zeitschrift **Controlling**.

Als ersten ernsthaften Versuch, die **Heterogenität** der Controllingauffassungen einzudämmen, veröffentlichen *Küpper, Weber* und *Zünd* (1990a) ihre „Thesen zur Konsensbildung". Sie gehen dabei von der **Koordination** des **Führungsgesamtsystems** als elementarer Controllingfunktion aus. Gleichzeitig wird jedoch auch zunehmend **Kritik** an diesem umfassenden koordinationsorientierten Controllingverständnis laut (vgl. *Scherm*, 1993, S. 249 ff.; *Müller, A.*, 1996, S. 139 ff.; *Schneider, D.*, 1997, S. 458 ff.), so daß eine Konsensbildung fraglich erscheint.

4. Entwicklungsperspektiven

Aus der Kritik am koordinationsorientierten Controllingverständnis können mögliche Entwicklungsperspektiven abgeleitet werden. Diese **Kritik** umfaßt insbesondere die **Inkonsistenz** von **Funktion, Institution** und **Instrumenten** sowie die nicht mögliche Erfassung der dem Controlling zugeordneten **Funktionstiefe**. Die einzelnen Kritikpunkte werden nachfolgend erläutert.

In seiner Konsequenz führt der koordinationsorientierte Ansatz dazu, das Controlling als „**Meta-Management**" zu definieren (vgl. *Weber*, 1995, S. 299). Wenn eine Institution Controlling diese Funktion ausüben soll, so müßte das Controlling dem Management gegenüber **weisungsbefugt** sein (vgl. *Müller, A.*, 1996, S. 145). Da allgemein dem Controlling jedoch eine **Führungsunterstützungsfunktion** zugewiesen wird, kann die Institution Controlling die koordinationsorientierte Controllingfunktion niemals ausfüllen. Hieraus folgt eine „offensichtliche Diskrepanz" (*Schmidt, R.*, 1995, S. 172) zwischen Funktion und Institution: Controlling (Funktion) ist nicht Aufgabe des Controllings (Institution). Dies führt auch in der Unternehmungspraxis zu Verständnisschwierigkeiten: „Dagegen hat auch jahrzehntelanges Predigen ... letztendlich nicht entscheidend geholfen" (Weber, 1997, S. 182).

Die **Diskrepanz** zwischen **Funktion** und **Institution** beeinträchtigt darüber hinaus auch die **instrumentale** Komponente des Controllings. Definiert man Controlling funktional, wie dies im koordinationsorientierten Ansatz geschieht, so sind unter Controllinginstrumenten **Koordinationsinstrumente** zu verstehen. Die Vertreter des koordinationsorientierten Ansatzes weisen allerdings selbst darauf hin, daß es **keine** originären Koordinationsinstrumente gibt (vgl. *Weber*, 1995, S. 50; *Küpper*, 1997, S. 27). Bei funktionaler Abgrenzung können somit keine Controllinginstrumente identifiziert werden. Die häufig gewählte Alternative einer institutionalen Abgrenzung von Controllinginstrumenten führt hingegen dazu, „... praktisch alle Planungs-, Kontroll- und Informationsinstrumente als Controllinginstrumente aufzufassen" (*Küpper*, 1997, S. 24).

Der dem koordinationsorientierten Controllingverständnis zugrundeliegende **Systemansatz** betrachtet die zu koordinierenden Bereiche sowie das Controlling selbst als Systeme. Es bleibt jedoch unklar, welche **Elemente** diese Systeme aufweisen und durch welche **Beziehungen** diese Elemente miteinander verknüpft sind (vgl. *Schneider, D.*, 1997, S. 465). Dies hat zur Folge, daß es auch nicht möglich ist, die dem Controlling innerhalb der Systeme zuzuordnenden **Aufgaben (Funktionstiefe)** dar-zustellen (vgl. *Harbert*, 1982, S. 289). Der koordinationsorientierte An-satz erfaßt daher zum Beispiel nicht die Mitwirkung des Controllings an **Planung** und **Kontrolle**.

Aus der dargestellten Kritik heraus müßte eine **Weiterentwicklung** der koordinationsorientierten Sichtweise unter Beibehaltung der **Manage-mentorientierung** erfolgen. Hierbei müßten insbesondere konsistente Aussagen zur **funktionalen, institutionalen** und **instrumentalen** Kom-ponente des Controllings erfolgen. Ein möglicher Ansatzpunkt könnte die bei der Analyse der angloamerikanischen Controllership diskutierte Zuständigkeit für **Informationsversorgung** und für **Verfahrensfragen** sein. Die Tatsache, daß sich diese Grundfunktionen in den USA wäh-rend der letzten einhundert Jahre als relativ robust erwiesen haben, läßt erwarten, daß ein dermaßen fundiertes Controllingkonzept flexibel an **neue Entwicklungen** (z.B. Lean Management, virtuelle Unternehmun-gen) anzupassen wäre, während die Inkonsistenzen des koordinations-orientierten Ansatzes eine derartige Anpassung erschweren (vgl. *Scherm*, 1993, S. 249 ff.).

Literatur

Um die Lesbarkeit des Beitrages zu gewährleisten, wurden im Text nur grund-legende Quellenangaben gemacht. Interessierte Leserinnen und Leser seien dar-über hinaus auf die in diesen Quellen vorhandenen, weiterführenden Literaturan-gaben verwiesen.

Ahearn, C.M., Die Controllertätigkeit in amerikanischen Aktiengesellschaften, in: Der Wirtschaftsprüfer, 7. Jg. (1954), Nr. 1, S. 8–11.

Anderson, D.R., L.A. Schmidt, Practical Controllership, Homewood, Ill., 1966.

Anderson, D.R., Practical Controllership, Chicago 1947.

Auffermann, J.D., Einführung, in: *RKW* (Hrsg.), Rechnungswesen im Dienst der Werkleitung, RKW-Auslandsdienst, 1952, Nr. 9.

Batzner, L., Über den Controller in den USA, in: *J. Fettel, H. Linhardt* (Hrsg.), Der Betrieb in der Unternehmung, Stuttgart 1963, S. 175–186.

Beyer, H.-T., Die finanzwirtschaftliche Organisation der Unternehmung, in: *O. Hahn* (Hrsg.), Handbuch der Unternehmensfinanzierung, München 1971, S. 199–212.

Deyhle, A., Unternehmensplanung und Controller-Funktion, Gauting 1971.

FEI, Controllership and Treasurership Functions Defined by *FEI*, in: The Controller, Vol. 30 (1962), Nr. 6, S. 289.

FEI, FEI – from the Controllers Institute to the Financial Executives Institute, in: Financial Executive, Vol. 44 (1976), Nr. 7, S. 78–82.

Hahn, D., Hat sich das Konzept des Controllers in Unternehmungen der deutschen Industrie bewährt?, in: BFuP, 30. Jg. (1978), Nr. 2, S. 101–128.

Hahn, D., Konzepte und Beispiele zur Organisation des Controlling in der Industrie, in: ZO, 48. Jg. (1979), Nr. 1, S. 4–24.

Harbert, L., Controlling-Begriffe und Controlling-Konzeptionen: Eine kritische Betrachtung des Entwicklungsstandes des Controlling und Möglichkeiten seiner Fortentwicklung, Bochum 1982.

Horváth, P., et al., Planung, Kontrolle und Rechnungswesen: Auswertung einer empirischen Erhebung zum Thema Erfolgssteuerung, Frankfurt a.M. 1978.

Horváth, P., Controlling – Entwicklung und Stand einer Konzeption zur Lösung der Adaptions- und Koordinationsprobleme der Führung, in: ZfB, 48. Jg. (1978), Nr. 3, S. 194–208.

Jackson, J.H., The Growth of the Controllership Function, in: *T.F. Bradshaw, C.C. Hull* (Hrsg.), Controllership in Modern Management, Second Printing, Chicago, Ill., 1950, S. 11–27.

Jackson, J.H., The Comptroller: His Functions and Organization, Second Printing, Cambridge, Mass. 1949.

Kröckel, H.-G., Zur Funktion des Controller im Industriebetrieb der USA (zugleich ein Beitrag über Anwendungsmöglichkeiten im deutschen Betrieb), Diss., TU Berlin 1965.

Küpper, H.-U., et al., Zum Verständnis und Selbstverständnis des Controlling: Thesen zur Konsensbildung, in: ZfB, 60. Jg. (1990a), Nr. 3, S. 282–293.

Küpper, H.-U., et al., Planungsverfahren und Planungsinformationen als Instrumente des Controlling: Ergebnisse einer empirischen Erhebung über ihre Nutzung in der Industrie, in: DBW, 50. Jg. (1990b), Nr. 4, S. 435–458.

Küpper, H.-U., Konzeption des Controlling aus betriebswirtschaftlicher Sicht, in: *A.-W. Scheer* (Hrsg.), Rechnungswesen und EDV: 8. Saarbrücker Arbeitstagung 1987, Heidelberg 1987, S. 82–116.

Küpper, H.-U., Controlling: Konzeption, Aufgaben und Instrumente, 2. Auflage, Stuttgart 1997.

Kunkel, W., R. Wittmann, Staatsordnung und Staatspraxis der Römischen Republik, Abschn. 2, Die Magistratur, München 1995.

Latham, R.E., Revised Medieval Latin Word-List from British and Irish Sources, London 1965.

Müller, A., Kann die koordinationsbezogene Konzeption eine theoretische Fundierung des Controlling hervorbringen?, in: krp, 40. Jg. (1996), Nr. 3, S. 139–147.

Müller, W., Die Koordination von Informationsbedarf und Informationsbeschaffung als zentrale Aufgabe des Controlling, in: ZfbF, 26. Jg. (1974), Nr. 10, S. 683–693.

Niedermayr, R., Entwicklungsstand des Controlling: System, Kontext und Effizienz, Wiesbaden 1994.

Peirce, J.L., The Planning and Control Concept, in: *B.C. Lemke, J.D. Edwards* (Hrsg.), Administrative Control and Executive Action, Columbus, Ohio, 1961, S. 7–16.

Peirce, J.L., Controllership & Treasurership: Modern Definitions, in: Financial Executive, Vol. 32 (1964), Nr. 6, S. 49–52.

Rathe, A. W., Management Controls in Business, in: *D.G. Malcolm* et al. (Hrsg.): Management Control Systems, New York, London 1960, S. 28–62.

Reichmann, T., Controlling mit Kennzahlen: Grundlagen einer systemgestützten Controlling-Konzeption, München 1985.

Scharpff, R., Stellung und Aufgaben des Controllers in der Unternehmung, in: BFuP, 13. Jg. (1961), Nr. 4, S. 223–229.

Scherm, E., Lean Planning und Lean Controlling: Planung und Controlling in der „schlanken" Unternehmung, in: ZP, 4. Jg. (1993), Nr. 3, S. 249–260.

Schmidt, A., Das Controlling als Instrument zur Koordination der Unternehmungsführung: Eine Analyse der Koordinationsfunktion des Controlling unter entscheidungsorientierten Gesichtspunkten, Frankfurt a.M. usw. 1986.

Schmidt, R., Grundfunktionen des Controlling: Eine Analyse der betriebswirtschaftlichen Literatur zum Stand der aufgabenorientierten Controlling-Diskussion, Frankfurt a.M. usw. 1995.

Schneider, D., Betriebswirtschaftslehre, Band 2: Rechnungswesen, 2. Auflage, München, Wien 1997.

Schneider, M., Entwicklung des Controlling, Gießen 1993.

Serfling, K., Controlling, Stuttgart 1983.

Vahs, D., Controlling-Konzeptionen in deutschen Industrieunternehmungen: eine betriebswirtschaftlich-historische Untersuchung, Frankfurt a.M. usw. 1990.

Weber, J., A. Kosmider, Controlling-Entwicklung in der Bundesrepublik Deutschland im Spiegel von Stellenanzeigen, in: ZfB-Ergänzungsheft 3/91, S. 17–35.

Weber, J., Einführung in das Controlling, Stuttgart 1988.

Weber, J., Einführung in das Controlling, 6. Auflage, Stuttgart 1995.

Weber, J., A never-ending story?, in: Controlling, 9. Jg. (1997), Nr. 3, S. 180–182.

Geschichte der Produktionswirtschaft

Prof. Dr. Hans-Jörg Hoitsch und Dipl.-Ing. Bülent Akın

In dem Beitrag wird die Entwicklung der Forschungsschwerpunkte und -methoden auf dem Gebiet der Produktionswirtschaftslehre im deutschsprachigen Raum seit der merkantilistischen Industriebetriebslehre beschrieben. Nach den industriebetrieblichen Ansätzen in der alten Betriebswirtschaftslehre wird die Entwicklung in der Zeit der Moderne, beginnend mit den ersten, organisatorisch geprägten industriebetrieblichen Darstellungen über die durch quantitative Methoden gekennzeichnete Phase bis hin zur heutigen Hinwendung zum Prozeßdenken, skizziert.

1. Industriebetriebs- und Produktionswirtschaftslehre als spezielle Betriebswirtschaftslehren

Der Versuch, die **Geschichte** der **Produktionswirtschaft** darzustellen, ist mit der Schwierigkeit behaftet, daß es bislang an umfassenden wissenschaftlichen Untersuchungen zu einer **Literaturgeschichte** des Faches als Spezialdisziplin mangelt. Darüber hinaus veränderte sich seit etwa Mitte der siebziger Jahre das primäre Differenzierungskriterium spezieller Betriebswirtschaftslehren. Während dieses früher die Branche war, die zur **Institutionenlehre** „Industriebetriebslehre" führte, ist es heute die betriebliche **Funktion**, welche die vergleichsweise junge Geschichte der Produktionswirtschaftslehre einleitete (vgl. zur programmatischen Rechtfertigung der Wende zur Funktionsorientierung *Kern*, 1976, S. 756 ff.).

Diese Umorientierung hatte u.a. zur Folge, daß der **Begriff** der **Produktion** heute das Erstellen jeglicher Art von Gütern (*Kern*, 1996, Sp. 1630), also auch von immateriellen, umfaßt. Eine definitionsadäquate Geschichte der Produktionswirtschaftslehre müßte daher auch die Beiträge zur Funktion Produktion in Nicht-Industriebetrieben umfassen. Der traditionelle Inhalt der Industriebetriebslehre, die sich als Institutionenlehre in enger Verzahnung mit dem internen Rechnungswesen funktional auf die Beschaffung und Produktion konzentriert, unterscheidet sich jedoch von dem der Produktionswirtschaftslehre als einer bislang vornehmlich auf die **Sachgutproduktion** (vgl. *Hoitsch*, 1993, S. 1) ausgerichteten Funktionenlehre nur unwesentlich. Das Sammeln von auf die Funktion Produktion bezogenen Aspekten früherer Beiträge zu nichtindustriellen Institutionenlehren erscheint daher nicht sinnvoll. So ist dieser Beitrag im wesentlichen als eine Geschichte der **industriellen Produktionswirtschaft** aufzufassen.

2. Die Entwicklung in der alten Betriebswirtschaftslehre

Die Entwicklung jeder Wissenschaft läßt sich mit dem Vorliegen disziplininterner und -externer Einflußfaktoren erklären, die Forschungsinteresse und -prozeß in eine bestimmte Richtung lenken. Hauptsächliche wissenschaftsinterne Einflußfaktoren sind hierbei die Herausbildung eines Objektbereiches, die Verständigung auf bestimmte Leitideen oder Auswahlprinzipien und das Vorliegen eines methodischen Instrumentariums.

Als bedeutendste wissenschaftsexterne Einflußfaktoren sind die technologische und wirtschaftliche Entwicklung sowie Veränderungen der Gesellschaftssysteme zu betrachten. Werke zur Geschichte der Betriebswirtschaftslehre, die bis in die Vor- und Frühzeit der menschlichen Geschichte zurückblicken, machen deutlich, wie die Verhältnisse verschiedener Epochen Einfluß auf produktionswirtschaftliche Denkansätze genommen haben. Ein prominentes Beispiel hierzu ist die Geringschätzung der gewerblichen Produktion in der Antike (vgl. *Löffelholz*, 1935, S. 33 ff.).

2.1. Die Industriebetriebslehre der merkantilistischen und der handlungswissenschaftlichen Literatur

Erste industriebetriebliche Darstellungen im Rahmen der **alten Betriebswirtschaftslehre** (vgl. zur geschichtlichen Einteilung in alte und neue oder moderne Betriebswirtschaftslehre *Klein-Blenkers*, 1994a, S. 10 ff.) sind in der Zeit des Absolutismus zu verzeichnen, als mit dem Aufkommen des Manufakturwesens Produktionssysteme von erheblicher Größe geschaffen wurden, in denen mehrere tausend Beschäftigte keine Seltenheit waren (vgl. *Wittmann*, 1982, S. 143).

Die **älteren Kameralisten** (vgl. zur Kameralwissenschaft *Schneider*, 1998, S. 6 ff., in diesem Buch) behandeln das Manufakturwesen als einen vielversprechenden Bereich des Wirtschaftslebens, mit dem sich der Reichtum ihrer Fürsten mehren läßt. Beispiele hierfür bilden der „Politische Diskurs" *Joachim Bechers* (1688, vgl. S. 145 ff. sowie 454 ff.) und die „Fürstliche Rent- und Schatzkammer" *Wilhelm von Schröders* (1752, vgl. S. 57 ff., Erstauflage 1683). Obwohl aus diesen Werken aus wissenschaftlicher Sicht wenig hervorsticht – so beispielsweise eine eher beiläufige Systematisierung von Produktionsfaktoren im Werk *Bechers* (1688, vgl. S. 455) –, kommt den älteren Kameralisten immerhin das Verdienst zu, „dem Wirtschaftsleben erste Kenntnis vom Wesen des modernen Industriebetriebes" (*Löffelholz*, 1935, S. 299) vermittelt zu haben.

Die Blütephase der alten Betriebswirtschaftslehre wird auf die Zeit zwischen 1675 und 1804 festgelegt und als die Periode der „systematischen Handlungswissenschaft" bezeichnet (vgl. zur Handlungswissenschaft *Klein-Blenkers*, 1994a, S. 13 ff., sowie *Lingenfelder/Loevenich* 1998, S. 231 ff., in diesem Buch). Der wissenschaftliche Charakter der handlungswissenschaftlichen Schriften kann jedoch angezweifelt werden (vgl. *Schneider*, 1987, S. 90 ff.). Die Handlungswissenschaft sowie ihre Manufakturen- und Fabriklehre richten sich an Kaufleute der Privatbetriebe. Sie rücken damit zunehmend vom gemein- oder staatswirtschaftlichen Auswahlprinzip der älteren Kameralisten ab (vgl. *Klein-Blenkers*, 1994a, S. 24). Als deutschsprachige Werke mit Bezug zu Themen des Faches seien genannt: „Das neu eröffnete Manufacturen Haus" *Paul Jakob Marpergers* (1721), die „Vollständige Abhandlung von denen Manufacturen und Fabriken" *Heinrich Gottlieb v. Justis* (1758), der „Versuch einer allgemeinen Einleitung zu der Handlungswissenschaft" *Johann Karl Mays* (1780, Erstauflage 1763) sowie das „System des Handels" *Johann Michael Leuchs'* (1817, Erstauflage 1804) (vgl. zu den genannten Autoren *Löffelholz*, 1935, S. 298 ff.; *Bellinger*, 1967, S. 32 ff.; *Wittmann*, 1982, S. 150 ff.; *Klein-Blenkers*, 1994a, S. 21 ff.).

Hierunter wird *Justis* Arbeit als die gehaltvollste industriebetriebliche Darstellung jener Zeit angesehen (vgl. *Löffelholz*, 1935, S. 300). Die „Manufacturen- oder Fabrikkenntnis" hat jedoch noch überwiegend keinen eigenständigen Platz und wird als eine „nöthige und unentbehrliche

Bey- und Nebenwissenschaft" der Handlungswissenschaft betrachtet (*Ludovici*, 1768, S. 17).

Zu den wichtigsten Problembereichen der merkantilistischen und handlungswissenschaftlichen Literatur zählen (vgl. *Löffelholz*, 1935, S. 301 ff.):

(1) Streit um die Begriffe **Manufaktur** und **Fabrik**,

(2) **Gründung** und ihre Probleme, womit Fragen der strategischen Investitionsplanung, des betriebsnotwendigen Vermögens, der optimalen Betriebsgröße und der Standortplanung gemeint sind,

(3) **Organisation** der **Arbeit**, vor allem Beschaffung des Faktors Arbeit, Qualifikation und Lohnplanung,

(4) **Organisation** der **sachlichen Produktionsmittel**, bei der in erster Linie die Anlagenwirtschaft, das Verhältnis der Produktionsfaktoren Arbeit und Kapital zueinander sowie die Arbeit freisetzende Rationalisierung durch Maschinen angesprochen werden,

(5) **Fabrikbuchhaltung**, die bereits Ende des 18. Jahrhunderts nicht nur Dokumentationszwecken diente und eine Kostenträger- und Kostenstellenrechnung kannte,

(6) **strategische Produktprogrammplanung**, wobei ausgehend von der schlechten Absetzbarkeit von Manufakturwaren Überlegungen zur Preis-, Qualitäts- und Sortimentspolitik angestellt werden.

Somit läßt sich festhalten, daß wichtige produktionswirtschaftliche Fragestellungen in diesen frühen Werken vorwiegend auf strategischer Planungsebene angesprochen werden (vgl. beispielsweise *Leuchs*, 1817, S. 356 ff.).

2.2. Von der nationalökonomischen Klassik beeinflußte Werke des 19. Jahrhunderts

Während des 19. Jahrhunderts ist von einzelwirtschaftlichen Arbeiten nicht viel zu sehen. Der Niedergang der Handlungswissenschaften wird mit der Konkurrenz der Volkswirtschaftslehre und der Technisierung der Produktion im Zuge der Industriellen Revolution erklärt. Fragen der Wirtschaftlichkeit der Produktion wurden in den Hintergrund gedrängt (vgl. *Klein-Blenkers*, 1994a, S. 28 f.).

Beachtenswerte Überlegungen zu einer Produktionsfaktorensystematik sowie zur Beziehung Faktoreinsatz und Ausbringung kommen in dieser

Zeit im agrarwirtschaftlichen Schrifttum zum Tragen. In einer privat-wirtschaftlich-liberalen und nicht etwa nur technologischen Deutung der Industriellen Revolution ist dies nicht verwunderlich, da die sog. **Agrarrevolution** als Vorläuferin der Industriellen Revolution durch eine erwerbswirtschaftliche Fremdbedarfsproduktion in großen Einheiten ge-kennzeichnet war (vgl. zur Aggrarrevolution *Buchheim*, 1994, S. 49 ff.). Dieser Aspekt der zeitgeschichtlichen Beeinflussung der Produktions-wirtschaft kommt beispielsweise in *Albrecht Daniel Thaer*s „Grundsätze der rationellen Landwirtschaft" (mehrbändig 1809 ff.) sowie „Landwirt-schaftliche Gewerbs-Lehre" (1815) zum Ausdruck (vgl. zu diesen Arbei-ten *Wittmann*, 1982, S. 158 ff.).

Die Arbeiten des 19. Jahrhunderts sind vorwiegend mikroökonomisch geprägt. Mit seinem Werk „Der isolierte Staat in Beziehung auf Land-wirtschaft und Nationalökonomie" (1842) hat *Johann Heinrich von Thünen* einen durch die mikroökonomische Theorie fundierten Beitrag zur marginalanalytischen Bestimmung gewinnoptimaler Produktions- und Absatzmengen und zu den Einflußfaktoren der Lohnhöhe in der Land-wirtschaft geliefert (vgl. *Bellinger*, 1967, S. 38 f.; zum Werk *von Thünen*s vgl. *Schneider*, 1998, S. 7 f., in diesem Buch).

Die ebenfalls mikroökonomisch geprägte „Allgemeine Gewerkslehre" von *Arwed Emminghaus*, welche als Vorläuferin der modernen Industrie-betriebslehren betrachtet wird (vgl. *Hällfritzsch*, 1976, S. 80; *Wittmann*, 1982, S. 159 f.; *Klein-Blenkers*, 1994a, S. 30), erschien 1868. Hierin klärt *Emminghaus* Grundbegriffe, Arten und Aufgaben des „Gewerksbe-triebs", bezieht eine nationalökonomisch klassische Position zur Stellung des Faktors Arbeit im Verhältnis zum Unternehmer und behandelt auf der Basis einer Faktoreinteilung Probleme der Faktorbedarfsermitt-lung, -beschaffung und -verwendung sowie der industriellen Buchfüh-rung (vgl. zu einer Charakterisierung dieser Arbeit *Bellinger*, 1967, S. 47 f.; *Hällfritzsch*, 1976, S. 79 ff.). Eine auf der mikroökonomischen Theorie aufbauende deduktive Vorgehensweise, wie sie in der „Allgemeinen Ge-werkslehre" zum Ausdruck kommt, sollte von der modernen Betriebs-wirtschaftslehre erst Mitte dieses Jahrhunderts durch *Erich Gutenberg* wie-der aufgenommen werden.

3. Die Entwicklung als Teilgebiet der modernen Betriebswirtschaftslehre

Das Erreichen der vorläufigen Grenzen eines vorwiegend durch technologische Innovationen induzierten Wachstums und das Vorliegen komplexer, maschinisierter Produktionssysteme von gesamtgesellschaftlicher Bedeutung verhalfen der modernen Betriebswirtschaftslehre zur Jahrhundertwende zum verspäteten, jedoch entscheidenden Durchbruch (vgl. *Klein-Blenkers*, 1994a, S. 32). Die ersten Arbeiten der modernen Industriebetriebslehre sollten jedoch weder an dem veralteten Wissensreservoir der Kameralisten und Handlungswissenschaftler anknüpfen noch die vornehmlich mikroökonomisch geprägten, deduktiv vorgehenden Vertreter der frühindustriellen Literatur zur Kenntnis nehmen. Die organisatorische und administrative Bewältigung der Komplexität des Erfahrungsobjekts Fabrikbetrieb führte anstelle der als wirklichkeitsfremd angesehenen deduktiven Methode auf der Grundlage der mikroökonomischen Theorie zu einem induktiven Vorgehen (vgl. *Hällfritzsch*, 1976, S. 82 ff.).

3.1. Erste vom industriellen Rechnungswesen geprägte Werke

Schäfer (1978, S. 11) zufolge gilt *Albert Calmes'* „Der Fabrikbetrieb" (Erstauflage 1908) als die erste Veröffentlichung auf dem Gebiet der Industriebetriebslehre. Der Autor gelangt zur industriebetrieblichen Ausrichtung seiner Arbeit von der Warte des Rechnungswesens (vgl. hierzu *Calmes*, 1922, S. III). Dies ist für die ersten industriebetrieblichen Darstellungen dieses Jahrhunderts nicht außergewöhnlich, sondern kennzeichnend, da das Rechnungswesen als das eigentliche Betätigungsfeld der damaligen Betriebswirtschaftslehre angesehen wurde (vgl. *Hällfritzsch*, 1976, S. 88 ff.; *Klein-Blenkers*, 1994b, S. 83). Der den Ausführungen zum industriellen Rechnungswesen vorangehende erste Teil des „Fabrikbetriebs" trägt die Überschrift „Fabrikorganisation". Er wird in funktionaler Abfolge in den Abschnitten „Direktion", „Korrespondenz und Registratur", „Einkaufsabteilung", „Materiallager", „Lohnabteilung" sowie „Verkaufsabteilung" abgehandelt (vgl. *Calmes*, 1922, S. VII f.) und läßt sich als eine mitunter betriebstypologisch differenzierte Darstellung von Aufgaben, Aufgabenträgern und Geschäftsprozessen in den einzelnen Abteilungen charakterisieren. Einen ebensogroßen Raum nimmt die

Beschreibung von organisatorischen Hilfsmitteln ein, die im wesentlichen das Belegwesen betrifft. Die aus produktionswirtschaftlicher Sicht entscheidende Funktion **Fertigung** fehlt in *Calmes'* Arbeit wohl aus Sorge um die Allgemeingültigkeit, da er eine Branchendarstellung bewußt vermeiden wollte (vgl. *Calmes*, 1922, S. IV).

Die Arbeit *E. Heidebroek*s (1923), die zuweilen auch als erste „Industriebetriebslehre" angesehen wird (vgl. *Funke/Blohm*, 1969, S. 14), hat mit der heutigen Abgrenzung der Produktionswirtschaftslehre inhaltlich und methodisch kaum etwas gemein. Sie läßt sich eher als eine vorläufige Systematisierung der damaligen Erkenntnisse, Methoden und Hilfsmittel im industriellen Rechnungswesen charakterisieren. Die Frage der **Betriebsorganisation** wird hier im *Calmes*schen Sinne behandelt. Sie nimmt bei *Heidebroek* jedoch einen sehr geringen Raum ein.

3.2. Die Emanzipation produktionswirtschaftlicher Sachverhalte

In *Karl-Wilhelm Hennig*s „Betriebswirtschaftslehre der Industrie" (1928) sowie *Alfred Isaac*s „Der Industriebetrieb" (1930) gewinnen produktionswirtschaftliche Sachverhalte gegenüber Fragen des Rechnungswesens wieder an Bedeutung. In diesen Arbeiten wird inhaltlich bereits ein sehr großer Teil dessen abgehandelt, was heute (vgl. hierzu *Kern*, 1996, Sp. 1636 ff.) Gegenstand der industriellen Produktionswirtschaftslehre ist. Während *Hennig* die *Calmes*sche Funktionaleinteilung unter Hinzufügung der Fertigung beibehält (vgl. *Hennig*, 1928, S. VI f.), ist bei *Isaac* durch die inhaltliche Unterscheidung zwischen der „erstmaligen Organisation bzw. späteren Umstellungen" sowie „Durchführung des Betriebes" (vgl. *Isaac*, 1930, S. IX f.) ein erster Ansatz zur Unterscheidung zwischen strategischen und operativen Sachverhalten anzutreffen.

Zu den bedeutendsten Industriebetriebslehren der Nachkriegszeit zählen *Wilhelm Kalveram*s „Industriebetriebslehre" (Erstauflage 1949) und *Konrad Mellerowicz'* „Betriebswirtschaftslehre der Industrie" (Erstauflage 1957). Eine einheitliche Gliederung des Gebiets stellt sich auch in diesen und vergleichbaren Arbeiten nicht ein (vgl. hierzu *Kalveram*, 1972, S. 7 ff., und *Mellerowicz*, 1981a, S. 9 ff., 1981b, S. 5 ff.). Mit dem breiten Raum, den administrative Fragen des Rechnungs- und Belegwesens, beispielsweise die Materialbewertung und -verrechnung, in den Industriebetriebslehren dieser Zeit weiterhin einnehmen, und der teilweise organisatorischen Einzelheiten verhafteten Darstellung werden immer detailliertere Hilfen

zur zeitgemäßen Leitung eines Industriebetriebs gegeben. Diese vermögen das Fach allerdings theoretisch nicht allzusehr zu befruchten.Eine
erkenntnisfördernde Neuerung, die in die Industriebetriebslehren der
Nachkriegszeit im Gegensatz zu schwachen Ansätzen in den früheren
Werken Eingang findet, ist die betriebstypologische Vorgehensweise.
Eine durchgehend so angelegte Arbeit wurde im Zuge dieser Entwick-
lungslinie von *Erich Schäfer* in seinem „Industriebetrieb" (1978, Erstauflage 1969) vorgelegt.

3.3. Die inhaltliche und methodische Differenzierung seit *Gutenberg*

Erich Gutenberg eröffnete dem Fach in mehrfacher Hinsicht neue und
teilweise bis heute aktuelle Perspektiven. Die dreibändige Gliederung
seiner „Grundlagen der Betriebswirtschaftslehre" in „Die Produktion" –
die somit erstmals monographisch behandelt wurde –, „Der Absatz"
und „Die Finanzierung" deutet bereits eine Umkehr von der Institutio-
nen- zur Funktionenlehre an.

Einen wesentlichen Bestandteil der „Produktion" (Erstauflage 1951)
stellte die **Produktions-** und **Kostentheorie** dar. *Gutenberg* (1984,
S. 298 ff.) knüpfte damit nicht nur wieder an die mikroökonomische
Theorie an (vgl. hierzu *Schanz*, 1998, S. 36 f., in diesem Buch), sondern
erweiterte die Produktionstheorie auch mit der nach ihm benannten
linear-limitationalen Produktionsfunktion. In der Folge erlebte die Produktionstheorie einen raschen Ausbau in ihrer funktionalistischen Richtung durch Berücksichtigung von Substitutionalität, Mehrstufigkeit sowie Zeit und bildete damit den Gegenstand zahlreicher Veröffentlichungen. Die Integration der Produktionstheorie in den Kanon der Betriebswirtschaftslehre bedeutete zugleich den Einzug der deduktiven For-
schungsmethode, nachdem die induktiv-phänomenologische Vorgehensweise in der ersten Hälfte des Jahrhunderts dominiert hatte.

Das fünfte Kapitel der Arbeit *Gutenberg*s, das die Überschrift „Planung"
trägt, ist mit seiner Gliederung in Produktionsprogramm-, Bereitstel-
lungs- und Prozeßplanung für die heute vorherrschende inhaltliche Differenzierung der Produktionswirtschaftslehre bestimmend (vgl. zur ge-
genwärtigen Differenzierung *Hoitsch*, 1993, S. 33 ff.). Die spätere Spezialisierung der Forschung auf dem Gebiet quantitativer Planungsverfahren
sollte sich insbesondere auf der operativen Ebene an dieser Einteilung

orientieren (vgl. zum Spezialisierungsimpuls der *Gutenberg*schen Arbeit für die Forschung *Hällfritzsch*, 1977, S. 105).

Darüber hinaus stellt die Überschrift des fünften Kapitels die **Planungs-aufgabe** der Produktionswirtschaftslehre in den Vordergrund und bedeutet damit einen Schritt zur entscheidungsorientierten Betriebswirtschaftslehre, nachdem die Beschreibung und Systematisierung der Produktionsfaktoren, der Abläufe, der Organisationshilfsmittel oder der Betriebstypen den ausschließlichen Gegenstand des Faches auszumachen schienen. Ab Ende der sechziger Jahre verschob sich mit der **Entscheidungsorientierung** der Schwerpunkt der Forschung endgültig auf die „den ausführenden Tätigkeiten vorgelagerten Prozesse des Auswählens und Entscheidens" (*Heinen*, 1991, S. 12, Erstauflage 1972). Damit gewannen die Planungsverfahren und -instrumente zur Unterstützung dieser Prozesse an Bedeutung.

3.4. Die Konzentration auf quantitative Methoden und experimentelle Produktionswirtschaftslehre

Warf man *Gutenberg* im Zuge des **Methodenstreits** (vgl. hierzu *Bellinger*, 1967, S. 68 ff.; sowie *Schneider*, 1998, S. 21 ff., in diesem Buch), den er mit seiner „Produktion" entfacht hatte, noch vor, allzu mathematisch zu sein, so bedeutete die Verbreitung der Verfahren des Operations Research (OR) eine Abkehr vom organischen Verständnis der Industriebetriebslehre (vgl. hierzu *Hällfritzsch*, 1976, S. 96 ff.). Aufbauend auf der Struktur der im Laufe der Zeit weiterentwickelten produktionstheoretischen Beschreibungsmodelle wurden für zahlreiche produktionsplanerische Probleme Entscheidungsmodelle entwickelt. Für die Überzeugung, Planungsprobleme mit Hilfe der linearen und dynamischen Optimierung abbilden und lösen zu können, die in den sechziger und siebziger Jahren vorherrschte, sprechen Titel wie „Industriebetriebslehre in programmierter Form" (hrsg. von *Herbert Jacob*, 1972) oder „Optimale Produktions- und Absatzplanung" (von *Wolfgang Kilger*, 1973).

Der Einsatz von OR-Verfahren in der Produktionswirtschaftslehre läßt sich unter eine breiter gefaßte Entwicklung einordnen, nämlich in die durch den Einsatz von EDV als wissenschaftsexternem Einflußfaktor erst ermöglichte Entwicklung einer **experimentellen Betriebswirtschaftslehre** (vgl. hierzu *Bellinger*, 1967, S. 88 ff.). Diese umfaßt den Einsatz nicht nur von **exakten**, sondern auch von **heuristischen** Methoden bzw. nicht nur von **Entscheidungs-**, sondern auch von **Ermittlungs-**

modellen. In diesem Zusammenhang ist auch der Einzug der **Simulation** in die produktionswirtschaftliche Planung zu sehen (zu einer frühen deutschsprachigen Monographie auf diesem Gebiet s. *Witte*, 1973).

Der EDV-Einsatz in der Praxis war hingegen zunächst von der Lösung administrativer Probleme geprägt. Beim anfänglichen Einsatz von Systemen zur Produktionsplanung und -steuerung (PPS) ging es um die Entlastung der Planer von der deterministischen Bedarfsermittlung. Mit der zunehmend bewältigten Berücksichtigung weiterer Planungsaufgaben und -verfahren aus der operativen Produktionsplanung entwickelte sich seit Anfang der siebziger Jahre auch ein wissenschaftliches Interesse an einer planungsmethodisch fundierten Gestaltung und Konzeption dieser Systeme. Dies galt um so mehr, als sich die mangelnde Praktikabilität integrierter linearer Entscheidungsmodelle herausstellte. Unter den PPS-Konzeptionen, die in der produktionswirtschaftlichen Literatur ihren Niederschlag gefunden haben, seien an dieser Stelle MRP II, JIT, KANBAN, Fortschrittszahlenkonzept, BORA und OPT genannt (vgl. hierzu *Hoitsch*, 1993, S. 267 ff.).

Parallel zur Beschäftigung mit den PPS-Systemen und im Zuge fortschreitender Spezialisierung der Disziplin wurden in den beiden vergangenen Jahrzehnten die quantitativen Verfahren zur operativen Produktionsplanung in zahlreichen Varianten weiterentwickelt, wobei Wirklichkeitsnähe als Leitmotiv eine bedeutende Rolle spielte. Beispielsweise wurden in der Losgrößenplanung im Verlauf ihres Ausbaus in dynamischer, mehrstufiger und engpaßbezogener Hinsicht zahlreiche Modelle vorgestellt (vgl. *Helber*, 1993, S. 50 f.). Das Ziel der Wirklichkeitsnähe führte jedoch nicht nur dazu, daß eine Prämisse nach der anderen aufgehoben wurde, sondern erleichterte auch die Akzeptanz quantitativ-heuristischer Verfahren seitens der Fachvertreter.

4. Neuere Entwicklungsrichtungen des Faches

Stand in der quantitativen Ära die Lösung funktionsbezogener Planungsprobleme im Mittelpunkt des Interesses, so ist die gegenwartsnahe Literatur wieder zunehmend mit Fragen der **Produktionsorganisation** befaßt. Zwar werden die rechnerischen Planungsverfahren zur Produktionsplanung immer wieder durch die Anwendung neuer Methoden – etwa durch unscharfe Mengen oder genetische Algorithmen – bereichert, doch stoßen produktionsorganisatorische Themen wie die Modularisierung bzw. Segmentierung des Ausführungs- und des Planungssystems der Produktion auf wachsende Resonanz (beispielhaft seien genannt *Wildemann*, 1994; *Rohloff*, 1995).

Die Betonung des Ablauforganisatorischen in der Produktionsplanung und -steuerung kommt gegenwärtig in Begriffen wie **Geschäftsprozeßmodellierung** oder der zunehmenden logistischen Titelgebung produktionswirtschaftlicher Lehrbücher zum Ausdruck (z.B. *Günther/Tempelmeier*: „Produktion und Logistik", 1997; *Zäpfel*: „Grundzüge des Produktions- und Logistikmanagements", 1996), wobei Logistik als funktionsübergreifende Querschnittsfunktion verstanden wird. Während in den siebziger Jahren noch beklagt werden mußte, daß in der Literatur eher die „anwendbaren Planungsmethoden als die Darstellung des Zusammenhangs und der organisatorischen Verknüpfung" (*Bär*, 1977, S. 41) im Vordergrund standen, ist die ablauforganisatorische Einordnung der Planungsfunktionen und -verfahren in sog. **Referenzmodellen** heute Lehrbuchwirklichkeit (vgl. beispielsweise *Scheer*, 1995, S. 176 ff.). Damit ist bereits angesprochen, daß mittlerweile eine dritte Dimension der Entwicklung des Faches existiert. Nach der institutionellen und der funktionalen Betrachtungsdimension dominiert zunehmend die in der Bezeichnung **Produktionslogistik** (vgl. *Scheer*, 1995, S. 90) zum Ausdruck kommende Prozeßsicht.

Das Erkenntnispotential der Produktionswirtschaftslehre als Funktionenlehre ist jedoch bei weitem nicht ausgeschöpft. Dies betrifft vor allem die Lücken in Branchen mit verfahrens- und chemisch-technologischen Produktionsprozessen (vgl. zur diesbezüglich noch aktuellen Kritik *Kölbel/Schulze*, 1965, S. 14 ff.) sowie in Dienstleistungsbranchen (vgl. *Corsten*, 1996, Sp. 351; *Kern*, 1996, Sp. 1631 ff.). Auch die umweltorientierte Sichtweise, die jede Produktion als eine Kuppelproduktion betrachtet und materialwirtschaftliche Kreisläufe berücksichtigt, führt zu einer Befruchtung der Produktions- und Kostentheorie (vgl. *Dyckhoff*, 1993, S. 41 ff.). Die Produktionstheorie wird teilweise unabhängig von der durch *Gutenberg* ausgelösten Entwicklung neben der funktionalistischen auch aus aktivitätsanalytischer, dynamischer, stochastischer und strukturalistischer Sicht weiterentwickelt (einen historischen Überblick vermittelt *Dyckhoff*, 1994, S. 34 ff.). Schließlich ist auf die Verfahrenslücke auf der strategisch-taktischen Ebene hinzuweisen, für die abgesehen von wenigen Gebieten wie der Standortplanung wenige formale Modelle existieren.

Literatur

Bär, W., Produktionsplanung und Auftragsbearbeitung im Industriebetrieb, Wiesbaden 1977.

Becher, J.J., Politische Discurs. Von den eigentlichen Ursachen/deß Auff- und Abnehmens der Stadt/Länder und Republicken, Nachdruck der Ausgabe: Frankfurt 1688, Glashütten im Taunus 1972.

Bellinger, B., Geschichte der Betriebswirtschaftslehre, Stuttgart 1967.

Buchheim, Ch., Industrielle Revolutionen. Langfristige Wirtschaftsentwicklung in Großbritannien, Europa und in Übersee, München 1994.

Calmes, A., Der Fabrikbetrieb. Die Organisation im Zusammenhang mit der Buchhaltung und der Selbstkostenrechnung industrieller Betriebe, 7. Aufl., Leipzig 1922.

Corsten, H., Dienstleistungsproduktion, in: *W. Kern* et al. (Hrsg.), Handwörterbuch der Produktion, 2. Aufl., Stuttgart 1996, Sp. 339–352.

Dyckhoff, H., Betriebliche Produktion. Theoretische Grundlagen einer umweltorientierten Produktionswirtschaft, 2. Aufl., Berlin u.a. 1994.

Emminghaus, A., Allgemeine Gewerkslehre, Berlin 1868.

Funke, H., H. Blohm, Allgemeine Grundzüge des Industriebetriebes, 2. Aufl., Essen 1969.

Günther, H.-O., H. Tempelmeier, Produktion und Logistik, 3. Aufl., Berlin u.a. 1997.

Gutenberg, E., Grundlagen der Betriebswirtschaftslehre, Bd. 1: Die Produktion, 24. Aufl., Berlin u.a. 1984.

Hällfritzsch, J., Forschungsprogramme der Industriebetriebslehre. Ein kritischer Vergleich ihrer Perspektiven, Theorien und Methodologien, Diss. Universität Mannheim 1976.

Heidebroek, E., Industriebetriebslehre. Die wirtschaftlich-technische Organisation des Industriebetriebes mit besonderer Berücksichtigung der Maschinenindustrie, Berlin 1923.

Heinen, E., Industriebetriebslehre als Entscheidungslehre, in: *E. Heinen* (Hrsg.), Industriebetriebslehre. Entscheidungen im Industriebetrieb, 8. Aufl., Wiesbaden 1991, S. 1–73.

Helber, S., Kapazitätsorientierte Losgrößenplanung in PPS-Systemen, Stuttgart 1994.

Hennig, K.-W., Betriebswirtschaftslehre der Industrie, Berlin 1928.

Hoitsch, H.-J., Produktionswirtschaft. Grundlagen einer industriellen Betriebswirtschaftslehre, 2. Aufl., München 1993.

Isaac, A., Der Industriebetrieb, Leipzig 1930.

Jacob, H. (Hrsg.), Industriebetriebslehre in programmierter Form, Bd. II: Planung und Planungsrechnungen, Wiesbaden 1972.

Justi, J.H.G., Vollständige Abhandlung von denen Manufacturen und Fabriken, Kopenhagen 1758.

Kalveram, W., Industriebetriebslehre, 8. Aufl., Wiesbaden 1972.

Kern, W., Die Produktionswirtschaft als Erkenntnisbereich der Betriebswirtschaftslehre, in: Zeitschrift für betriebswirtschaftliche Forschung, 28. Jg. (1976), S. 756–767.

Kern, W., Produktionswirtschaft: Objektbereich und Konzepte, in: *W. Kern* et al. (Hrsg.), Handwörterbuch der Produktion, 2. Aufl., Stuttgart 1996, Sp. 1630–1642.

Kilger, W., Optimale Produktions- und Absatzplanung. Entscheidungsmodelle für den Produktions- und Absatzbereich industrieller Betriebe, Opladen 1973.

Klein-Blenkers, F., Die Entwicklung der Betriebswirtschaftslehre bis 1955, in: *F. Klein-Blenkers* (Hrsg.), Aufsätze zur Geschichte der Betriebswirtschaftslehre, Köln 1994a, S. 9–64.

Klein-Blenkers, F., Die Entwicklung der Betriebswirtschaftslehre bis in die zwanziger Jahre des 20. Jahrhunderts, in: *F. Klein-Blenkers* (Hrsg.), Aufsätze zur Geschichte der Betriebswirtschaftslehre, Köln 1994b, S. 65–85.

Kölbel, H., J. Schulze, Die Entwicklung der Betriebswirtschaftslehre der chemischen Industrie, Teil I, in: Betriebswirtschaftliche Forschung und Praxis, 17. Jg. (1965), S. 13–30.

Leuchs, J.M., System des Handels, Band 1: Bürgerliche Handelswissenschaft, 2. Aufl., Nürnberg 1817.

Löffelholz, J., Geschichte der Betriebswirtschaft und der Betriebswirtschaftslehre, Stuttgart 1935.

Ludovici, C.G., Grundriß eines vollständigen Kaufmanns-Systems, Omnitypiedruck der 2. Aufl. 1768, Stuttgart 1932.

Marperger, P.J., Das neu eröffnete Manufacturen-Haus, Hamburg 1721.

May, J.C., Versuch einer allgemeinen Einleitung in die Handlungswissenschaft theoretisch und praktisch abgehandelt, neue, vermehrte und verbesserte Aufl., zweiter besonderer Teil, Altona 1780.

Mellerowicz, K., Betriebswirtschaftslehre der Industrie, 7. Aufl., Bd. 1 (1981a) sowie Bd. 2 (1981b), Freiburg 1981.

Rohloff, M., Produktionsmanagement in modularen Organisationsstrukturen. Reorganisation und objektorientierte Informationssysteme für verteilte Planungssegmente, München, Wien 1995.

Schäfer, E., Der Industriebetrieb. Betriebswirtschaftslehre der Industrie auf typologischer Grundlage, 2. Aufl., Wiesbaden 1978.

Scheer, A.-W., Wirtschaftsinformatik, Referenzmodelle für industrielle Geschäftsprozesse, 6. Aufl., Berlin u.a. 1995.

Schneider, D., Allgemeine Betriebswirtschaftslehre, 3. Aufl., München, Wien 1987.

v. Schröder, W., Fürstliche Rent- und Schatzkammer, Neudruck der Ausgabe 1752, Vadiz 1978.

Thaer, A.D., Grundsätze der rationellen Landwirtschaft, 4 Bände, Berlin 1809–1812.

Thaer, A.D., Landwirtschaftliche Gewerbs-Lehre, Berlin 1815.

v. Thünen, J.H., Der isolierte Staat in Beziehung auf Landwirtschaft und Nationalökonomie, Neudruck der Ausgabe 1842, 5. Aufl., Aalen 1990.

Wildemann, H., Die modulare Fabrik. Kundennahe Produktion durch Fertigungssegmentierung, 4. Aufl., München 1994.

Witte, Th., Simulationstheorie und ihre Anwendung auf betriebliche Systeme, Wiesbaden 1973.

Wittmann, W., Mensch, Produktion und Unternehmung. Eine historische Nach-
  lese, Tübingen 1982.
Zäpfel, G., Grundzüge des Produktions- und Logistikmanagements, Berlin 1996.

Geschichte der Organisationslehre

Prof. Dr. Alfred Kieser

Eine Organisationslehre gibt es, seit die Menschen komplexe Aufgaben zu bewältigen haben und darüber zu reflektieren begannen, wie diese am besten zu lösen seien. In die deutsche Universität hielt die Organisationslehre erst spät Einzug – als eigenständiges Fach erst in den 60er Jahren. Seitdem hat sie aber, was die Zahl an Professuren anbelangt, mächtig zugelegt.

1. Organisationslehre vor und außerhalb der Betriebswirtschaftslehre an Hochschulen

1.1. Die älteste und heute immer noch praktizierte „Methode" der Organisationslehre: Erfahrung in Prinzipien fassen

Eine bestimmte Art der Organisationslehre gab es schon lange vor der Gründung der ersten deutschen Handelshochschule in Leipzig im Jahre 1898. Es gibt sie, seit sich Menschen bewußt mit der **Koordination umfangreicher Arbeiten** beschäftigen. Sie beruht auf folgender „Methode": Man faßt gute – bewährte – Praxis in Regeln. Die älteste bekannte Regelsammlung – der erste Leitfaden – dieser Art wurde um 2700 v.Chr. im **Alten Ägypten**, in dem der Bau der Pyramiden keine geringen organisatorischen Probleme aufwarf, in Stein gemeißelt. Aber auch die beim Bau der Chinesischen Mauer oder bei der Errichtung griechischer und römischer Militär- und Produktionsstätten beteiligten „Manager" und „Organisatoren" haben ihre Erfahrungen zu Leitfäden kondensiert (vgl. *George*, 1972). Im **Mittelalter** wurden Regeln zur Organisation vor allem in Klöstern verfaßt (vgl. *Kieser*, 1987). Im **Merkantilismus** setzte sich dann die Auffassung durch, daß der „Volkswohlstand" durch die Gründung von

Arbeitshäusern und Manufakturen gesteigert werden könne, wozu sogenannte „Projektemacher" – heute würde man sie Unternehmensberater
nennen – Leitfäden zur Verfügung stellten. Hundert Jahre später zeigte
Adam Smith (1908, zuerst 1776 in England erschienen) in seinem be-
rühmten Stecknadelbeispiel die Vorteile der Arbeitsteilung auf.

Mit dem Einsetzen der **Industriellen Revolution** in England entstand
ein großer Bedarf an Managementleitfäden zur Gestaltung der neuarti-
gen Fabriken. Zwei von ihnen avancierten schnell zu Bestsellern: „The
Philosophy of Manufactures" (1835) von *Ure*, einem Lieblingsfeind von
Marx, und „On the Economy of Machinery and Manufactures" von
Babbage (1832, 4. Aufl. 1835!).

Viele der heutigen **Management-Bestseller** sind auch nichts weiter als
zu Prinzipien verdichtete Erfahrungen. Allerdings werten die Autoren in
der Regel nicht nur eigene Erfahrungen aus, sondern geben auch die von
anderen Personen (meist illustren Topmanagern, deren Organisations-
innovationen sie in persönlichen Gesprächen in Erfahrung gebracht
haben) wieder.

Organisationsprinzipien sind für Praktiker attraktiv, weil sie die Komplexität des Gestaltungsproblems reduzieren. Sie garantieren jedoch keine
effiziente Organisationsgestaltung, weil die Bedingungen, unter denen
sie jeweils gültig sind, nicht spezifiziert werden.

1.2. Organisationsleitfäden in der Frühphase der deutschen Industrialisierung

In Deutschland erscheinen die ersten Organisationsleitfäden für Fabri-
kanten nach 1870 als Reaktion auf eine Wirtschaftskrise, die Organisa-
tionsmängel schmerzlich spürbar werden ließ (vgl. *Kocka*, 1969). Sie widmen sich besonders der **Organisation** des **Verwaltungsbereichs**. Der
„ingenieurhafte" Ansatz, mit dem *Ure* und *Babbage* an die Organisation
der Fertigung herangingen, kommt nun auch bei der Gestaltung der Administration zum Tragen: Die Autoren, allesamt Techniker oder Personen, die mit Technik und Technikern zu tun haben, fordern, die Verwaltung maschinengleich – berechenbar – zu machen: „Ein industrielles
Geschäft ist am besten mit einer Uhr zu vergleichen, bei der ein Rad ins
andere eingreift und die zuletzt dem Eigenthümer auch zeigt, was die
Glocke geschlagen. Die Arbeit des Verwalters gleicht ganz derjenigen
des Uhrenmachers, der das Räderwerk einzurichten, in Gang zu setzen

und zu reguliren hat", empfiehlt der „Privatdocent an dem eidgenössi-
schen Polytechnicum in Zürich" *Bourcart* (1874, S. 16). Die Metapher
der Uhr oder der Maschine erfreut sich in der frühen Organisations-
literatur größter Beliebtheit.

Die geforderte Berechenbarkeit kann vor allem durch **Formalisierung**,
d.h. schriftliche Fixierung der Verwaltungsvorgänge, erreicht werden.
Diese reduziert die Abhängigkeit von den „Privatbeamten", wie *Bourcart*
(1874, S. 101) betont: „Die Tendenz der Angestellten ist: unentbehrlich
zu werden, wenn sie auch nicht mehr nützen. Der Angestellte bewirkt
diess, indem er Alles im Kopfe behält und nichts bucht; er weiss dann
Alles, und ohne ihn geht es gar nicht mehr. Aus diesem Grunde ist es
wichtig, dass die Tradition einer Fabrik durch die Buchung geregelt und
verstärkt werde. Stirbt oder geht morgen ein Angestellter fort, so läuft
das Geschäft dann dennoch seinen ruhigen Gang fort. Deswegen ist das
schriftliche Verfahren in der Industrie von so grosser Wichtigkeit."

Aus der Perspektive heutiger Managementliteratur, in der die **Dezentralisierung** von **Entscheidungskompetenzen** – häufig als Empowerment
bezeichnet – eine große Rolle spielt, nicht uninteressant ist auch, daß
auch schon damals Fragen der Dezentralisierung und ihrer Handhabung
angeschnitten wurden. *Emminghaus* (Dr. jur., Professor an der Groß-
herzoglichen Badischen Polytechnischen Schule zu Karlsruhe) führt in
seiner 1868 erschienenen „Allgemeinen Gewerkslehre" dazu aus
(S. 159 f.): „Einer muss herrschen. Die Monarchie ist die ausschliesslich
berechtigte Verfassungsform in gewerklichen Unternehmungen. Der
Monarch muss der Unternehmer sein, oder Der, welchen er sich
substituirt. Sein Auge, sein Wille müssen Alles durchdringen. Die Aufgabe ist aber, Alles zu durchdringen, Alles zu beherrschen, und Denen
namentlich welche man sich zu Gehülfen in der Leitung auserkoren, dabei doch zu dem Bewusstsein zu verhelfen, dass sie je in ihrer Sphäre
selbständig sind. Denn das Selbständigkeitsgefühl ist der mächtigste
Sporn zu treuer und gewissenhafter Arbeit. ... Vor Allem ist es wün-
schens- und empfehlenswerth, dass der Unternehmer mit ihnen und
mitten unter ihnen arbeite als wäre er völlig Ihresgleichen. ... Er muss
Jeden selbständig machen in der Executive; aber die Legislative muss in
seiner Hand ruhen." So etwas könnte auch in aktuellen Leitfäden stehen,
allerdings würde man das mit dem Bewußtsein heute weglassen, da auch
die „Gehülfen" heute Leitfäden lesen.

1.3. Taylorismus und Fordismus in Deutschland

Taylorismus und Fordismus werden von der seit 1898 etablierten Betriebswirtschaftslehre zunächst kaum aufgegriffen. Das revolutionär Neue an *Taylor*s Ansatz ist, daß er Organisationsprinzipien zum Teil durch die Vorgabe einer anspruchsvolleren Methode, nämlich durch das **Experiment**, ersetzt. Geht es bspw. um das Problem, die „optimale Schaufel" für Erdarbeiten zu bestimmen, so führt *Taylor* (1913, S. 68) dazu aus: „Das ist eine Frage, die sich nur durch sorgfältig angestellte Versuche beantworten läßt. Deshalb suchten wir erst 2 oder 3 erstklassige Schaufler aus, denen wir einen Extralohn zahlten, damit sie zuverlässig und ehrlich arbeiteten. Nach und nach wurden die Schaufellasten verändert und alle Nebenumstände, die mit der Arbeit irgendwie zusammenhingen, sorgfältig mehrere Wochen lang von Leuten, die ans Experimentieren gewöhnt waren, beobachtet. So fanden wir, daß ein erstklassiger Arbeiter seine größte Tagesleistung mit einer Schaufellast von ungefähr 9 1/2 kg vollbrachte". Damit ist das Experimentieren jedoch noch nicht abgeschlossen: Die am besten geeigneten Arbeiter, die Bewegungsabläufe, das Entlohnungssystem usw. – alles dies läßt sich im Prinzip im kontrollierten Experiment bestimmen.

Das *Taylor*sche Experiment ist eingebettet in ein Programm – in ein System strategischer Gestaltungsziele oder Prinzipien (vgl. *Ebbinghaus*, 1984, S. 48 ff.): (1) Trennung von Hand- und Kopfarbeit, denn, so die Annahme, Arbeiter, die über Wissen verfügen, nutzen es aus, um sich die Arbeit so angenehm wie möglich zu gestalten; (2) Vorgabe von Aufgabenvolumina und an deren Erreichung gekoppelte Prämien, um die Arbeiter zu motivieren; (3) systematische Auslese und Anpassung der Arbeiter (weitgehend durch Experimente) und (4) Versöhnung zwischen Arbeitern und Management durch Herrschaft von Experten – die durch Scientific Management erzielte Gewinnsteigerung würde, *Taylor* zufolge, jeden Konflikt um die gerechte Verteilung überflüssig machen.

Aus dem Taylorismus entwickelt sich der **Fordismus**, der vor allem dadurch gekennzeichnet ist, „Werkzeuge wie Arbeiter in der Reihenfolge der bevorstehenden Verrichtungen (anzuordnen), so daß jeder Teil während des Prozesses der Zusammensetzung einen möglichst geringen Weg zurückzulegen hat" (*Ford*, 1923, S. 93). Zwischen den Arbeitsstationen werden „Gleitbahnen oder anderer Transportmittel" eingesetzt.

Die Demonstration des Schnellstahl-Drehens, einer bahnbrechenden Erfindung *Taylor*s, auf der Pariser Weltausstellung von 1900 erregt auch die

Aufmerksamkeit deutscher Ingenieure (vgl. *Burchardt*, 1977, S. 70 ff.). Seine Ausführungen zur Organisation stoßen jedoch zunächst auf ein nur geringes Interesse. „Shop Management" wird erst sechs Jahre nach der Originalausgabe übersetzt (vgl. *Taylor*, 1920, 1. deutsche Aufl. 1909). Das *Taylor*-System wird zwar ansatzweise in Ingenieur-Fachzeitschriften diskutiert, zu Anwendungen in der Industrie kam es jedoch nur in wenigen Fällen – bei *Bosch* etwa, wo deswegen ein Arbeitskampf ausbricht (vgl. *Homburg*, 1978). Wer sich genauer informieren will, muß dies vor Ort tun wie beispielsweise der Verwaltungsrat der Schweizer Firma *Georg Fischer* im Jahre 1906, der den Ingenieur *Messner* mit dem Auftrag in die USA entsendet, die dortigen Gießereien zu untersuchen. Stark beeindruckt, besonders von der fließenden Produktion in der „Western Tube Company" in Illinois, berichtet dieser: „Das gesamte Equipement und wirklich fein bis ins Detail ausgedachte Succession des einzelnen Betriebs wirkt auf den europäischen Gießereimann überwältigend; denn es läßt sich leicht erkennen, wie leicht es möglich wird bei einer solchen Anordnung, die Maximalleistung aus jedem einzelnen Elemente der Fabrikationsanlage herauszubringen und gegenseitig in Harmonie zu bringen, (was) zugleich aber dahin führt, jedem einzelnen Arbeiter klar zu machen, wie wenig er eigentlich im ganzen Betriebe bedeutet, und wie leicht seine Arbeit durch die einer Maschine ersetzt werden kann" (Siegrist, 1981, S. 86 f.).

Mit der Übersetzung von „Principles of Scientific Management" (*Taylor*, 1913) zwei Jahre nach Erscheinen des Originals erhält die **Taylorismus-Rezeption in Deutschland** dann neue Impulse. Das *Taylor*-System wird „germanisiert", d.h. in seiner Ideologie stärker auf die Wertvorstellungen deutscher Unternehmer hin ausgerichtet (vgl. *Guillén*, 1994, S. 91 ff.). So schreibt der *AEG*-Ingenieur *von Moellendorff*, mittels der Taylorisierung könne die Technik „den zähen Schlamm der Interessen" überwinden und in den Dienst der Gemeinschaft treten. *Taylor* erscheine zwar als reiner Technokrat, schreibt er in einem Aufsatz mit dem Titel „Germanische Lehren aus Amerika", doch tatsächlich wolle dieser über das rein Praktische das Intuitive erheben, also „den Willen der Germanen". Eine taylorisierte Volkswirtschaft werde „beseelt sein wie ein taciteisches Germanendorf"; es biete sich eine Chance, die Übel des wirtschaftlichen Liberalismus wie Unordnung, egoistisches Profitdenken, Willkür und Kurzsichtigkeit wirksam zu bekämpfen (vgl. *v. Moellendorff*, 1914). In der Kriegswirtschaft wird das Streben nach Rationalisierung der Produktion, insbesondere der Rüstungsproduktion, verstärkt, wobei tayloristische Methoden immer wieder ins Gespräch gebracht wurden, wegen des Zeit- und Rohstoffmangels jedoch nicht zur Anwendung kommen.

Nach dem Krieg erneuert *von Moellendorff* seine Forderung nach einem „gemeinwirtschaftlichen Taylorismus". Er wird von den Unternehmern heftig kritisiert, findet jedoch Unterstützung bei Technikern, antiliberalen Publizisten und bei seinem Vorgesetzten *Rathenau*. Man sieht angesichts der katastrophalen Wirtschaftslage allgemein die Notwendigkeit, mit dem Taylorismus der todkranken deutschen Volkswirtschaft tatkräftig auf die Beine zu helfen.

Als erster Betriebswirt schaltet sich *Schmalenbach* (1927, S. 503) in diese Diskussion ein, indem er „Rationalisierung" zum „erlösenden Wort" erklärt. Rationalisierung wird, wie *Klaus Mann* beobachtet, in dieser Zeit generell „zur Projektionsfläche für zahllose Zuschreibungen, Sehnsüchte und Verschleierungen, wird zur Zauberformel, die den Spuk beendet, zum Traum, der von den Alpträumen des Krieges und der Inflation befreit, wird zum ‚frommen Tanz' von Pflicht und Nüchternheit und Diensterfüllung, der den Tanz von ‚Hunger und Hysterie, Angst und Gier, Panik und Entsetzen' beendet, wird zum neuen Fieber, das Gesundheit für alle bringt (so der Gewerkschaftsführer *Tarnow*)" (*Freyberg*, 1989).

Schrittmacher der **fordistischen Massenfertigung** in Deutschland ist die elektrotechnische Industrie (vgl. *Wittke*, 1996). Vor allem in neu gegründeten Unternehmen, die Konsumgüter wie Rundfunkgeräte und elektronische Haushaltsgeräte (Waschmaschinen, Staubsauger, Wäschemangler, Kühlschränke) produzieren, wird das Fließverfahren eingeführt. Diese elektronischen Konsumgüter lösen eine große Nachfrage aus, welche dann wieder die Einführung von Methoden der Massenfertigung rechtfertigten.

Die Standesorganisation der Ingenieure, der *Verein Deutscher Ingenieure (VDI)*, wird zum wichtigsten Promotor von Taylorismus und Fordismus. 1918 gründet der *VDI* einen *Ausschuß für wirtschaftliche Fertigung (AWF)*, der sich zunächst der Normung als einer Quelle der Rationalisierung zuwendet (vgl. *Freyberg*, 1989, S. 288 ff.). 1919 setzt dieser einen *Unterausschuß für Zeitstudien* ein. 1924 geht das Arbeits- und Zeitstudium an den *Reichsausschuß für Arbeitszeitermittlung (REFA)* über, der vom *Gesamtverband Deutscher Metallindustrieller* und vom *VDI* eingesetzt worden war. Nach dem Zweiten Weltkrieg wird *REFA* als von Arbeitgeberverbänden und den Gewerkschaften gemeinsam getragener Verein neu gegründet. *REFA* veranstaltet heute noch Kurse und veröffentlicht Leitfäden zur Rationalisierung.

2. Organisation in der frühen Betriebswirtschaftslehre

Die intensive Auseinandersetzung um Rationalisierung und Fabrikorganisation findet in der Betriebswirtschaftslehre „erstaunlich wenig Resonanz" (*Frese*, 1992, S. 79). Eine Ausnahme bildet, wie bereits erwähnt, *Schmalenbach*. Auch wenn er, wie er es rückblickend selbst ausdrückt, nicht nach einer „geschlossenen Lehre der Betriebsorganisation" (*Schmalenbach*, 1948, S. 5) strebte, so äußert er sich doch ausführlich zu Einzelproblemen der Organisation, bspw. zum Problem der **Verrechnungspreise** (1908), zur **Organisation von Großbanken** (1910), zur **Dezentralisation in Großbetrieben** (1948) und, wie erwähnt, zur **Rationalisierung** (1927, interessanterweise in einer Ingenieur-Zeitschrift).

Die **Etablierung** der **Organisationslehre** als **eigenständiges Fach** innerhalb der Betriebswirtschaftslehre kündigt sich mit dem Erscheinen von sechs Büchern zwischen 1928 und 1934 an: 1930 veröffentlicht *Le Coutre* „Betriebsorganisation", 1932 legt *Nordsieck* seine Dissertation „Die schaubildliche Erfassung und Untersuchung der Betriebsorganisation" vor, deren Konzept er in dem 1934 veröffentlichten Buch „Grundlagen der Organisationslehre" weiterentwickelt; 1932 erscheint das Buch „Betriebsorganisation" von *Seidel*, 1934 das Buch „Einführung in die betriebswirtschaftliche Organisationslehre" von *Hennig* und 1934 die Dissertation „Organisation in Wirtschaftsbetrieben" von *Riester*. Alle diese Arbeiten versuchen, vorliegendes Organisationswissen zu systematisieren, in einen theoretischen Rahmen einzugliedern. Bemerkenswert an den Versuchen von *Le Coutre* und *Seidel* ist, daß sie in Abkehr von der stark an der Maschinenmetapher orientierten herrschenden Organisationslehre die Organismusmetapher heranziehen, allerdings ohne größere Auswirkungen auf ihr eigenes Konzept und die mittelfristige weitere Entwicklung des Fachs. *Nordsieck*, zweifelsohne der einflußreichste Autor, macht Analyse und Beschreibung von Aufgabenzusammenhängen zur systematischen Basis der Organisationsgestaltung. Aufgaben für einzelne Stellen ergeben sich durch Ableitung aus der Oberaufgabe. Auch führt *Nordsieck* die Unterscheidung zwischen Aufbau- und Ablauforganisation in die Diskussion ein. „Mit Nordsieck beginnt die klassische betriebswirtschaftliche Organisationslehre ..." (*Frese*, 1992, S. 87).

In den 30er Jahren entdeckten Professoren der Betriebswirtschaftslehre wie *Nicklisch* (1934), *Hennig* (1934), *Kosiol* (1936), *Le Coutre* (1939) die *Zeitschrift für Organisation*, die sich bis auf das Jahr 1898 zurückführen läßt und die das Hausjournal der 1927 gegründeten *Gesellschaft für Organisation* ist, als ein praxisorientiertes Forum (*Bleicher*, 1978).

3. Entwicklungen nach dem Zweiten Weltkrieg

3.1. Die 50er und 60er Jahre: Die Etablierung der Organisationslehre als Fach

Nach dem Zweiten Weltkrieg treiben *Ulrich* (1949) und *Kosiol* (1962), aufbauend auf dem Ansatz *Nordsieck*s, die betriebswirtschaftliche Organisationslehre weiter voran. Es kommt nun auch zur **Gründung** von **Lehrstühlen**, die in ihren Bezeichnungen auf Organisation verweisen. 1960 wird der Lehrstuhl für Öffentliche Betriebe an der Universität Mannheim, den *Grochla* innehat, in einen für Organisation umgewandelt. Es ist der erste Lehrstuhl in Deutschland, der explizit dem Fach Organisation gewidmet ist. 1961 wird *Grochla* auf einen Lehrstuhl für Organisation an der Universität Köln berufen. Bis zum Ende der Dekade werden weitere Lehrstühle mit der Widmung „Organisation" gegründet: Giessen (erster Inhaber: *Bleicher*), München (*Witte*, der vorher den Mannheimer Lehrstuhl übernommen hatte), St. Gallen (*Staerkle*), Berlin (*Schwarz*), Münster (*Wagner*), Augsburg (*Hoffmann*) und Frankfurt (*Laux*).

3.2. Die 70er und 80er Jahre: Einsetzende Diversifikation und Hinwendung zu ökonomischen Ansätzen

Ende der 60er Jahre setzt eine verstärkte **Hinwendung** zu **Problemen** des **Verhaltens** in **Organisationen** ein (welche die betriebswirtschaftliche Organisationslehre noch ausdrücklich ausgeklammert hatte) ein und **damit eine verstärkte Rezeption britischer** und **amerikanischer Organisationstheorien**. Eine 1977 durchgeführte Befragung zeigt, daß 34 von den 38 Antwortenden ihrer Ausbildung auch organisationspsychologische Ansätze zugrunde legen (vor allem solche amerikanischer Provenienz), 22 entscheidungsorientierte Ansätze, wobei sich vor allem der von *Simon* großer Beliebtheit erfreut, und 10 systemtheoretisch-kybernetisch orientierte Ansätze (vgl. *Thom*, 1980, S. 1674).

Hervorzuheben ist auch die **Inangriffnahme empirischer Forschung**. Bahnbrechend ist hier das Anfang der 60er Jahre von *Witte* und seinen Schülern durchgeführte Projekt „Columbus", in dem anhand von Dokumenten (Akten) Entscheidungen von Unternehmen zur Anschaffung von EDV-Systemen rekonstruiert werden (die Veröffentlichungen der 70er Jahre sind zusammengefaßt in *Witte* et al., 1988). In den 70er Jahren findet auch der von England ausgehende situative Ansatz starken Zuspruch, der auf empirischen Vergleichen von Organisationsstrukturen beruht (vgl. *Kieser/Kubicek*, 1992, 1. Aufl. 1976; *Hoffmann*, 1980; *Staehle*, 1976; *Hill* et al., 1974).

Im Zuge der Gründung und Ausweitung betriebswirtschaftlicher Fakultäten wird eine große Zahl weiterer Professuren eingerichtet, die „Organisation" in ihrer Bezeichnung führen (eine häufige Kombination ist „Personalwirtschaft und Organisation"). Erhebungen von *Gaugler* et al., die in regelmäßigen Abständen den Bestand an Hochschullehrerstellen wie auch an potentiellen Bewerbern erfaßte (*Gaugler/Schneider*, 1997, mit bibliographischen Hinweisen auf die früheren Erhebungen) ist zu entnehmen: 1977 gibt es 12 Professuren in der Rubrik „Organisation und Personal" (erst danach werden die beiden Fachgebiete getrennt ausgewertet); 1980 sind es 33 Professuren, die explizit Organisation in ihrer Bezeichnung führen; 1983 steigt die Zahl auf 53 und 1986 auf 57.

In diesen Professuren werden die bereits erwähnten Ansätze fortentwickelt: Vertreter verhaltensorientierter Ansätze greifen verstärkt Fragen der **Arbeitsgestaltung** auf und thematisieren dabei zunehmend den Zusammenhang zwischen Organisationsgestaltung, Motivation und Arbeitszufriedenheit. Auslöser dafür ist nicht zuletzt das 1974 aufgelegte und mit einem großen Finanzvolumen ausgestattete **Programm „Humanisierung der Arbeit"** der Bundesregierung, in dem neben Soziologen und Psychologen auch einige Betriebswirte zum Zuge kommen. In diesem Zusammenhang erfährt auch die Organisationsentwicklung zunehmend Aufmerksamkeit betriebswirtschaftlicher Organisationswissenschaftler (vgl. *Sievers*, 1977; *Gebert*, 1974). Im Rahmen des **situativen Ansatzes** werden in den 80er Jahren weitere empirische Untersuchungen durchgeführt. Es kommt aber zu einer gewissen Ausfaserung dieses theoretischen Konzepts, weil mit sehr unterschiedlichen Hypothesen und Methoden gearbeitet wird, die eine Akkumulation der Erkenntnisse erschweren. Auch erweist sich die Praxisrelevanz dieses Ansatzes als nicht so hoch, wie zunächst angenommen worden war. Der **verhaltensorientierten Entscheidungstheorie** wird angesichts ihrer hohen Reputation in der internationalen Scientific Community (*Simon* erhält 1978 den Nobelpreis) auch von deutschen Organisationswissenschaftlern weiterhin viel Beachtung entgegengebracht und erfährt vor allem durch *Kirsch* (1971) neue konzeptionelle Impulse. Die kybernetisch-systemtheoretische Organisationslehre verliert stark an Bedeutung, wird zum Teil von **evolutionstheoretischen Ansätzen der Selbstorganisation** aufgesogen.

Daneben treten neue Richtungen: **entscheidungslogische Ansätze**, die anknüpfend an die klassische betriebswirtschaftliche Organisationslehre, aber auch an Ansätzen des **Operations Research** mittels stärker (vgl. *Laux/Liermann*, 1987; *Laux*, 1979) oder schwächer (vgl. *Frese*, 1995, 1. Aufl. 1980) formalisierter Modelle eine ökonomische Analyse organisatorischer Gestaltungsprobleme zu leisten versuchen. Im Zuge einer vorübergehenden Tendenz zu quantitativen Modellen werden weitere Spielarten einer **mathematischen Organisationstheorie** (*Schüler*, 1980) ausprobiert.

Evolutionstheoretische Ansätze konzipieren organisatorischen Wandel in Analogie zur biologischen Evolution. Ihre Vertreter gehen davon aus, daß wegen der Komplexität der Organisation und ihrer Umwelt organisatorische Gestalter keine fertigen organisatorischen Lösungen erzeugen können, sondern bestenfalls Lösungsversuche – Variationen – deren Tauglichkeit letztlich die Umwelt im Prozeß der Selektion „ermittelt". Während der **Population Ecology-Ansatz**, der sich in den USA (vor allem in der Organisationssoziologie) einer großen Beliebtheit erfreut, in Deutschland kaum Fuß fassen kann, ist die St. Galler Variante, die u.a. auf Konzepten *Luhmann*s, des **Radikalen Konstruktivismus** und des Begründers des **Ordo-Liberalismus**, *Hajek*, aufbaut (vgl. *Bleicher*, 1991; *Probst*, 1987; *Malik/Probst*, 1981) außerordentlich erfolgreich. Nicht zuletzt durch den Bestseller von *Peters* und *Waterman (*1983) ausgelöst, kommt es in den 80er Jahren auch zu einer verstärkten Beschäftigung mit dem Phänomen der **Organisationskultur** (vgl. *Dülfer*, 1988; *Ebers*, 1985).

Relativ große Beachtung findet die **Neue Institutionenökonomie**, die die **Theorie** der **Verfügungsrechte (Property Rights-Theorie)**, die **Transaktionskostentheorie** und die **Agentur-Theorie (Agency Theory)** umfaßt. Als einer der ersten erkennt *Picot* (1982) das Potential dieses Ansatzes, dessen Rezeption in Deutschland ungefähr im gleichen Tempo zunimmt wie in der übrigen internationalen Scientific Community. Der große Erfolg dieses Ansatzes ist nicht zuletzt auf seinen hohen Abstraktionsgrad zurückzuführen, der bedeutet, daß dieser Ansatz auf viele Phänomene des Wirtschaftslebens angewendet werden kann (rückblickend und zusammenfassend *Picot* et al., 1997). Die **Transaktionskostentheorie** bspw. entwickelt ein Schema, das sich zur Erklärung des Zusammenhangs zwischen den Eigenschaften von Transaktionen (spezifisch, wenig spezifisch; häufig, selten; ungewiß, gewiß) und der Wahl der geeigneten Institutionen zu ihrer Durchführung (Markt, Unternehmen oder Zwischenformen wie Franchising oder Joint Venture) anbietet.

Die **Agentur-Theorie** läßt sich im Prinzip auf alle Probleme anwenden, die dadurch gekennzeichnet sind, daß eine übergeordnete Stelle – ein Prinzipal – eine nachgeordnete Stelle, die über ihre Aufgaben bessere Informationen hat als der Prinzipal und auch ihre eigenen, denen des Prinzipals u.U. entgegenstehenden Interessen verfolgt, durch entsprechende Anreize zu motivieren, aber auch zu kontrollieren versucht. Probleme dieser Art gibt es zuhauf (*Picot* et al., 1997; *Laux*, 1995): Eigentümer und Manager, Unternehmensspitze und Mitarbeiter auf den unteren Ebenen, Mutter- und Tochtergesellschaften, Lizenzgeber und Lizenznehmer, Rektor und Dekane, usw.

Die **Neue Institutionenökonomie** bietet darüber hinaus eine Integration betriebswirtschaftlicher und volkswirtschaftlicher Theoriebildung. Sie ermöglicht einen hohen Grad an – Prestige vermittelnder – Formalisierung, läßt aber auch empirische Überprüfungen zu. Sie verleiht der Organisationstheorie, deren Grenzen zu Soziologie und Psychologie durchlässig zu werden beginnen, eine stärker wirtschaftswissenschaftliche Identität. Alles dies macht die Neue Institutionenökonomie gerade für betriebswirtschaftliche Organisationstheoretiker außerordentlich attraktiv. Daran kann auch die Kritik solcher prominenter Vertreter der Betriebswirtschaftslehre wie *Schneider* (1985) kaum etwas ändern. Auch Theorien unterliegen Modetrends (vgl. *Kieser*, 1997).

3.3. Die 90er Jahre: Ausbau und weitere Diversifikation

Die 90er Jahre sind durch eine weitere Zunahme an Professuren für Organisation gekennzeichnet, wobei vor allem vom Ausbau der Betriebswirtschaftslehre an ostdeutschen Universitäten ein kräftiger Schub ausgeht. 1992 zählen *Gaugler* und *Schneider* 63 und 1995 85 Professuren, die sich explizit der Organisation widmen (mehr, nämlich 111, gibt es nur noch für Marketing). Dieser Ausbau geht einher mit einer **weiter zunehmenden Diversifizierung**.

Wenn man sich die Entscheidungssituation von Forschern vor Augen hält, die zu einem Fachgebiet neu hinzustoßen, ist dies plausibel, denn diese haben im Prinzip zwei strategische Alternativen (solange sie sich in einer abhängigen Stellung befinden, ist ihre Wahlfreiheit allerdings häufig stark eingeschränkt): Entweder sie schließen sich einer Schule an, bspw. der Neuen Institutionenökonomie, die renommiert ist und gleichzeitig noch viel Entwicklungspotential bietet. Oder sie versuchen, die Scientific Community mit neuen Theorien zu beeindrucken. Das ist in der Organisationstheorie viel leichter als in den Naturwissenschaften, etwa in der Physik, wo die Forscher bei der Duchführung ihrer Projekte in einem hohen Maße auf die Verwertbarkeit der Ergebnisse anderer Forscher angewiesen sind und auch darauf, daß andere Forscher die von ihnen erarbeiteten Ergebnisse verwenden können, und die Produktion neuer Ergebnisse einen hohen finanziellen Aufwand verursacht.

Eine beliebte Strategie zur Hervorbringung von Neuem in der Organisationstheorie, ist der Import von Theorien und Methoden aus anderen wissenschaftlichen Feldern. So gibt es in der Organisationstheorie bspw. linguistische (rhetorische), biologische, philosophische, anthropologische und physikalische Importe.

Derzeit ist die **Zersplitterung** der **Organisationstheorie** so groß, daß es schwerfällt, außerhalb der seit längerer Zeit etablierten die bedeutenderen neuen Felder zu identifizieren. Sieht man sich aktuelle Lehrbücher an, in denen ein Überblick über die Entwicklung der Organisationstheorie gegeben wird (vgl. *Ortmann* et al., 1997; *Schreyögg*, 1996; *Walter-Busch*, 1996; *Kieser*, 1995), so scheint es gerechtfertigt, die folgenden neuen Ansätze herauszuheben:

- **kognitiv-systemtheoretische**, worunter auch interpretative oder konstruktivistische zu fassen sind: Diese gehen davon aus, daß Organisation vor allem „in den Köpfen der Organisationsmitglieder stattfindet". Das Wesentliche sind nicht die formalen Strukturen, sondern die Interpretationen, Skripten, Routinen, subjektiven Organisationstheorien, die die Organisationsmitglieder im Kopf haben und die ihr Verhalten in Organisationen bestimmen (vgl. *Kieser*, 1998);

- **postmoderne**: Diese gehen in Fortführung der kognitiv-symbolischen Ansätze von folgenden Annahmen aus (vgl. *Weik*, 1996, S. 382): (1) Es gibt keine „Fakten" an sich: Fakten sind immer vorinterpretiert. (2) Konsens bedeutet Unterdrückung. Eine Entscheidung darüber, wer seine Interpretation zugunsten eines Konsenses aufgeben muß, ist rational nicht zu begründen. (3) Der Prozeß des Interpretierens ist von größerer Bedeutung als die (vollendete) Interpretation. Die Interpretation, die sich der Leser schafft, wird nicht völlig mit der des Autors übereinstimmen, ist aber gleichberechtigt. (5) Eine bestimmte Interpretation blendet andere mögliche Interpretationen aus, deshalb muß die Wissenschaft vor allem bestrebt sein, Differenzen und Dissensen zu herrschenden Interpretationen aufzuzeigen, das Bekannte zu verfremden;

- **neo-institutionelle** (vgl. *Walgenbach*, 1995): Diese gehen davon aus, daß in der Gesellschaft Vorstellungen – Normen – über das angemessene Organisieren existieren, die nicht unbedingt mit effizienten organisatorischen Lösungen identisch sind, an denen Organisationsgestalter aber nicht vorbeigehen können, auch gar nicht wollen, weil die Organisation sonst die Unterstützung ihrer Umwelt verliert.

- **Ansätze**, die die **Organisation** in **Theorien** der **Gesellschaft**, etwa der von *Luhmann* oder *Giddens*, einbetten (vgl. *Ortmann* et al., 1997; *Kirsch/Knyphausen*, 1991).

Bisher wurden vorwiegend Entwicklungen aufgezeigt, die von der Dynamik des sozialen Systems der universitären Forschung und Lehre – von Theoriemoden also – ausgehen. Parallel dazu greifen Organisationswissenschaftler immer auch Probleme auf, die in der **Praxis** virulent sind. In den 70er Jahren waren dies etwa: **Probleme** der **Unternehmensverfassung** (Auslöser: Einführung der Mitbestimmung und andere Aktivitäten des Gesetzgebers) (vgl. *Bleicher/Wagner*, 1993, auch rückblickend; *Gerum* et al., 1988), **Arbeitsgestaltung, Organisationsentwicklung** (Auslöser: Programm Humanisierung der Arbeit); in den 80er Jahren: **Innovation in Organisationen, Unternehmensgründungen** (vgl. *Hauschildt*, 1993) (Auslöser: wirtschaftliche Stagnation), neue Organisationsformen wie **Matrixorganisation, Divisionalisierung, Profit Center-Organisation** (Auslöser: Einführung solcher Strukturen in der Wirtschaft), **Unternehmenskultur** (Auslöser: die Erfolge Japanischer Unternehmen, der Bestseller von *Peters* und *Waterman* (1983)); in den 90er Jahren: **Lean Production, virtuelle Organisation** (vgl. *Kieser*, 1997), **Outsourcing, Netzwerkorganisation** (vgl. *Ebers*, 1997; *Sydow* et al., 1995) **Holding-Organisationen** (vgl. *Bühner*, 1992), **Reengineering, Kundenorientierung** (vgl. *Frese*, 1993) und **organisatorischer Wandel, organisatorisches Lernen** (vgl. *Schreyögg*, 1996; *Osterloh/Frost*, 1996). Eine Analyse der Publikationsaktivitäten in den 90er Jahren zeigt, daß die Probleme der Praxis häufig durch von Unternehmensberatern in Umlauf gebrachten Managementmoden definiert werden (vgl. *Kieser*, 1996). Organisationswissenschaftler schalten sich in diese Diskussion ein, indem sie gängige Moden mehr oder minder theoretisch anreichern und so deren Legitimation erhöhen.

4. Ausblick: Die Diversifikation wird anhalten

Die Zersplitterung der Organisationstheorie wird nicht selten bitter beklagt – nicht nur in Deutschland, sondern auch in den USA (vgl. *Pfeffer*, 1993). Es wird behauptet, daß das Renommee einer Disziplin unter einer solchen Zersplitterung und Unübersichtlichkeit leide, wenn Paradedisziplinen wie die Naturwissenschaften, aber auch benachbarte Disziplinen wie die Volkswirtschaftslehre mit einem wesentlich höheren Grad an **„Paradigmenkonsens"** aufwarten können. Auch würden sich derart zersplitterte Disziplinen in der Konkurrenz mit stärker „konsensuellen" Disziplinen schwertun, **Forschungsmittel** zu akquirieren. Wer investiert schon gerne in eine Disziplin, in der sich die Vertreter kaum darüber einig sind, wie Erkenntnisfortschritt erzielt werden soll?

Für einen Wissenschaftler ist es jedoch in der Regel lohnender, sich existierenden Schulen anzuschließen oder neue Ansätze ins Spiel zu bringen, also die Diversifikation weiterzutreiben, als zwischen Ansätzen zu vermitteln, Ansätze zu integrieren oder bestehende Ansätze argumentativ zu bekämpfen. Die Diversifizierung wird also anhalten. Man muß das aber nicht negativ sehen: Auch die Vielfalt an Theorien bietet Erkenntnis.

Literatur

Babbage, C., On the Economy of Machinery and Manufactures (Neudruck der 4. Aufl. von 1835), London 1993.

Bleicher, K., 75 Jahre Zeitschrift für Organisation, in: Zeitschrift für Organisation, 47. Jg. (1978), S. 429–452.

Bleicher, K., Das Konzept Integriertes Management – Das St. Galler Management-Konzept, Frankfurt 1991.

Bleicher, K., D. Wagner, Unternehmungsverfassung und Spitzenverfassung, in: *J. Hauschildt, O. Grün* (Hrsg.), Ergebnisse empirischer betriebwirtschaftlicher Forschung, Stuttgart 1993, S. 1-24.

Bourcart, J.J., Die Grundsätze der Industrie-Verwaltung. Ein praktischer Leitfaden, Zürich 1874.

Burchardt, L., Technischer Fortschritt und sozialer Wandel. Das Beispiel der Taylorismus-Rezeption, in: *W. Treue* (Hrsg.), Deutsche Technikgeschichte, Göttingen 1977, S. 52–98.

Bühner, R., Management-Holding: Unternehmensstruktur der Zukunft, 2. Aufl., Landsberg am Lech 1992.

Dülfer, E.H., Organisationskultur: Phänomen – Philosophie – Technologie, Stuttgart 1988.

Ebbinghaus, A., Arbeiter und Arbeitswissenschft, Opladen 1984.

Ebers, M., Organisationskultur: Ein neues Forschungsprogramm?, Wiesbaden 1985.

Ebers, M., Explaining inter-organizational network formation, in: *M. Ebers* (Hrsg.), The Formation of Inter-Organizational Networks, Oxford 1997, S. 3–42.

Emminghaus, A., Allgemeine Gewerkslehre, Berlin 1868.

Ford, H., Mein Leben und Werk, Leipzig 1923.

Frese, E., Organisationstheorie, Wiesbaden 1992.

Frese, E., Grundlagen der Organisation, 6. Aufl., Wiesbaden 1995.

Frese, E., Geschäftssegmentierung als organisatorisches Konzept, in: Zeitschrift für betriebswirtschaftliche Forschung, 45. Jg. (1993), S. 999–1024.

v. Freyberg, T., Industrielle Rationalisierung in der Weimarer Republik. Untersucht an Beispielen aus dem Maschinenbau und der Elektroindustrie, Frankfurt am Main 1989.

Gaugler, E., B. Schneider, Entwicklung von Professuren und Habilitationen in der Betriebswirtschaftslehre, in: Die Betriebswirtschaft, 57. Jg. (1997), S. 777–795.

Gebert, D., Organisationsentwicklung, Stuttgart 1974.

George, C.S.J.R., The History of Management Thought, Englewood Cliffs, NJ 1972.

Gerum, E., H. Steinmann, W. Fees, Der mitbestimmte Aufsichtsrat, Stuttgart 1988.

Guillén, M.F., Models of Management. Work, Authority, and Organization in a Comparative Perspective, Chicago 1994.

Hauschildt, J., Innovationsmanagement - Determinanten des Innovationserfogs, in: *J. Hauschildt, O. Grün* (Hrsg.), Ergebnisse empirischer betriebwirtschaftlicher Forschung, Stuttgart 1993, S. 295–326.

Hill, W., R. Fehlbaum, P. Ulrich, Organisationslehre I. Ziele, Instrumente und Bedingungen der Organisation sozialer Systeme, Bern 1974.

Hoffmann, F., Führungsorganisation, Bd. I: Stand der Forschung und Konzeption, Tübingen 1980.

Homburg, H., Anfänge des Taylorsystems in Deutschland vor dem Ersten Weltkrieg, in: Geschichte und Gesellschaft, 4. Jg. (1978), S. 170–194.

Kieser, A.H., Organisationstheorien, Stuttgart 1995.

Kieser, A., From asceticism to administration of wealth. Medieval monasteries and the pitfalls of rationalization, in: Organizations Studies, 8. Jg. (1987), S. 103–124.

Kieser, A., Moden & Mythen des Organisierens, in: Die Betriebswirtschaft, 56. Jg. (1996), S. 21–39.

Kieser, A., Moden & Mythen des Theoretisierens über Organisation, in: *C. Scholz* (Hrsg.), Individualisierung als Paradigma, Stuttgart 1997, S. 235–262.

Kieser, A., Über die allmähliche Verfertigung der Organisation beim Reden. Organisieren als Kommunizieren, in: Industrielle Beziehungen, 5. Jg. (1998), S. 45–75.

Kieser, A., H. Kubicek, Organisation, 3. Aufl., Berlin 1992.

Kirsch, W., Entscheidungsprozesse, 3. Bd.: Entscheidungen in Organisationen, Wiesbaden 1971.

Kirsch, W., D.z. Knyphausen, Unternehmungen als „autopoietische" Systeme, in: *W.H. Staehle, J. Sydow* (Hrsg.), Managmeentforschung 1, Berlin 1991, S. 75–102.

Kocka, J., Industrielles Management, Konzeptionen und Modelle in Deutschland vor 1914, in: Vierteljahresschrift für Wirtschafts- und Sozialgeschichte, 56. Jg. (1969), S. 332–372.

Kosiol, E., Organisation der Unternehmung, Wiesbaden 1962.

Laux, H., Grundfragen der Organisation. Delegation, Anreiz und Kontrolle, Berlin 1979.

Laux, H., Erfolgssteuerung und Organisation 1: Anreizkompatible Erfolgsrechnung, Erfolgsbeteiligung und Erfolgskontrolle, Berlin 1995.

Laux, H., F. Liermann, Grundlagen der Organisation. Die Steuerung von Entscheidungen als Grundproblem der Betriebswirtschaftslehre, Berlin 1987.

Le Coutre, W., Betriebsorganisation, Berlin 1930.

Malik, F., G. Probst, Evolutionäres Management, in: Die Unternehmung, 35. Jg. (1981), S. 122–140.

v. Moellendorff, W., Germanische Lehren aus Amerika, in: Die Zukunft, 1914), S. 323–332.

Nordsieck, F., Die schaubildliche Erfassung und Untersuchung der Betriebsorganisation, Stuttgart 1932.

Nordsieck, F., Grundlagen der Organisationslehre, Stuttgart 1934.

Ortmann, G., J. Sydow, A. Windeler, Organisation als reflexive Strukturation, in: *G. Ortmann, J. Sydow, K. Türk* (Hrsg.), Theorien der Organisation. Die Rückkehr der Gesellschaft, Opladen 1997, S. 315–354.

Osterloh, M., J. Frost, Prozessmanagement als Kernkompetenz, Wiesbaden 1996.

Peters, T., R.H. Waterman, Auf der Suche nach Spitzenleistungen. Was man von den bestgeführten US-Unternehmen lernen kann, Landsberg/Lech 1983.

Pfeffer, J., Barriers to the advancement of organization science: Paradigm development as a dependent variable, in: Academy of Management Review, 18. Jg. (1993), S. 599–620.

Picot, A., Der Transaktionskostenansatz in der Orgfanisationstheorie: Stand der Diskussion und Aussagewert, in: Die Betriebswirtschaft, 42. Jg. (1982), S. 267–284.

Picot, A., H. Dietl, E. Franck, Organisation. Eine ökonomische Perspektive, Stuttgart 1997.

Probst, G., Selbstorganisation: Ordnungsprozesse in sozialen Systemen aus ganzheitlicher Sicht, Berlin 1987.

Schmalenbach, E., Über Verrechnungspreise, in: Zeitschrift für handelswissenschaftliche Forschung, 3. Jg. (1908), S. 165–185.

Schmalenbach, E., Großbankorganisation, in: Zeitschrift für handelswissenschaftliche Forschung, 5. Jg. (1910), S. 372–379.

Schmalenbach, E., Die geschäftliche und finanzielle Seite der Rationalisierung für den einzelnen Betrieb, in: Maschinenbau, 6. Jg. (1927), S. 503–509.

Schmalenbach, E., Pretiale Wirtschaftslenkung. Bd. II: Pretiale Lenkung des Betriebes, Bremen 1948.

Schneider, D., Die Unhaltbarkeit des Transaktionskostenansatzes für die „Markt oder Unternehmung"-Diskussion, in: Zeitschrift für Betriebswirtschaft, 55. Jg. (1985), S. 1237–1254.

Schreyögg, G., Organisation. Grundlagen moderner Organisationsgestaltung, Wiesbaden 1996.

Schüler, W., Mathematische Organisationstheorie, in: Zeitschrift für Betriebswirtschaft, 50. Jg. (1980), S. 1284–1304.

Seidel, K., Betriebsorganisation, Berlin 1932.

Siegrist, H., Vom Familienbetrieb zum Managerunternehmen. Angestellte und industrielle Organisation am Beispiel der Georg Fischer AG in Schaffhausen 1797–1930, Göttingen 1981.

Sievers, B.H., Organisationsentwicklung als Problem, Stuttgart 1977.

Smith, A., Eine Untersuchung über Natur und Wesen des Volkswohlstandes. Bd. 1, 1908, Bd. 2, 1920, Jena 1908.

Staehle, W., Der Situative Ansatz in der Betriebswirtschaftslehre, in: *H. Ulrich* (Hrsg.), Zum Praxisbezug der Betriebswirtschaftslehre in wissenschaftstheoretischer Sicht, Bern 1976, S. 33–50.

Sydow, J., A. Windeler, M. Krebs, A. Loose, B. van Well, Organisation von Netzwerken. Strukturationstheoretische Analysen der Vermittlungspraxis in Versicherungsnetzwerken, Opladen 1995.

Taylor, F.W., Die Grundsätze wissenschaftlicher Betriebsführung, München 1913.

Thom, N., Organisationslehre, Inhalte der, in: *E. Frese* (Hrsg.), Handwörterbuch der Organisation, Stuttgart 1980, S. 1673–1691.

Ulrich, H., Betriebswirtschaftliche Organisationslehre. Eine Einführung, Bern 1949.

Ure, A., The Philosophy of Manufacturers: Or, An Exposition of the Scientific, Moral, and Commercial Economy of the Factory System, London 1835.

Walgenbach, P., Institutionalisitische Ansätze in der Organisationstheorie, in: *A. Kieser* (Hrsg.), Organisationstheorien, Stuttgart 1995, S. 269–302.

Walter-Busch, E., Organisationstheorien von Weber bis Weick, Amsterdam 1996.

Weik, E., Postmoderne Ansätze in der Organisationstheorie, in: Die Betriebswirtschaft, 56. Jg. (1996), S. 379–398.

Witte, E., O. Grün, J.H. Hauschildt, Innovative Entscheidungsprozesse, Stuttgart 1988.

Wittke, V., Wie entstand die Massenproduktion? Die diskontinuierliche Entwicklung der deutschen Elektronikindustrie von den Anfängen der „großen Industrie" bis zur Entfaltung des Fordismus (1880–1975), Berlin 1996.

Geschichte der Personallehren

Prof. Dr. Gertraude Krell

Nach einer vergleichsweise langen Vorgeschichte ist in den 60er Jahren die betriebswirtschaftliche Teildisziplin „Personal" entstanden, die durch eine Vielfalt an programmatischen Orientierungen charakterisiert ist. Nachfolgend wird sowohl die Vorgeschichte als auch die Phase der Etablierung des Fachs als wissenschaftliche Disziplin thematisiert.

1. Drei Vorbemerkungen

Erstens: In den 60er Jahren dieses Jahrhunderts, d.h. erst im letzten Drittel der 100 Jahre, die seit der Gründung der ersten Handelshochschule vergangen sind, hat sich das Fach „Personal" als betriebswirtschaftliche Teildisziplin herausgebildet (siehe Abschn. 3). Deshalb wird in Abschn. 2 zuerst auf die vergleichsweise lange Vorgeschichte zurückgeblickt, in der Personalfragen zunächst außerhalb der Handelshochschulen bzw. der Handelswissenschaft und später im Rahmen der Allgemeinen Betriebswirtschaftslehre thematisiert worden sind.

Zweitens: Vor und nach der Herausbildung einer Speziellen Betriebswirtschaftslehre für „Personal" gilt, daß diese **Gegenstand verschiedener Disziplinen** (z.B. Arbeitswissenschaft, Psychologie, Pädagogik, Rechtswissenschaft, Soziologie, Volkswirtschaftslehre) und theoretischer Ansätze zu unterschiedlichen Objektbereichen (z.B. Arbeitsmarkt-, Führungs-, Organisationstheorien) ist. Deren Erkenntnisse werden – in mehr oder weniger großem Umfang – in die betriebswirtschaftlichen Personallehren eingearbeitet.

Drittens: Für die Wahl der Bezeichnung **Personallehren** sind zwei Aspekte ausschlaggebend: Zum einen wird von Personallehren gesprochen, weil im Fach weitgehend Einigkeit darüber herrscht, daß dieses eher arm an (expliziten) Theorien ist (vgl. z.B. *Wright* u.a., 1992; *Drumm*, 1993). Zum anderen wird der Plural verwendet, weil unterschiedliche programmatische Orientierungen existieren (siehe Abschn. 4; für die BWL insgesamt vgl. dazu *Schanz*, 1998, S. 30 ff., in diesem Buch).

2. Die Vorgeschichte

Hier werden drei Phasen unterschieden (siehe *Tab. 1*). Neben dem **betriebswirtschaftlichen Entwicklungsstrang** wird jeweils beispielhaft der **arbeitswissenschaftliche** und der **soziologische** betrachtet — allerdings nur ausschnitthaft, da sich in diesen (überwiegend an Technischen Hochschulen angesiedelten) Disziplinen sehr facettenreich mit dem Personal beschäftigt worden ist.

2.1. Betriebswirtschaftliche Abstinenz: Die Ära der Handelswissenschaft

Im Lehrplan der *Leipziger Handelshochschule* finden sich u.a. Nationalökonomie, Warenkunde, Wirtschaftsgeographie, Recht und Sprachunterricht, aber – außer der „Arbeiter-Versicherung" – keine das Personal betreffenden Themen (vgl. *Raydt*, 1887, S. 11 ff.). Das gilt auch für die Lehrbücher. Zum Beispiel gibt es in *Schärs* „Allgemeiner Handelsbetriebslehre" nur wenige verstreute Bemerkungen zum Personal als Kostenfaktor und zum Arbeitslohn (vgl. *Schär*, 1911, S. 39 und S. 137).

Eine eher exotische Stellung nimmt in dieser Phase ein Buch mit dem Titel **„Betrieb-Wissenschaft"** ein, dessen Verfasser *Dietrich* (1914) sich zwar von der Handelswissenschaft und der Privatwirtschaftslehre abgrenzt (S. 16 ff.), aber innerhalb der Wirtschaftswissenschaft verortet. Als Gegenstand der Betrieb-Wissenschaft bestimmt er Wesen, Bau und Innenleben der Betriebe (S. 53). Ausgehend von der Idee des Betriebs als (Arbeits-)Gemeinschaft werden Aspekte einer „Betriebs-Ethik" erarbeitet. Damit nimmt *Dietrich* Grundgedanken der gemeinschaftsorientierten Ansätze (siehe Abschn. 2.2) vorweg.

Eine systematische Beschäftigung mit Personalfragen findet an Technischen Hochschulen statt:

Entwicklungs- strang Zeitraum	Betriebswirt- schaftslehre (Handels- hochschulen)	Arbeits- wissenschaft (Technische Hochschulen)	Soziologie
ca. bis 1920		*Emminghaus'* Allgemeine Gewerkslehre Betriebswissen- schaft (z.B. *Schlesinger*) Psychotechnik (z.B. *Münsterberg*)	Erhebungen des *Vereins für Socialpolitik* über Auslese und Anpassung der Arbeiterschaft der geschlossenen Großindustrie
ca. ab 1920 bis 1945	ethisch- normative bzw. gemeinschafts- orientierte Ansätze (*Nicklisch, Fischer*)	*REFA*	Betriebssoziologie als soziale Betriebslehre (*Briefs*)
ca. ab 1945 bis 1960	Diskussion um Verhältnis Mensch/BWL Hauptströmung: *Gutenbergs* faktororientier- ter Ansatz	z.B. Systeme vorbestimmter Zeiten	Forschungen zu Technik, Arbeit, Lohn, Betriebs- verfassung und Mitbestimmung, betriebliche Sozialstruktur etc.

Tab. 1: Vorgeschichte der Personallehren

- *Emminghaus* (1868), Professor an der (späteren) *TH Karlsruhe*, behandelt in seiner **„Allgemeine(n) Gewerkslehre"** u.a. bereits den Arbeitsvertrag, die Entlohnung, die Gewinnbeteiligung, die Arbeitszeit, die Sorge für Gesundheit und Sicherheit, die Sorge für die Wohnungsverhältnisse und die Beschäftigung von Frauen und Jugendlichen.

- Im Rahmen der **Betriebswissenschaft** werden u.a. Fragen der Auswahl, der Aus- und Weiterbildung und der rationellen Arbeitsgestaltung bearbeitet. Diese Vorläuferin der heutigen Arbeitswissenschaft ist stark geprägt durch die „Grundsätze Wissenschaftlicher Betriebsführung" des amerikanischen Ingenieurs *Taylor* (1913) (vgl. dazu auch *Kieser*, 1998, S. 104 ff., in diesem Buch). Der auch als der deutsche *Taylor* bezeichnete *Schlesinger*, Inhaber des ersten Lehrstuhls für Betriebswissenschaft (an der heutigen *TU Berlin*), richtet dort 1918 eine Arbeitsstelle für Psychotechnik ein (vgl. *Schlesinger*, 1920, S. 22 ff.).

• Gegenstand der **Psychotechnik** sind (nach *Münsterberg*, 1912) die „Auslese der geeigneten Persönlichkeiten" durch psychotechnische Eignungsprüfungen und die „Gewinnung bestmöglicher Leistungen", zum einen durch Anlernen und zum anderen durch eine leistungsförderliche Arbeitsgestaltung.

Das Personal ist auch wissenschaftlicher Gegenstand der entstehenden **Soziologie**. Beispielhaft seien die von 1910 bis 1915 veröffentlichten Erhebungen des *Vereins für Socialpolitik* über „Auslese und Anpassung (Berufswahlen und Berufsschicksal) der Arbeiterschaft in der geschlossenen Großindustrie" genannt (ausführlicher: *Dahrendorf*, 1967, S. 29 ff.). Unter Einsatz eines breiten Methodenspektrums (vgl. *Weber*, 1908) wird hier in großem Umfang **empirische Personalforschung** betrieben.

2.2. Der Mensch als Glied der Betriebsgemeinschaft: Die Entwicklung bis 1945

Die ersten Betriebswirte, die sich grundlegend mit dem Personal befassen, sind – mit einer Ausnahme – der **ethisch-normativen** bzw. **gemeinschaftsorientierten Richtung** zuzurechnen.

Zu Beginn der 20er Jahre verkünden Rezensenten, daß endlich ein Betriebswirt eine Monographie zum Thema Mensch und Arbeit vorgelegt hat, und dieses Feld nicht länger amerikanischen Ingenieuren (wie z.B. *Taylor*) und deutschen Betriebswissenschaftlern überlassen bleibt (ausführlicher: *Krell*, 1987). Das von der wissenschaftlichen Gemeinde mit Stolz präsentierte Werk ist *Seyffert*s (1922) Buch **„Der Mensch als Betriebsfaktor"**, das – am Beispiel des Einzelhandels – weite Teile der heutigen Personallehre abdeckt. *Seyffert* ist die o.g. Ausnahme: Im Mittelpunkt seiner Ausführungen steht, wie der Titel verdeutlicht, der Mensch als „Nur-Mittel" (S. 196). Erst am Ende betont er, der Mensch sei nicht nur Mittel, und plädiert – mit Verweis auf *Nicklisch* – für die Durchsetzung des Betriebsgemeinschaftsgedankens.

Nicht nur *Nicklisch* (vgl. z.B. 1932), sondern auch *Fischer*, der 1929 eine weitere Monographie vorlegt (Titel: **„Mensch und Arbeit im Betrieb"**), stellen die Betriebsgemeinschaft in den Mittelpunkt ihrer Lehre (ausführlicher: *Krell*, 1994). Als konstitutiv für die Betriebsgemeinschaft gelten **Mitbestimmung** und **Gewinnbeteiligung**. Hinsichtlich der rückblickenden Bewertung dieser Ansätze scheiden sich die Geister: Für die einen ist die ethisch-normative Lehre bzw. deren Wissenschaftsziel „im wesentlichen guter Vorsatz, bloßes Wunschdenken" und *Nicklisch*s Werk heute „praktisch vergessen" (*Schneider*, 1981, S. 140 und S. 146). Jüngere Forschungsarbeiten verweisen dagegen auf frühe verhaltenswissenschaftliche Ursprünge (vgl. *Deters*, 1992) und bemerkenswerte Übereinstimmungen mit neueren Konzepten vergemeinschaftender Personalpolitik, z.B. mit dem Unternehmenskulturansatz (vgl. *Krell*, 1994).

Außer Frage steht hingegen die enge Verbindung dieser Autoren zur Arbeitswissenschaft: So berichtet z.b. *Fischer* (1931) über die *Hawthorne*-Experimente, die prägend für den **Human Relations-Ansatz** gewesen sind. Es wird aber nicht nur rezipiert. *Nicklisch* richtet an der Mannheimer Hochschule ein wirtschaftspsychotechnisches Laboratorium ein und gründet 1920 eine *Gesellschaft für arbeitswissenschaftliche Forschung* (vgl. *Hummel*, 1936).

Besonders bedeutsam für die Entwicklung der **Arbeitswissenschaft** ist schließlich die 1924 erfolgte Gründung des *„Reichsausschusses für Arbeitszeitermittlung"* (vgl. dazu auch *Kieser*, 1998, S. 104 ff., in diesem Buch). Der *REFA-Verband* hat seither (verbunden mit Namensänderungen) sein Aufgabengebiet beständig ausgeweitet, und die *REFA*-Lehre spielt eine wichtige Rolle für die Personalpraxis.

Richtungweisend für die Entwicklung der **(Betriebs-)Soziologie** ist die Gründung des *„Instituts für Betriebssoziologie und soziale Betriebslehre"* durch *Briefs* im Jahr 1928 an der heutigen *TU Berlin*. Im Mittelpunkt der Arbeit stehen dort Beiträge zur Lösung der sozialen Frage bzw. zur Herstellung des sozialen Friedens, weshalb die Institutsmitglieder zur **Werksgemeinschaftsbewegung** im weiteren Sinne gezählt werden. Nicht nur viele Anhänger der Werksgemeinschaftsbewegung, sondern auch *Nicklisch* als gemeinschaftsorientierter Betriebswirt begrüßen den Nationalsozialismus und stellen ihr Schaffen in dessen Dienste (ausführlicher: *Krell*, 1994).

2.3. „Mensch und Arbeit" in der Betriebswirtschaftslehre nach 1945

Im Jahr 1949 erscheint erstmals die Fachzeitschrift „Mensch und Arbeit" (heute: „Personal – Zeitschrift für Human Resource Management"). Der erste Artikel stammt von *Fischer* (1949), der auch einer der beiden Herausgeber ist, und hat den programmatischen Titel „Der Betrieb – auch eine soziale Gemeinschaft".

Zu Beginn der 50er Jahre entbrennt eine Debatte darüber, ob und gegebenenfalls wie die Betriebswirtschaftslehre das Personal bzw. die sozialen Aspekte des Betriebslebens zu ihrem wissenschaftlichen Gegenstand machen soll (vgl. dazu auch *Schneider*, 1998, S. 1 ff., in diesem Buch). Die einen plädieren für eine Verortung innerhalb der Betriebswirtschaftslehre. *Schmalenbach* z.B. fordert schon 1947 die Einrichtung einer **Speziellen Betriebswirtschaftslehre „Personalwesen"**, für deren Studierende die Fächer Soziologie und Psychologie Pflichtfächer sein müßten. Seiner Vorstellung nach sollte eine betriebswirtschaftliche Personallehre also interdisziplinär orientiert sein. Andere Betriebswirte votieren dagegen für die Etablierung einer **Betriebssoziallehre** neben der Betriebswirtschaftslehre. *Schäfer* (1951), ein Vertreter dieser Position, will eine (m.E. problematische) analytische Trennung vornehmen, und zwar zwischen einer für die sozialen Aspekte zuständigen Betriebssoziallehre und einer Lehre vom Personalwesen, deren Gegenstand die „zum unumstrittenen Bereich" der Betriebswirtschaftslehre gehörenden ökonomischen Aspekte sein sollen.

Als **Hauptströmung** der 50er und frühen 60er Jahre setzt sich jedoch die Verortung der menschlichen Arbeit innerhalb der Allgemeinen Betriebswirtschaftslehre durch, und zwar aus einer rein ökonomischen Perspektive: Gemeint ist *Gutenberg*s (1951) **faktororientierter Ansatz**, den dieser anknüpfend an die Volkswirtschaftslehre (Mikro-Ökonomie) einerseits und die Arbeitswissenschaft (Taylorismus und *REFA*-Lehre) andererseits entwickelt (ausführlicher: *Hundt*, 1977, S. 141 ff.; *Wächter*, 1979, S. 58 ff.). In seinem System produktiver Faktoren unterscheidet *Gutenberg* zwischen menschlicher Arbeit als dispositivem Faktor (Leitung) und als Elementarfaktor (ausführende Arbeit). Als Elementarfaktor wird die menschliche Arbeit auf eine Stufe mit Betriebsmitteln und Werkstoffen gestellt. Im Mittelpunkt der Betrachtung stehen die optimale Ergiebigkeit des Faktors Arbeit und die wirtschaftlich(st)e Faktorkombination.

Abschließend sollen wieder beispielhaft Entwicklungen in der **Arbeitswissenschaft** und der **Soziologie** skizziert werden, die bedeutsam für die Personallehre und -praxis sind: In der (heutigen) „Zeitschrift für Arbeitswissenschaft" werden in den 50er Jahren z.B. die aus den USA stammenden Systeme vorbestimmter Zeiten vorgestellt (vgl. *Haller-Wedel*, 1956), die bis heute wichtig für Arbeitsgestaltung (Bewegungsrationalisierung) und Leistungsentlohnung (Vorgabezeitermittlung) sind. Schwerpunkte betriebs- und industriesoziologischer Forschung sind u.a. das Verhältnis von Technik, Arbeitsorganisation und Entlohnungsform, Fragen der Betriebsverfassung und Mitbestimmung sowie die betriebliche Sozialstruktur (vgl. den Überblick bei *Dahrendorf*, 1967, S. 53 ff.). Die Darstellung der beiden außerbetriebswirtschaftlichen Entwicklungsstränge muß aufgrund der Seitenzahlbeschränkung hier abgebrochen werden.

3. Die Entstehung und Entwicklung der betriebswirtschaftlichen Teildisziplin „Personal"

In der 3. Auflage des Handwörterbuchs der Betriebswirtschaft findet sich erstmals ein Artikel „Personalwesen" (vgl. *Bellinger*, 1960). Als **Geburtsjahr der Teildisziplin** gilt das Jahr 1961, und zwar aufgrund dreier Ereignisse (vgl. *Wunderer*, 1983, S. 219 f.): Erstens ist in diesem Jahr das Thema „Arbeit und Lohn als Forschungsobjekt der Betriebswirtschaftslehre" Gegenstand der Pfingsttagung des *Verbands der Hochschullehrer für Betriebswirtschaft.* Zweitens beendet *Kolbinger* die Arbeit am ersten Personal-Lehrbuch (vgl. *Kolbinger*, 1962). Drittens wird in Mannheim die erste Professur für „Personalwesen und Arbeitswissenschaft" geschaffen und zugleich dieses Fach erstmals als spezielle Betriebswirtschaftslehre in die Prüfungsordnung für Diplomkaufleute aufgenommen. Besetzt wird der Lehrstuhl mit *August Marx*, der Betriebswirt und Theologe ist. Neben einem Buch mit dem Titel „Zur Theologie der Wirtschaft" (*Marx*, 1962) stammen aus seiner Feder vor allem Arbeiten zur Personalplanung (z.B. *Marx*, 1963). Zur programmatischen Orientierung ist festzuhalten, daß sowohl *Kolbinger* als auch *Marx* Vertreter **gemeinschaftsorientierter Ansätze** sind (ausführlicher: *Krell*, 1994).

Nach diesem Start geht es allerdings zunächst, bis etwa Mitte der 70er Jahre, eher langsam voran. 1973 richtet dann der *Verband der Hochschullehrer für Betriebswirtschaft* — auf Anregung *Gaugler*s (vgl. 1997, S. 12), des Nachfolgers von *Marx* — eine **Wissenschaftliche Kommission Personalwesen** ein. Es ist ebenfalls *Gaugler*, der 1975 das „Handwörterbuch des Personalwesens" herausgibt. Die Zahl der **Lehrbücher** steigt sprunghaft an. Auch **neue Fachzeitschriften** erscheinen: Zu der 1968 in „Personal" umbenannten „Mensch und Arbeit" kommen 1968 die von der *Deutschen Gesellschaft für Personalführung (DGFP)* herausgegebene „Personalführung" und 1974 die „Personalwirtschaft". Während diese Zeitschriften in erster Linie an die Praxis adressiert sind, richtet sich die erstmals 1987 erscheinende „Zeitschrift für Personalforschung" vorwiegend an die wissenschaftliche Gemeinde.

Seit Beginn der 80er Jahre werden Inventuren vorgenommen (z.B. von *Ende*, 1982). In Sammelrezensionen zur ersten Generation von Lehrbüchern wird u.a. moniert, daß das programmatische „Vorturnen in den grundlegenden Kapiteln" oft überraschend konsequenzenlos für die weiteren Ausführungen bleibe (vgl. *Staehle/Karg*, 1981, S. 85) und daß „von Ökonomie nur Spurenelemente" auffindbar seien (vgl. *Wunderer/ Mittmann*, 1983). Zehn Jahre später wird in einer Sammelbesprechung (vgl. *Sadowski* u.a., 1994) ein „ökonomischer Silberstreif am Horizont" erblickt.

4. Programmatische Orientierungen von Personallehren im Überblick

Die Fragen, wieviel Ökonomie die Personallehren enthalten bzw. enthalten sollten, spiegeln eine Facette der Diskussion über die programmatische Orientierung der Disziplin. Von dieser Diskussion, die seit der Entstehung des Fachs und in letzter Zeit verstärkt geführt wird, zeugen Sammelbände (vgl. z.B. *Weber*, 1996; *Martin/Nienhüser*, 1998) und andere Überblicksbeiträge (vgl. z.B. *Wächter*, 1992).

Die „Gretchenfrage" hat lange Zeit **„ökonomische oder verhaltenswissenschaftliche Orientierung?"** gelautet. In einer kürzlich an deutschsprachigen Universitäten durchgeführten Befragung geben von 43 Personal-Professoren und -Professorinnen 81 Prozent an, ihr Lehrangebot sei verhaltenswissenschaftlich und 19 Prozent, es sei (mikro-)ökonomisch orientiert (vgl. *Kyriakidou/Knoll*, 1997, S. 313). Daß die – zusätzlichen – Angaben für „multidisziplinär" und „sonstige" zusammen 45 Prozent ergeben, wirft die Frage auf, ob die Polarisierung „Ökonomie vs. Verhaltenswissenschaft" weiterhin die Orientierungsdiskussion dominieren sollte (vgl. dazu auch *Alewell*, 1996; *Weibler*, 1996, und der zu diesen Beiträgen geführte *DBW*-Dialog).

Der hier vorgelegte Klassifizierungsversuch (siehe *Tab. 2*) ist zum einen an den in Lehrbüchern und programmatischen Beiträgen verwendeten

	Personal-wesen	Personalwirtschaft		Personal-management	Personal-politik
traditionelle Orientierung	als Sammel-begriff für die Funktio-nen Personal-politik, Personal-führung, Personal-verwaltung (*Potthoff*, 1974)	faktororientierter Ansatz (*Gutenberg*, 1951) (*Ridder*, 1996)		als strate-gischer Erfolgs-faktor (HRM) (z.B. *Tichy* u.a., 1982)	als moni-stischer Ansatz (z.B. *Hax*, 1977)
Neu-Orientierung	als umfas-sender Begriff für die Per-spektiven Personal-management, Personal-ökonomie, Personal-politik (*Neuberger*, 1997)	Personal-ökonomie (z.B. *Sadowski*, 1991)	Personal-wirtschaft verhaltens-wiss. angereichert (z.B. *Schanz*, 1993; *Drumm*, 1995)	als erfolgs- und verstän-digungs-orientiertes Handeln (*Steinmann/ Kühlmann*, 1991) bzw. als fairer Kompromiß zwischen Kapitalgeber- und Mit-arbeiter-zielen (*Berthel*, 1995)	als plura-listischer Ansatz (*v. Eckardstein/ Schnellinger*, 1978; *Krell*, 1996)

Tab. 2: Programmatische Orientierungen von Personallehren im Überblick

Bezeichnungen für das Fach „Personal" orientiert, vorausgesetzt, daß deren Wahl begründet wird. Zum anderen werden jeweils eine **traditio-nelle** und eine **Neu-Orientierung** unterschieden. Wie auch bei anderen Klassifizierungsversuchen (vgl. z.B. *Drumm*, 1993, S. 679) können damit nicht alle Personallehrenden „in eine Schublade gesteckt" werden – und sollen es auch nicht. Vielmehr geht es mir darum, unterschiedliche Posi-tionen quasi idealtypisch herauszuarbeiten.

Die älteste Bezeichnung des Faches ist die als Lehre vom Personal-**wesen**. Damit wird in der Regel keine spezifische Orientierung verbun-den, sondern Personalwesen wird verwendet als Sammelbegriff für die „Gesamtheit von Maßnahmen, die zur Behandlung der im Betriebe tätigen Menschen erforderlich sind" (*Potthoff*, 1974, S. 9) und untergliedert in Personalpolitik, -führung und -verwaltung. Eine programmatische Begründung für „-wesen" stammt von *Hax* (1977, S. 20): Es han-dele sich um einen „terminologischen Kunstgriff", um die mit „Personalwirtschaft" verbundene bedenkenerweckende (s.u.) Analogie zu Material- und Anlagenwirtschaft zu vermeiden. Nachdem die Bezeichnung seit den 80er Jahren immer seltener verwendet wird – laut *Wächter* (1992, S. 316) gilt sie „wohl als zu angestaubt" – veröffentlicht *Neuberger* 1997 ein Lehrbuch „Personalwesen". Diese Titelwahl begründet er damit, daß „dieser Begriff der umfassendste ist, der alle anderen zu subsumieren erlaubt" (S. 8). Er verwendet – und dies ist eine Neuorientierung der Untergliederung – Personalwesen als Oberbegriff für Personalmanagement, -ökonomie und -politik (S. 11 ff.). Im folgenden stehen die drei Etiketten nicht für Teilmengen, sondern synonym für „Personalwesen", d.h. als Bezeichnungen für das Fach insgesamt.

Die traditionelle Lehre von der Personal**wirtschaft** stammt von *Gutenberg*. „Personalwirtschaft" spiegelt sein Faktorsystem wider. Die erste Generation von Vertretern des Fachs „Personal" setzt sich jedoch vor allem kritisch mit *Gutenberg*s Ansatz auseinander: Moralische Kritik äußert z.B. *Staehle* (1975, S. 716 f.), der von einem „Zwei-Klassen-Modell des Menschen" spricht und die Gleichstellung des arbeitenden Menschen mit den sachlichen Elementarfaktoren als „inakzeptabel" anprangert. Analytische Kritik formuliert z.B. *Wächter* (1979, S. 58), der bemängelt, das Verhalten der Träger der objektbezogenen Arbeit werde bei *Gutenberg* nur unvollständig beschrieben. Die mit der *Gutenberg*-Kritik einhergehende verhaltenswissenschaftliche Öffnung ist vermutlich Ursache der „Ökonomiearmut" der ersten Personal-Lehrbücher. Positiv gewürdigt wird *Gutenberg*s Ansatz dagegen von *Ridder* (z.B. 1996), der sein Lehrprogramm daran orientiert – allerdings auch verhaltenswissenschaftliche Erkenntnisse einbezieht.

Grundsätzlich lassen sich mit Blick auf die Neuorientierung einer Lehre von der Personalwirtschaft zwei Entwicklungsstränge unterscheiden:

• Zum einen wird eine **verhaltenswissenschaftlich angereicherte Personalwirtschaftslehre** vertreten. Als Begründung dafür, daß er trotz der – auch im Untertitel ausgewiesenen – verhaltenswissenschaftlichen Orientierung diesen Titel wählt, führt *Schanz* (1993, S. 30) an: „Personalwirtschaftslehre" lasse besonders deutlich hervortreten, daß es sich um ein Teilgebiet der Betriebswirtschaftslehre handele und daß es notwendig sei, „den Personaleinsatz auch an (ökonomischen *G.K.*) Effizienzkriterien zu orientieren". Entscheidend ist hier das Wort „auch": Weil das Personal – z.b. bei *Drumm* (1995) – nicht nur als „Leistungsträger", sondern auch als „Träger von Bedürfnissen und Werten" betrachtet wird, gehen verhaltenswissenschaftlich orientierte Personalwirtschaftslehren davon aus, daß zur ökonomischen Effizienz eine zweite Zielkomponente hinzukommt. *Marr* und *Stitzel* (1979, S. 57 ff.) bezeichnen diese als soziale Effizienz und bestimmen sie inhaltlich als Erfüllung der Erwartungen, Bedürfnisse und Interessen der Mitarbeiter. Offen bzw. strittig ist, ob diese beiden Zielkomponenten gleichberechtigt nebeneinander stehen (vgl. dazu auch *Neuberger*, 1990).

• Zum anderen gibt es die an der Neuen Institutionenökonomie orientierte Lehre von der **Personalökonomie** (vgl. z.b. *Backes-Gellner*, 1996, S. 300 ff.). Ihrem Vordenker zufolge zielt diese im Kern darauf, „dem Wettbewerb angemessene Investitionsstrategien in die Leistungsfähigkeit und Leistungsbereitschaft des Personals zu finden" (*Sadowski*, 1991, S. 135); Grundkategorien seien deshalb Humankapital und Organisationskapital. Dies verdeutlicht auch, worin die gegenüber *Gutenberg* vorgenommene Neuorientierung besteht: Das Personal avanciert vom Kostenfaktor zum Humankapital, bleibt aber einem ökonomischen Kalkül unterworfen.

Verbunden mit einer verhaltenswissenschaftlichen Orientierung ist das derzeit am häufigsten verwendete Etikett das einer Lehre vom Personalmanagement. Mit dieser Begriffswahl soll betont werden, daß es sich um ein Teilgebiet einer übergreifenden Managementlehre handelt (vgl. z.b. *Steinmann/Kühlmann*, 1991, S. 668 f.). Die traditionelle Variante einer Lehre vom Personalmanagement ist das aus den USA stammende **Human Resource Management** (HRM) (vgl. z.b. *Tichy* u.a., 1982). Als Stärke des HRM gilt, daß das Personal als wichtigste strategische Ressource angesehen und deshalb das Personalmanagement einheitlich konzipiert und strategisch ausgerichtet wird. HRM wird aber auch kritisch rezipiert (vgl. den Überblick bei *Oechsler*, 1994, S. 21 f.): Als „Hauptschwäche" gilt die einseitige Orientierung an Kapital- bzw. Arbeitgeberinteressen.

Angesichts dessen wird von einigen Autoren eine Neuorientierung der Lehre vom Personalmanagement vorgenommen. Beispielhaft seien hier genannt:

• *Steinmann* und *Kühlmann* (1991), die Personalmanagement als erfolgs- und verständigungsorientiertes Handeln begreifen und

• *Berthel* (1995, S. 9), der von der „wertende(n) Grundvoraussetzung" ausgeht, daß im Konfliktfall „faire Kompromisse" zwischen den Zielen der Shareholder und denen der Beschäftigten als Stakeholder gesucht werden.

Personal**politik** wird traditionellerweise verstanden als „Verhalten der Organisation gegenüber den von ihr beschäftigten Mitarbeitern" (*Hax*, 1977, S. 13). In seinem Lehrbuch „Personalpolitik der Unternehmung" definiert *Hax* diese als „Teil der Unternehmenspolitik" (S. 20) und „Angelegenheit der Unternehmensleitung". Er knüpft zwar an die o.g. Dreigliederung *Potthoffs* an (S. 21), thematisiert aber sowohl die Personalführung als auch die Personalverwaltung (letztere unter der Überschrift „Instrument der Personalpolitik").

Diese traditionelle Orientierung wird von *von Eckardstein* und *Schnellinger* (1978, S. 6 ff.) als monistischer Ansatz bezeichnet und als realitätsfern kritisiert, vor allem weil aufgrund der gesetzlich fixierten Mitbestimmungsrechte auch die Interessenvertretung der Beschäftigten Träger der betrieblichen Personalpolitik ist. Deshalb wird der traditionellen monistischen Orientierung als Neuorientierung ein pluralistischer Ansatz gegenübergestellt. Eine pluralistische Lehre von der Personalpolitik begreift Organisationen als interessenpluralistische Gebilde und als Herrschaftsgebilde. Analysen und Gestaltungsempfehlungen fokussieren die interessengeleiteten (Ver-)Handlungen unterschiedlicher Akteure sowie die in personalpolitischen Instrumenten und Verfahren geronnenen Interessen spezifischer Akteursgruppen (ausführlicher: *Krell*, 1996, S. 26 ff.).

Diese Klassifizierung soll den Blick darauf lenken, daß es neben der Grundfrage „ökonomische oder verhaltenswissenschaftliche Orientierung?" noch andere gibt: „Personal als (nur) Mittel/Objekt oder (auch) Subjekt/Akteur?" bzw. „Interessenmonismus oder -pluralismus?".

Literatur

(a) Primärquellen zur Vorgeschichte

Dietrich, R., Betrieb-Wissenschaft, München, Leipzig 1914.
Emminghaus, A., Allgemeine Gewerkslehre, Berlin 1868.
Fischer, G., Mensch und Arbeit im Betrieb, Stuttgart 1929.
Fischer, G., Betriebspsychologische Untersuchungen bei der Western Electric Company Inc. (USA), in: Der Organisator, 13. Jg. (1931), S. 207–210.
Fischer, G., Der Betrieb – auch eine soziale Gemeinschaft, in: Mensch und Arbeit, 1. Jg. (1949), S. 2–5.
Gutenberg, E., Grundlagen der Betriebswirtschaftslehre. Bd. 1: Die Produktion, Berlin, Göttingen, Heidelberg 1951.
Haller-Wedel, E., Elementar-Bewegungen als Grundlage für Arbeitsstudien, in:

Zentralblatt für Arbeitswissenschaft und soziale Betriebspraxis, 10. Jg. (1956), 1. Teil, S. 1–7, 2. Teil, S. 20–28, 3. Teil, S. 36–47.

Hummel, O., Die Entwicklung der Verwaltungslehre durch Nicklisch, in: *O. Hummel, K. Rößle, C. Sandig, K. Schmaltz, W. Schuster, R. Schweizer, H. Seischab, R. Seyffert* (Hrsg.), Heinrich Nicklisch und sein Werk. Eine Aufsatzfolge als Festgabe zum 60. Geburtstage, Stuttgart 1936, S. 21–23.

Münsterberg, H., Psychologie und Wirtschaftsleben, Leipzig 1912.

Nicklisch, H., Die Betriebswirtschaft, Stuttgart 1932.

Raydt, H., Zur Begründung einer Handels-Hochschule in Leipzig – Denkschrift – im Auftrag der Handelskammer zu Leipzig, Leipzig 1897 (Neudruck: Leipzig 1991).

Schäfer, E., Betriebswirtschaftslehre und soziale Betriebslehre – Eine Entgegnung, in: ZfB - Zeitschrift für Betriebswirtschaft, 21. Jg. (1951), S. 110–111.

Schär, J.F., Allgemeine Handelsbetriebslehre, Leipzig 1911.

Schlesinger, G., Psychotechnik und Betriebswissenschaft, Leipzig 1920.

Schmalenbach, E., Neue Aufgaben der Betriebswirtschaftslehre, in: Betriebswirtschaftliche Beiträge. 1. Lieferung 1947, S. 3–8.

Seyffert, R., Der Mensch als Betriebsfaktor. Eine Kleinhandelsstudie, Stuttgart 1922.

Taylor, F.W., Die Grundsätze wissenschaftlicher Betriebsführung, Berlin 1913.

Weber, M., Methodische Einleitung für die Erhebungen des Vereins für Socialpolitik über Auslese und Anpassung (Berufswahlen und Berufsschicksal) der Arbeiterschaft der geschlossenen Großindustrie, in: *Weber, M.*, Gesammelte Aufsätze zur Soziologie und Sozialpolitik, Tübingen 1908, S. 1–60.

(b) Sekundärliteratur zur Vorgeschichte

Dahrendorf, R., Industrie- und Betriebssoziologie, 4. Aufl., Berlin 1967.

Deters, J., Verhaltenswissenschaftliche Ursprünge in der Betriebswirtschaftslehre, in: *W.H. Staehle, P. Conrad* (Hrsg.), Managementforschung 2, Berlin, New York 1992, S. 39–110.

Hundt, S., Zur Theoriegeschichte der Betriebswirtschaftslehre, Köln 1977.

Krell, G., Personaltheorie in historischer Perspektive: Rudolf Seyfferts „Der Mensch als Betriebsfaktor", in: ZfP - Zeitschrift für Personalforschung, 1. Jg. (1987), S. 299–320.

Krell, G., Vergemeinschaftende Personalpolitik: Normative Personallehren, Werksgemeinschaft, NS-Betriebsgemeinschaft, Betriebliche Partnerschaft, Japan, Unternehmenskultur, München, Mering 1994.

Schneider, D., Geschichte betriebswirtschaftlicher Theorie, München, Wien 1981.

(c) Literatur zur Entstehung, Entwicklung und programmatischen Orientierung der Teildisziplin „Personal"

Alewell, D., Zum Verhältnis von Arbeitsökonomik und Verhaltenswissenschaften, in: DBW - Die Betriebswirtschaft, 56. Jg. (1996), S. 667–683.

Backes-Gellner, U., Personalwirtschaftslehre – eine ökonomische Disziplin, in: *W. Weber* (Hrsg.), Grundlagen der Personalwirtschaft. Theorien und Konzepte, Wiesbaden 1996, S. 297–315.

138   *Gertraude Krell*

Bellinger, B., Personalwesen, in: *H. Seischab, K. Schwantag* (Hrsg.), Handwörterbuch der Betriebswirtschaft, 3. Aufl., Bd. III, Stuttgart 1960, Sp. 4314–4323.

Berthel, J., Personal-Management. Grundzüge für Konzeptionen betrieblicher Personalarbeit, 4. Aufl., Stuttgart 1995.

Drumm, H.J., Personalwirtschaft – Auf dem Weg zu einer theoretisch-empirischen Personalwirtschaftslehre?, in: *J. Hauschildt, O. Grün* (Hrsg.), Ergebnisse empirischer betriebswirtschaftlicher Forschung, Stuttgart 1993, S. 673–712.

Drumm, H.J., Personalwirtschaftslehre, 3. Aufl., Berlin, Heidelberg, New York, Tokyo 1995.

v. Eckardstein, D., F. Schnellinger, Betriebliche Personalpolitik, 3. Aufl., München 1978.

Ende, W., Theorien der Personalarbeit im Unternehmen. Darstellung, kritische Würdigung und Vorschläge zu einer Neuorientierung, Königstein/Ts. 1982.

Gaugler, E. (Hrsg.), Handwörterbuch des Personalwesens, Stuttgart 1975.

Gaugler, E., Personalmanagement seit dem Ende des Zweiten Weltkriegs, in: *E. Gaugler, W.A. Oechsler* (Hrsg.), Herausforderungen an das Personalmanagement in Gegenwart und Zukunft, Mannheim 1997, S. 1–30.

Hax, K., Personalpolitik der Unternehmung, Reinbek 1977.

Kolbinger, J., Das betriebliche Personalwesen, 2 Bände, Stuttgart 1962.

Krell, G., Orientierungsversuche einer Lehre vom Personal, in: *W. Weber* (Hrsg.), Grundlagen der Personalwirtschaft. Theorien und Konzepte, Wiesbaden 1996, S. 19–37.

Kyriakidou, D., L. Knoll, Personalwirtschaftliche Ausbildung an deutschsprachigen Universitäten, in: Personal, 49. Jg. (1997), S. 310–314.

Marr, R., M. Stitzel, Personalwirtschaft. Ein konfliktorientierter Ansatz, München 1979.

Martin, A., W. Nienhüser (Hrsg.), Die theoretische Erklärung der Personalpolitik, München, Mering 1998.

Marx, A., Zur Theologie der Wirtschaft, Wien 1962.

Marx, A., Die Personalplanung in der modernen Wettbewerbswirtschaft, Baden-Baden 1963.

Neuberger, O., Der Mensch ist Mittelpunkt. Der Mensch ist Mittel. Punkt. Acht Thesen zum Personalwesen, in: Personalführung, o.Jg. (1990), S. 3–10.

Neuberger, O., Personalwesen 1. Grundlagen, Entwicklung, Organisation, Arbeitszeit, Fehlzeiten, Stuttgart 1997.

Oechsler, W.A., Personal und Arbeit, Einführung in die Personalwirtschaft unter Einbeziehung des Arbeitsrechts, 5. Aufl., München, Wien 1994.

Potthoff, E., Betriebliches Personalwesen, Berlin, New York 1974.

Ridder, H.-G., Personalwirtschaftslehre als ökonomische Theorie, in: *W. Weber* (Hrsg.), Grundlagen der Personalwirtschaft. Theorien und Konzepte, Wiesbaden 1996, S. 317–339.

Sadowski, D., Humankapital und Organisationskapital – Zwei Grundkategorien einer ökonomischen Theorie der Personalpolitik in Unternehmen, in: *D. Ordelheide, B. Rudolph, E. Büsselmann* (Hrsg.), Betriebswirtschaftslehre und ökonomische Theorie, Stuttgart 1991, S. 127–141.

Sadowski, D., U. Backes-Gellner, B. Frick, N. Brühl, K. Pull, M. Schröder, C. Müller,

Weitere 10 Jahre Personalwirtschaftslehren – ökonomischer Silberstreif am Horizont, in: DBW - Die Betriebswirtschaft, 54. Jg. (1994), S. 397–410.

Schanz, G., Personalwirtschaftslehre. Lebendige Arbeit in verhaltenswissenschaftlicher Perspektive, 2. Aufl., München 1993.

Staehle, W.H., Die Stellung des Menschen in neueren betriebswirtschaftlichen Theoriesystemen, in: ZfB - Zeitschrift für Betriebswirtschaft, 45. Jg. (1975), S. 713–724.

Staehle, W.H., P.W. Karg, Anmerkungen zu Entwicklung und Stand der deutschen Personalwirtschaftslehre, in: DBW - Die Betriebswirtschaft, 41. Jg. (1981), S. 83–90.

Steinmann, H., T.M. Kühlmann, Sieben Thesen zur Lehre im Fach Personalmanagement, in: DBW - Die Betriebswirtschaft, 51. Jg. (1991), S. 667–673.

Tichy, N.M., C.J. Fombrun, M.A. Devanna, Strategic Human Resource Management, in: Sloan Management Review, Vol. 23 (1982), S. 47–61.

Wächter, H., Einführung in das Personalwesen, Herne, Berlin 1979.

Wächter, H., Vom Personalwesen zum Strategic Human Resource Management, in: *W.H. Staehle, P. Conrad* (Hrsg.), Managementforschung 2, Berlin, New York 1992, S. 313–340.

Weber, W. (Hrsg.), Grundlagen der Personalwirtschaft. Theorien und Konzepte, Wiesbaden 1996.

Weibler, J., Ökonomische vs. verhaltenswissenschaftliche Ausrichtung der Personalwirtschaftslehre — Eine notwendige Kontroverse?, in: DBW - Die Betriebswirtschaft, 56. Jg. (1996), S. 649–665.

Wright, P.M., K. Rowland, W. Weber, Konzeptionen des Personalwesens, in: *E. Gaugler, W. Weber* (Hrsg.), Handwörterbuch des Personalwesens, 2. Aufl., Stuttgart 1992, Sp. 1139–1154.

Wunderer, R., Entwicklungstendenzen im Personalwesen. Beurteilung aus theoretischer und praktischer Warte, in: DBW - Die Betriebswirtschaft, 43. Jg. (1983), S. 217–236.

Geschichte der Finanzwirtschaftslehre: Finanzierungstheorie

Prof. Dr. Wolfgang Breuer

Die Entwicklung der Finanzierungstheorie wird von ihren Anfängen bis hin zu den jüngsten Ansätzen skizziert. Während es zu Beginn vor allem um Fragen der Kapitalbedarfsermittlung ging, rückte später das Ziel der kapitalkostenminimalen bzw. marktwertmaximalen Unternehmensfinanzierung in den Vordergrund. Ausgehend vom Irrelevanztheorem von *Modigliani* und *Miller*, wurde zunächst die Bedeutung von Steuern und Insolvenzkosten für Finanzierungsentscheidungen demonstriert. Ab Mitte der siebziger Jahre gewannen informationsökonomische Überlegungen an Relevanz. Finanzierungsmaßnahmen wurden hierbei als Mittel glaubwürdiger Bindung der unternehmerischen Entscheidungsträger gegenüber Kapitalgebern und zuletzt auch gegenüber Konkurrenten auf den Produktmärkten interpretiert. Jüngste Arbeiten betonen die Bedeutung der mit Finanzierungsmaßnahmen einhergehenden Allokation von Verfügungsrechten auf die einzelnen beteiligten Subjekte.

1. Gegenstand betrieblicher Finanzwirtschaft

Gegenstand der **betrieblichen Finanzwirtschaft** sind alle Maßnahmen der Beschaffung und Verwendung monetärer Mittel im Rahmen einer Unternehmung. Aktivitäten zur **Mittelbeschaffung** bezeichnet man auch als **Finanzierungsmaßnahmen**, Aktivitäten zur **Mittelverwendung** als **Investitionsmaßnahmen**. Die beiden großen Teilgebiete betrieblicher Finanzwirtschaft sind dementsprechend die betriebswirtschaftliche **Finanzierungs-** und **Investitionstheorie**. Zur Durchführung von Finanzierungsaktivitäten werden von Unternehmen **Finanzierungstitel** emittiert, die ihren Erwerbern Anwartschaften auf zukünftige Einzahlungen verbürgen. Daher werden Anleger bereit sein, für den Erwerb solcher Finanzierungstitel bei deren Ausgabe durch die Unternehmung einen positiven **Preis** zu zahlen. Die der Unternehmung damit zufließenden Mittel können sodann investiv verwendet werden.

Den Markt, auf dem Finanzierungstitel von Unternehmen plaziert und gehandelt werden, nennt man **Kapitalmarkt**. Weil die Möglichkeiten der Mittelbeschaffung von den Verhältnissen auf diesem bestimmt werden, ist die Untersuchung der dort gebildeten **Preise** ein weiterer wichtiger Bestandteil betrieblicher Finanzwirtschaft. Man nennt diesen dritten Bereich auch **Kapitalmarkttheorie**. Da der Kapitalmarkttheorie im Rahmen der betrieblichen Finanzwirtschaft eine **Servicefunktion** bei der Lösung von Finanzierungs- und Investitionsfragen zukommt, wird in diesem und einem nachfolgenden Beitrag schwerpunktmäßig nur auf die Entwicklung der beiden Teilgebiete Finanzierungs- und Investitionstheorie eingegangen.

2. Das Grundproblem der Finanzierung

Die Finanzierungstheorie hat die Aufgabe, folgende Frage für eine Unternehmung zu beantworten: Durch den Einsatz welcher **Finanzierungsinstrumente** soll der **Mittelbedarf** einer Unternehmung gedeckt werden? Um sie zu beantworten, benötigt man

(1) die Kenntnis **möglicher Finanzierungstitel**, die zur Deckung des unternehmerischen Mittelbedarfs herangezogen werden können,

(2) die Kenntnis des **Mittelbedarfs** einer Unternehmung und

(3) eine **Regel**, um aus der Vielzahl denkbarer Finanzierungsalternativen eine Auswahl zu treffen.

3. Die Anfänge der Finanzierungstheorie

Am Anfang jeder Theorie steht eine **Systematisierung** des jeweiligen Untersuchungsgegenstands. Den Beginn der Finanzierungstheorie kennzeichnet dementsprechend die **Beschreibung** möglicher Finanzierungsalternativen. Es überrascht deswegen nicht, daß in den ersten großen Beiträgen zur Unternehmensfinanzierung die systematisierende Auflistung der damaligen Finanzierungsinstrumente einen **Hauptbestandteil** bei der Erörterung finanzwirtschaftlicher Fragen bildete (vgl. z.B. *Schmalenbach*, 1915, S. 177 ff.) Die Wurzeln der heute üblichen Klassifikationen wurden damals in den Anfängen der Betriebswirtschaftslehre begründet, und jeder Studierende beginnt seine Beschäftigung in der Regel genau dort, wo auch die Gelehrten in den ersten Jahrzehnten dieses Jahrhunderts mit ihren Untersuchungen begannen. Jedem Studierenden wird deswegen die Unterscheidung von **Eigen-** und **Fremdfinanzierung** einerseits sowie von **Außen-** und **Innenfinanzierung** andererseits geläufig sein.

Erstere stellt auf die Frage ab, ob Mittel von Gesellschaftern oder aber Gläubigern der Unternehmung zur Verfügung gestellt wurden. Die zweite geht auf die Frage zurück, ob Mittel von Kapitalgebern neu zugeführt oder aber im Rahmen des betrieblichen Umsatzprozesses verdient und einbehalten wurden.

Einen der wichtigsten Forschungsgegenstände in den frühen Jahren der Betriebswirtschaftslehre bildeten überdies Fragen der **externen Rechnungslegung**. Es lag daher nahe, den Mittel- oder Kapitalbedarf einer Unternehmung zunächst auf der Grundlage von Bilanzdaten zu bestimmen. Am wenigsten Energie wurde zu Anfang auf die Fundierung von **Auswahlregeln** zur Bestimmung geeigneter Finanzierungsweisen verwandt. Im wesentlichen beschränkte man sich auf die Formulierung von **bilanzorientierten Faustregeln**, die die Einhaltung bestimmter **Relationen** zwischen verschiedenen Posten der Aktiv- und der Passivseite und innerhalb der Passivseite einer Unternehmung forderten und deren Wurzeln bis ins 19. Jh. zurückreichen (vgl. *Hübner*, 1854, S. 28 f.)

Augenscheinlich waren andere betriebswirtschaftliche Fragestellungen für die junge Wissenschaft zunächst von größerer Bedeutung als eine tiefergehende Diskussion von Finanzierungsproblemen. Insbesondere wurde Finanzierungsmaßnahmen lediglich eine **Unterstützungsfunktion** für die eigentliche betriebliche Aufgabe der Gütererstellung zugestanden. Daher genügte es, wenn durch Finanzierungsmaßnahmen stets eine **hinreichende Mittelausstattung** der Unternehmung gewährleistet wurde (vgl. z.B. *Rieger*, 1928, S. 176). Die **Mittelherkunft** war von eher **zweitrangiger** Bedeutung.

Doch wurde immerhin recht schnell deutlich, daß zwischen **Bilanzpositionen** und künftigen **Einzahlungsüberschüssen** oder **Auszahlungsdefiziten** einer Unternehmung nur ein recht **loser Zusammenhang** besteht. Auch wenn man die Aufgabe der Finanzierung in der

Sicherstellung einer ausreichenden Mittelausstattung von Unternehmungen zur Erfüllung ihrer Aufgabe der Gütererstellung sah, konnte man doch die Notwendigkeit einer **adäquateren Ermittlung** des Kapitalbedarfs einer Unternehmung nicht leugnen. Um deren Mittelbedarf im Zeitablauf sachgerecht vorauszuschätzen, erwies es sich als erforderlich, zu dessen Prognose unmittelbar an **zahlungsorientierten Größen** anzusetzen (vgl. hierzu insbesondere *Mülhaupt*, 1966, S. 57 ff.). Die **pagatorische** Kapitalbedarfsrechnung entwickelte sich, ohne daß sich jedoch in gleicher Weise ein neues Auswahlkriterium für das Treffen unternehmerischer Finanzierungsentscheidungen ergab. Dazu war es nötig, daß ein **neues Problembewußtsein** entstand, das nun auf die Beantwortung der Frage abzielte, wie sich eine Unternehmung möglichst „kostengünstig" finanzieren kann.

4. Die Transformationsfunktion von Finanzierungsmaßnahmen

Unter einem **Kapitalkostensatz** versteht man den einer Gruppe von Kapitalgebern für eine bestimmte Mittelüberlassung (mindestens) zu gewährenden **Erwartungswert** der **Verzinsung** der von ihnen überlassenen Mittel. Frühe wichtige Beiträge zur Bedeutung und Ermittlung von Kapitalkostensätzen gehen auf *Solomon*, 1955, und *Gordon/Shapiro*, 1956, zurück. Der **Gesamt-** oder **durchschnittliche Kapitalkostensatz** einer Unternehmung gibt an, welche erwartete Verzinsung auf **alle** einer Unternehmung überlassenen Mittel in ihrer Gesamtheit gewährt werden muß. Es leuchtet intuitiv ein, daß von mehreren Finanzierungsformen diejenige gewählt werden sollte, die am „kostengünstigsten" ist, bei der also die Kapitalkosten der Unternehmung minimal werden. Tatsächlich versuchte man mit Hilfe dieses Ansatzes zu einer besseren Fundierung von **Auswahlregeln** für Finanzierungsmaßnahmen zu gelangen. Erforderlich wurde dies, weil der wachsende **Konkurrenzdruck** auf den Gütermärkten dazu führte, daß die Frage der Kosten verschiedener Finanzierungsformen zunehmend bedeutsam wurde (vgl. *Schmidt/Terberger*, 1997, S. 35 f.). Ermöglicht wurde die bessere Fundierung dadurch, daß die Betriebswirtschaftslehre im Stile der volkswirtschaftlichen Mikroökonomik zunehmend auf **Optimierungskalküle** zurückgriff, um unternehmerische Entscheidungen zu unterstützen. Die Kostenminimierung im Produktionsbereich fand in der **Kapitalkostenminimierung** des Finanzierungsbereichs ihre angemessene Entsprechung.

Tatsächlich läßt sich die Zielsetzung der Kapitalkostenminimierung auch **theoretisch** untermauern, ist doch die Minimierung des Gesamtkapitalkostensatzes unter bestimmten Bedingungen **äquivalent** zur **Maximierung** des Marktwertes aller Finanzierungstitel einer Unternehmung, den man auch kurz den **Marktwert** der Unternehmung nennt (vgl. z.B. *Hax*, 1993, Sp. 1079 ff.; *Breuer*, 1998, S. 48 ff.). Maximale Emissionserlöse lassen sich dann bei kapitalkostenminimaler Finanzierung erreichen.

Um die Kapitalkosten **gering** zu halten, war es erforderlich, deren **Abhängigkeit** von bestimmten **Finanzierungsformen** zu ermitteln. Dies erwies sich als kein leichtes Unterfangen, und im wesentlichen beschränkte man sich zunächst darauf, mittels **Plausibilitätsüberlegungen** Kapitalkostenverläufe zu beschreiben (vgl. z.B. die Argumentation bei *Gutenberg*, 1969, S. 208 ff.). Den Hintergrund bildete die Vorstellung, daß sich eine Unternehmung bei der Ausgestaltung und Kombination von Finanzierungstiteln an den **Zeit-** und **Risikopräferenzen** ihrer Kapitalgeber zu orientieren hatte. Durch die Wahl einer bestimmten Finanzierungsform wurde der Gesamtzahlungsstrom aus der unternehmerischen Tätigkeit in **heterogene Parten** mit unterschiedlicher Zeit- und Risikostruktur aufgeteilt. Je **besser** eine Unternehmung den **Präferenzen** der Kapitalgeber bei der Finanzierungsentscheidung entsprach, desto **höher** sollten der **Preis** der emittierten Finanzierungstitel und damit desto **niedriger** der durchschnittliche **Kapitalkostensatz** der Unternehmung sein. Finanzierungsmaßnahmen im Sinne einer Partenteilung wurde damit eine **Transformationsfunktion** zugesprochen (vgl. insbesondere *Arnold*, 1964).

So plausibel diese Überlegungen klingen, fehlte es doch an einer tieferen **Begründung** für bestimmte **Kapitalkostenverläufe** je nach gewählter Finanzierung. Weil diese letzten Endes auf die Zeit- und Risikopräferenzen der Kapitalgeber zurückzuführen waren, erwies es sich als notwendig, explizit die **Einbettung** einer Unternehmung in den **Kapitalmarktkontext** zu berücksichtigen.

5. Die Kritik von *Modigliani* und *Miller*

Zunächst untersuchte man Finanzierungsentscheidungen von Unternehmen auf der Grundlage eines **vollkommenen** Kapitalmarktes.

Ein solcher läßt sich kurz durch die folgenden drei Eigenschaften charakterisieren:

(1) **Rationalverhalten** im Sinne von (Erwartungs-) Nutzenmaximierung aller Marktteilnehmer,

(2) **Mengenanpasserverhalten**, d.h. Ermittlung des Verhaltens unter der Annahme gegebener Preise, und

(3) Fehlen von **Transaktionskosten** (inkl. Steuern) und damit insbesondere auch von Kosten der Informationsbeschaffung oder -verarbeitung.

Schon 1930 hatte *I. Fisher* die Konsequenzen eines **vollkommenen** Kapitalmarktes bei **Sicherheit** für das Investitions- und Konsumverhalten von Wirtschaftssubjekten analysiert. Tatsächlich ergab sich aus seiner Analyse indirekt auch, daß auf einem vollkommenen Kapitalmarkt bei sicheren Erwartungen **unternehmerische Finanzierungsentscheidungen** ohne Bedeutung für die Nutzenmaximierung der Wirtschaftssubjekte sind. Eine **Transformationsfunktion** von unternehmerischen Finanzierungsentscheidungen unter dem Aspekt intertemporaler Konsumallokation hätte somit sehr früh **verneint** werden müssen. Wenngleich leicht aus *Fisher*s Ansatz herleitbar, wurde diese Implikation von ihm selbst jedoch tatsächlich **nicht** explizit formuliert.

Erst mit einem Beitrag von *Modigliani* und *Miller* aus dem Jahre 1958 wurde die Frage nach der Relevanz unternehmerischer Finanzierungsentscheidungen auf **vollkommenem** Kapitalmarkt einer eigenständigen Analyse unterzogen. In gewisser Weise handelte es sich bei deren Überlegungen um eine **Erweiterung** des *Fisher*-Modells auf eine Entscheidungssituation bei **Risiko**. *Modigliani* und *Miller* gelang hierbei der vielbeachtete **Nachweis**, daß auf einem vollkommenen Kapitalmarkt bei Risiko der Marktwert der Unternehmung und damit die durchschnittlichen Kapitalkosten ceteris paribus unabhängig vom unternehmerischen Verschuldungsgrad, also vom Verhältnis des Ausmaßes der Fremd- zum Ausmaß der Eigenfinanzierung, sind.

Später konnte gezeigt werden, daß sich auf vollkommenem Kapitalmarkt die Irrelevanz nicht nur des Verschuldungsgrads, sondern **jedweder** Finanzierungsentscheidung für den Marktwert einer Unternehmung herleiten läßt (vgl. *Schall*, 1972, S. 13; *Hax*, 1982, S. 58 f.) Auf vollkommenem Kapitalmarkt kommt Finanzierungsentscheidungen damit grundsätzlich keinerlei bewertungsrelevante Transformationsfunktion zu.

Wie aber ließ es sich erklären, daß eine explizite Ausrichtung von Finanzierungsmaßnahmen an den Zeit- und Risikopräferenzen von Kapitalgebern von diesen **nicht** durch Senkung ihrer geforderten erwarteten Renditen honoriert wurde? Der Grund hierfür ist letztlich darin zu sehen, daß **jeder Kapitalgeber** durch entsprechende **Kapitalmarkttrans-**

aktionen, also durch den Kauf oder Verkauf von Finanzierungstiteln, zeit- und zustandsabhängige Zahlungspositionen entsprechend seinen Präferenzen **selbst** aufbauen kann. Eine **Unternehmung,** die durch ihre Finanzierungsentscheidungen derartige **Transformationsfunktionen** anbietet, ist **nicht erforderlich,** weil der Kapitalmarkt diese in gleich guter Form zur Verfügung stellt. Aus heutiger Sicht wird der Beitrag von *Modigliani* und *Miller* (1958) als einer der **Meilensteine** der Finanzierungstheorie angesehen und häufig gar mit deren eigentlichem Beginn gleichgesetzt.

6. Finanzierungsentscheidungen unter Berücksichtigung von Steuern und Insolvenzkosten

Natürlich lösten die Irrelevanzergebnisse von *Modigliani* und *Miller* in der Folgezeit umfangreiche Diskussionen aus, standen sie doch im Widerspruch zur augenscheinlich gegebenen praktischen Relevanz von unternehmerischen Finanzierungsentscheidungen. Nachfolgende Autoren versuchten deswegen, Bedingungen zu ermitteln, unter denen Finanzierungsentscheidungen doch eine gewisse Bedeutung zugesprochen werden kann. Zunächst griff man hierzu auf **finanzierungsabhängige Steuern** und **Insolvenzkosten** zurück.

Schon *Modigliani* und *Miller* (1958 und 1963) wiesen selbst darauf hin, daß Fremdfinanzierung aus steuerlichen Gründen in der Regel **günstiger** als Eigenfinanzierung sein wird. Präziser formuliert, ist es möglich, die ungewissen Zahlungen einer Unternehmung an den Fiskus ebenfalls zu **bewerten.** Der Marktwert dieser Zahlungen wird nun in der Regel mit wachsendem Verschuldungsgrad **abnehmen.**

Beispielsweise liegt ein solcher Fall dann vor, wenn Unternehmen einer eigenständigen, bei den Kapitalgebern der Unternehmung nicht anrechenbaren **Ertragsteuer** unterliegen, bei der **Zinszahlungen** auf Forderungstitel die Bemessungsgrundlage **schmälern,** wie etwa in der Analyse von *Modigliani* und *Miller* (1958 und 1963) zugrunde gelegt wurde. Unter derartigen Bedingungen ergibt sich bei gleichbleibenden, gesamten unsicheren Einzahlungsüberschüssen ein **höherer** Marktwert der bei den Kapitalgebern verbleibenden Zahlungen, wenn eine Unternehmung ihren Verschuldungsgrad **erhöht.**

Dafür muß man jedoch in Kauf nehmen, daß mit **wachsendem Verschuldungsgrad** normalerweise die Gefahr der unternehmerischen **In-**

solvenz wächst. Die Möglichkeit, daß es zu einer solchen kommt, führt an sich noch nicht zur Modifikation der Irrelevanztheoreme. Dazu muß dieser Zustand einhergehen mit zusätzlichen Auszahlungen für die Durchführung eines Insolvenzverfahrens **(direkte Insolvenzkosten)** und/oder reduzierten Einzahlungen infolge des Abwanderns von Kunden und Arbeitnehmern, die wegen dieses Ereignisses mit einer höheren Liquidationswahrscheinlichkeit der Unternehmung rechnen und sich deswegen beizeiten nach einem neuen Lieferanten bzw. Arbeitgeber umschauen **(indirekte Insolvenzkosten)**.

Insgesamt ergibt sich damit als Folge der Insolvenz eine Verringerung der bei den Kapitalgebern verbleibenden Einzahlungsüberschüsse. Ceteris paribus ist es von Vorteil, den **Marktwert** dieser Reibungsverluste zu **minimieren**. Dies erfordert allerdings eine **reine Eigenfinanzierung**, die aus steuerlicher Sicht wiederum von Nachteil ist. Wägt man nun beide Effekte aus einer Verschuldungsgradvariation ab, so kann man sich leicht vorstellen, daß es ein **inneres Optimum** gibt, durch das der (eindeutig) optimale Verschuldungsgrad beschrieben wird (vgl. z.B. *Kraus/Litzenberger*, 1973).

Wenngleich damit eine Lösung für das durch den Beitrag von *Modigliani* und *Miller* (1958) aufgeworfene Irrelevanzproblem gefunden schien, waren die **Schwächen** dieses Lösungsansatzes doch offensichtlich: Zum einen war es unbefriedigend, die Existenz von Fremdfinanzierung allein durch **steuerliche** Aspekte zu erklären: Ohne steuerliche Bevorzugung dürfte es bei der angestellten Überlegung nur rein eigenfinanzierte Unternehmen geben. Zum anderen wurde auch kritisiert, daß eine Insolvenz **kaum** zu signifikanten Insolvenzkosten führen dürfte. Denn erstens war die Höhe zusätzlicher Auszahlungen im Falle einer Insolvenz nach empirischen Untersuchungen nicht sonderlich hoch (vgl. z.B. *Warner*, 1977), und zweitens wurde bezweifelt, daß als Folge einer Insolvenz Kunden und Arbeitnehmer in erheblichem Maße abwandern sollten: Insolvenz bedeutet nämlich nur **Zahlungsunfähigkeit** einer Unternehmung und läßt insofern **keinerlei** Schlüsse auf deren **Fortführungswürdigkeit** und damit Liquidationsbedürftigkeit zu (vgl. *Haugen/Senbet*, 1978). Es leuchtet ein, daß die Irrelevanzbehauptung insgesamt damit noch **nicht** hinreichend **widerlegt** war.

7. Finanzierungsentscheidungen und Informationsübermittlung

Ein überaus fruchbarer Ansatz zur Analyse unternehmerischer Finanzierungsentscheidungen entwickelte sich in der Mitte der siebziger Jahre, als man zum ersten Male den **ungleichen Informationsstand** von Unternehmensleitung und Kapitalgebern in die Analyse einbezog. In der Regel wird man davon ausgehen müssen, daß die Unternehmensleitung über **Informationen** verfügt, die den externen Kapitalgebern nicht oder jedenfalls **nicht kostenlos** zur Verfügung stehen. Insbesondere werden den externen Kapitalgebern die **Fähigkeiten** und **Handlungen** der Geschäftsführung nicht zu jedem Zeitpunkt genauestens bekannt sein. Mit dieser Erkenntnis wurde offenbar, daß unternehmerische Finanzierungsentscheidungen Funktionen wahrnehmen, die zuvor überhaupt nicht beachtet wurden und nicht einfach durch friktionsfreien (anonymen) Sekundärmarkthandel von Finanzierungstiteln substituiert werden können, nämlich die der **Informationsübermittlung** und **Verhaltensbeeinflussung**.

So wurde zum einen ab Mitte der siebziger Jahre der Frage Aufmerksamkeit geschenkt, inwiefern die Unternehmensleitung ihre Finanzierungsentscheidungen als **Signal** zur Übermittlung ihrer besseren Informationen hinsichtlich der **Ertragskraft** einer Unternehmung nutzen kann. Allgemein spricht man hierbei von **Signalling- und Screening-Ansätzen**, deren Wurzeln im Bereich der Arbeitsökonomik liegen (vgl. *Spence*, 1973), die aber schon bald auch Eingang in finanzierungstheoretische Betrachtungen fanden. Frühe Beiträge hierzu stammten von *Ross* (1977) und *Leland/Pyle* (1977).

Letztere führten aus, daß das Ausmaß der **externen Beteiligungsfinanzierung** eines Unternehmers **Rückschlüsse** auf die aus der unternehmerischen Tätigkeit **erwarteten Erträge** zuläßt: Ein Unternehmer, der die Ertragskraft seiner Unternehmung **hoch** einschätzt, wird eher bereit sein, einen **großen** Teil der Finanzierung der erforderlichen Anfangsauszahlungen aus eigenen Mitteln zu bestreiten und damit auf eine grundsätzlich vorteilhafte **Risikostreuung** seiner Mittel durch Anlage am Kapitalmarkt zu **verzichten**, als jemand, der von eher ungünstigen Ertragsaussichten ausgeht. Externe Beteiligungsgeber können damit aus der jeweils angebotenen **Beteiligungsquote** auf die **Güte** der Unternehmung schließen.

In der Folgezeit wurde eine unüberschaubare Fülle von Beiträgen veröffentlicht, die sich mit der Informationsübermittlungsfunktion von Finanzierungsentscheidungen beschäftigte. Natürlich wurde auch Kritik geübt (vgl. etwa *Swoboda*, 1982, S. 714 ff.). Hervorzuheben ist insbesondere der Einwand, daß sich durch eine **reine Informationsübermittlungsfunktion** in vielen Signalling- oder Screening-Beiträgen die **Relevanz** von unternehmerischen Finanzierungsentscheidungen **nicht** begründen läßt (vgl. z.B. *Hartmann-Wendels*, 1986, speziell zur Relevanz der Dividendenpolitik als Informationsinstrument). Denn eine **erfolgreiche Übermittlung** erfordert, daß mit verschiedenen Finanzierungsformen **unterschiedlich** hohe Kosten verbunden sind, die **verhindern**, daß schlechte Unternehmen die **gleiche** Finanzierungsentscheidung treffen wie gute. In vielen, wenngleich nicht allen Beiträgen zur Informationsübermittlung durch unternehmerische Finanzierungsentscheidungen wird dieses Erfordernis derart berücksichtigt, daß unternehmerische Finanzierungsentscheidungen hierbei schon bei **Informationssymmetrie** aufgrund anderer (Ad-hoc-)Unvollkommenheit Relevanz besitzen (eine **Ausnahme** bildet etwa der Ansatz von *Hartmann-Wendels*, 1990).

Im Ansatz von *Leland/Pyle* bestanden die Kosten der Signalisierung in dem **Verzicht** auf Risikostreuung des Unternehmers. Sie waren für einen Unternehmer mit schlechten Ertragsaussichten höher als für einen mit guten, so daß es sich für schlechte Unternehmer als nachteilig herausstellte, eine ähnlich hohe Selbstfinanzierungsquote wie ihre Kollegen mit guten Ertragsaussichten zu realisieren. Auch im Falle der **Informationssymmetrie** zwischen Unternehmern und Kapitalgebern wäre die Wahl der externen Beteiligungsquote damit aber schon **nicht irrelevant**. Vielmehr würden bei symmetrischer Informationsverteilung alle Unternehmer solche (hohen) externen Beteiligungsquoten anstreben, daß sich für sie selbst **größtmögliche Diversifikationseffekte** durch das Halten eines breit gestreuten Portefeuilles unsicherer Wertpapiere ergäben.

Wenngleich sich Informationsübermittlung damit sehr häufig nur als eine **derivative Funktion** von Finanzierungsmaßnahmen erweist, gelang es mit diesen Ansätzen immerhin, wertvolle Einblicke in eine denkbare **Motivation** für unternehmerische Finanzierungsentscheidungen zu gewinnen.

8. Finanzierungsentscheidungen und Verhaltensbeeinflussung

8.1. Die glaubwürdige Bindung gegenüber Kapitalgebern als Ziel

Ungefähr zeitgleich mit der Relevanz der Frage, wie Finanzierungsmaßnahmen zur Informationsübermittlung dienen können, erkannte man, daß **Finanzierungsentscheidungen** in unterschiedlicher Weise **Anreize** für bestimmte **Verhaltensweisen** der Unternehmensführung schaffen (vgl. *Jensen/Meckling*, 1976, sowie *Myers*, 1977). Grundsätzlich muß davon ausgegangen werden, daß externe Kapitalgeber nicht in der Lage sind, das **Verhalten** der Geschäftsführung **vollständig** zu beobachten. Aus der auch in dieser Hinsicht bestehenden asymmetrischen Informationsverteilung ergibt sich für jene ein **Verhaltensspielraum**, der von dieser opportunistisch, d.h. im **Eigeninteresse**, ausgenutzt werden kann. Es ist ohne weiteres möglich, daß die Zielsetzungen der Geschäftsführung dabei mit den Wünschen der externen Kapitalgeber **kollidieren**, so daß bestimmte, aus Sicht der Unternehmensleitung **vorteilhafte** Verhaltensweisen sich als **schädlich** für die externen Kapitalgeber herausstellen. Man spricht deswegen auch von **Fehlanreizen**.

Entscheidend war, daß **unterschiedliche** Formen der Finanzierung mit verschiedenen Verhaltensanreizen für die Unternehmensleitung einhergehen. **Fremdfinanzierung** erhöht etwa die Bereitschaft auf seiten des Unternehmers zum Treffen **riskanter Investitionsentscheidungen**, da im Falle des Erfolgs die hohen Zusatzerträge vor allem dem Beteiligungstitel haltenden Unternehmer zufließen, während Fremdkapitalgeber am Mißerfolg durch Ausfall ihrer Forderungen partizipieren. **Externe Beteiligungsfinanzierung** hingegen erhöht für einen Unternehmer den Anreiz, seinen **Arbeitseinsatz** zu **reduzieren**, da die aus seinen Arbeitsanstrengungen fließenden Zusatzerträge mit den übrigen Inhabern der Beteiligungstitel geteilt werden müssen.

Die externen Kapitalgeber werden die **Konditionen** für die Mittelüberlassung am **antizipierten Verhalten** der Unternehmensleitung ausrichten, und daher hat diese ex ante (d.h. **vor** der Finanzierungsentscheidung) grundsätzlich ein **Eigeninteresse** an der Wahl einer solchen Finanzierung, durch die die hieraus resultierenden **Fehlanreize** möglichst **begrenzt** werden. Finanzierungsmaßnahmen wurden als Mittel der

glaubwürdigen Bindung an bestimmte Verhaltensweisen gegenüber externen Kapitalgebern erkannt. Wegen der **unterschiedlichen** Fehlanreize von Fremd- und Eigenfinanzierung bestand die Hoffnung, daß man durch diese Überlegungen in die Lage versetzt werden könnte, Aussagen über einen **optimalen Verschuldungsgrad** herzuleiten.

Diese Überlegungen erwiesen sich als außerordentlich fruchtbar und führten zu vielfältigen **neuen Einsichten** in unternehmerische Finanzierungsentscheidungen. Insbesondere gelang es hiermit auch zum ersten Mal, **Finanzinstitutionen** wie etwa Banken zu erklären (vgl. *Diamond*, 1984). Gleichzeitig wurde aber auch deutlich, daß die Komplexität der Anreizwirkungen unterschiedlicher Finanzierungsmaßnahmen kaum die Herleitung **allgemeingültiger** Schlüsse zuließ. So viel man auch mit einem Male zu erklären wußte, so wenig taten sich Möglichkeiten zur Herleitung grundsätzlicher Verhaltensempfehlungen auf.

Überdies zeigte sich Mitte der achtziger Jahre, daß die mit Finanzierungsmaßnahmen einhergehenden Anreize **nicht** immer als „**schädlich**" für die an einer Unternehmung Beteiligten aufzufassen waren. Vielmehr durfte man bestimmte **Verhaltensanreize** durchaus **positiv** beurteilen, wenn man ihre Konsequenzen auf einem **oligopolistisch** strukturierten **Absatzmarkt** einer Unternehmung in den Kalkül einbezog.

8.2. Die glaubwürdige Bindung gegenüber Konkurrenten als Ziel

Als eine der ersten wiesen *Brander* und *Lewis* (1986) darauf hin, daß man Finanzierungsmaßnahmen auch als Mittel zur **glaubwürdigen Bindung** an bestimmte Verhaltensweisen auf dem **oligopolistischen Absatzmarkt** einer Unternehmung auffassen kann. Beispielsweise steigert ein hoher Verschuldungsgrad die Bereitschaft von Unternehmern zur Durchführung **riskanter Handlungsalternativen**. Dies wiederum kann auf dem oligopolistischen Produktmarkt zu einem besonders **aggressiven Absatzverhalten** führen, durch das Konkurrenten quasi in die nachteilige Rolle von *Stackelberg*-Folgern gedrängt werden. Neben die glaubwürdige Bindung gegenüber Kapitalgebern trat die Aufgabe von Finanzierungsmaßnahmen, die Unternehmensführung hierdurch gegenüber **Konkurrenten** auf dem Produktmarkt glaubwürdig an bestimmte Verhaltensweisen zu binden.

Viele „Fehlanreize" aus Finanzierungsmaßnahmen mußten in der Folge mit einem Male in einem neuen Licht gesehen werden. Die Analyse der

Beziehungen zwischen Kapital- und Produkmarktentscheidungen ist bis heute eines der beiden **wichtigsten Untersuchungsziele** im Rahmen der Unternehmensfinanzierung geblieben.

Eine **zweite**, nach wie vor aktuelle **Untersuchungsrichtung** ergab sich aus der Erkenntnis, daß Finanzierungsmaßnahmen nicht nur zur Verhaltenssteuerung der Unternehmensführung dienen, sondern auch bestimmen, wer **Entscheidungskompetenz** erhält, durch **wen** also die Unternehmung überhaupt „geführt" wird.

9. Finanzierungsmaßnahmen und Allokation von Verfügungsrechten

Immer dann, wenn Verträge dergestalt „unvollständig" sind, daß nicht für jede **denkbare Entwicklung** bereits heute festgelegt wird, wie **Handlungsspielraum** genutzt werden soll, muß man einem oder einer Gruppe von Vertragspartnern das Recht einräumen, nach Gutdünken flexibel auf die zukünftige Umweltentwicklung zu reagieren. Das heißt, es werden besondere **Verfügungsrechte** und die damit verbundene **Entscheidungskompetenz** eingeräumt.

Die Notwendigkeit zu derartiger unvollständiger Vertragsgestaltung ergibt sich zum einen aus den **Kosten** der Beobachtung künftiger Größen, von denen Verhalten abhängig gemacht werden kann. Dabei resultieren Probleme bereits dann, wenn zwischen den unmittelbar Beteiligten (Kapitalgeber und Unternehmensführung) in Zukunft stets eine **symmetrische Informationsverteilung** vorliegt, **außenstehende Dritte** (z.B. Gerichte) eine unternehmensbezogene Zustandsentwicklung jedoch nicht kostenlos beobachten können, so daß zuvor getroffene Vereinbarungen zwischen den unmittelbar Beteiligten **nicht zwangsweise** durchgesetzt werden können. Ein weiterer Grund für die Unvollständigkeit von Verträgen selbst bei allgemein symmetrischer Informationsverteilung kann sich aus den **Kosten** der (Ex-ante-)Formulierung **hinreichend differenzierter** Verträge für die erwünschten Verhaltensweisen je nach künftiger Umweltentwicklung ergeben (vgl. hierzu z.B. *Hart*, 1990).

Auch **Finanzierungsmaßnahmen** dienen der **Verteilung** von **Verfügungsrechten**. Während zuvor vor allem die **Zahlungsstruktur** von Finanzierungstiteln und deren Verhaltenswirkung auf die Unternehmensführung betrachtet wurden, rückte nun die bislang weitgehend unbeachtete Frage in den Vordergrund, wie sich durch Finanzierungsmaßnahmen **Verfügungsrechte** effizient den einzelnen Beteiligten **zu-**

ordnen lassen. Erst mit Hilfe dieses Ansatzes konnten fundierte Erklärungen für die ökonomische Bedeutung unternehmerischer **Insolvenztatbestände** oder für die gängige **Zuordnung** von jeweils **einer** Stimme zu **einer** (Stamm-) Aktie gefunden werden. **Insolvenz** wurde nämlich nun als **zustandsabhängige Übertragung** von Verfügungsrechten auf die Fremdkapitalgeber interpretiert, durch die Vertragslücken geschlossen werden sollen (vgl. *Aghion/Bolton*, 1992). Die vorherrschende Zuordnung von je **einer** Stimme zu je **einer** Aktie ließ sich aus dem Motiv der Gewährleistung **effizienter Unternehmensübernahmen** erklären, für die ebenfalls in der Regel a priori keine vertragliche Vereinbarung getroffen werden kann (vgl. *Grossman/Hart*, 1988; *Harris/Raviv*, 1988).

Methodisch führte die Analyse effizienter Allokation von Verfügungsrechten insofern zu einer Veränderung der Sichtweise, als hierbei typischerweise **nicht** von **gegebenen** Finanzierungstiteln ausgegangen wurde, sondern sich deren Eigenschaften **endogen** aus dem Modellkontext ergaben. Zwar lagen schon zuvor vereinzelt Ansätze vor, mit denen man Charakteristika real zu beobachtender Finanzierungstitel als Ergebnis eines Optimierungskalküls zu begründen versuchte (vgl. insbesondere *Gale/Hellwig*, 1985). Doch wurde eine **eigene Forschungsrichtung** in Form des „**Security Design**" erst im Zusammenhang mit der Theorie unvollständiger Verträge begründet. Die Forschungsbemühungen dauern auch in diesem Bereich noch an.

10. Fazit

Der **Fortschritt** in der Finanzierungstheorie von der bloßen **Beschreibung** existierender Finanzierunginstrumente zu Beginn dieses Jahrhunderts bis hin zur Analyse komplexer Fragen des **Wertpapier-Designs** ist beachtlich. Gleichwohl gilt nach wie vor, was *Myers* 1984 feststellte: Unabhängig von dem gewaltigen Erkenntniszuwachs im Rahmen der Grundlagenforschung sind Finanzierungstheoretiker bei nüchterner Betrachtung auch heute noch nicht in der Lage, Unternehmen **konkrete quantitative** Empfehlungen für eine **optimale Finanzierungsweise** zu geben. Wie schon zu Beginn dieses Jahrhunderts ist allenfalls die **Formulierung** gewisser **Daumenregeln**, wenngleich mit fundierterem theoretischen Hintergrund, möglich. Ein lohnenswertes Ziel für zukünftige Forschungsanstrengungen dürfte daher in der Etablierung eines **größeren Anwendungsbezugs** moderner Finanzierungstheorie zu sehen sein.

Literatur

Aghion, P., P. Bolton, An „Incomplete" Contracts Approach to Financial Contracting, in: Review of Economic Studies, Vol. 59 (1992), S. 473–494.

Arnold, H., Risikentransformation, Finanzierungsinstrumente und Finanzierungsinstitute als Institutionen zur Transformation von Unsicherheitsstrukturen, unveröffentl. Diss., Saarbrücken 1964.

Brander, J.A., T.R. Lewis, Oligopoly and Financial Structure: The Limited Liability Effect, in: American Economic Review, Vol. 76 (1986), S. 956–970.

Breuer, W., Finanzierungstheorie, Wiesbaden 1998.

Diamond, D.W., Financial Intermediation and Delegated Monitoring, in: Review of Economic Studies, Vol. 51 (1984), S. 393–414.

Fisher, I., The Theory of Interest (As Determined by Impatience to Spend Income and Opportunity to Invest it), New York 1930.

Gale, D., M. Hellwig, Incentive-Compatible Debt Contracts: The One-Period Problem, in: Review of Economic Studies, Vol. 52 (1985), S. 647–663.

Gordon, M.J., E. Shapiro, Capital Equipment Analysis: The Required Rate of Profit, in: Management Science, Vol. 3 (1956), S. 102–110.

Grossman, S.J., O.D. Hart, One Share-One Vote and the Market for Corporate Control, in: Journal of Financial Economics, Vol. 20 (1988), S. 175–202.

Gutenberg, E., Grundlagen der Betriebswirtschaftslehre, 3. Band: Die Finanzen, Berlin 1969.

Harris, M., A. Raviv, Corporate Governance: Voting Rights and Majority Rules, in: Journal of Financial Economics, Vol. 20 (1988), S. 203-235.

Hart, O.D., Is „Bounded Rationality" an Important Element of a Theory of Institutions?, in: Journal of Institutional and Theoretical Economics, Vol. 146 (1990), S. 696–702.

Hartmann-Wendels, T., Dividendenpolitik bei asymmetrischer Informationsverteilung, Wiesbaden 1986.

Hartmann-Wendels, T., Zur Integration von Moral Hazard und Signalling in finanzierungstheoretischen Ansätzen, in: Kredit und Kapital, 23. Jg. (1990), S. 228–250.

Haugen, R.A., L.W. Senbet, The Insignificance of Bankruptcy Costs to the Theory of Optimal Capital Structure, in: Journal of Finance, Vol. 33 (1978), S. 383–393.

Hax, H., Finanzierungs- und Investitionstheorie, in: *H. Koch* (Hrsg.), Neuere Entwicklungen in der Unternehmenstheorie, Wiesbaden 1982, S. 49–68.

Hax, H., Finanzierungstheorie, in: *W. Wittman* (Hrsg.), Handwörterbuch der Betriebswirtschaftslehre, Bd. I, 5. Auflage, Stuttgart 1993, Sp. 1074–1091.

Hübner, O., Die Banken, Bd. II, Leipzig 1854.

Jensen, M.C., W.H. Meckling, Theory of the Firm: Managerial Behavior, Agency Costs and Ownership Structure, in: Journal of Financial Economics, Vol. 3 (1976), S. 305–360.

Kraus, A., R.M. Litzenberger, A State-Preference Model of Optimal Financial Leverage, in: Journal of Finance, Vol. 28 (1973), S. 911–922.

Leland, H.E., D.H. Pyle, Information Asymmetries, Financial Structures, and Financial Intermediation, in: Journal of Finance, Vol. 32 (1977), S. 371–388.

Modigliani, F., M.H. Miller, The Cost of Capital, Corporation Finance, and the Theory of Investment, in: American Economic Review, Vol. 48 (1958), S. 261–297.

Modigliani, F., M.H. Miller, Corporate Income Taxes and the Cost of Capital: A Correction, in: American Economic Review, Vol. 53 (1963), S. 433–443.

Mülhaupt, L., Der Bindungsgedanke in der Finanzierungslehre unter besonderer Berücksichtigung der holländischen Finanzierungsliteratur, Wiesbaden 1966.

Myers, S.C., Determinants of Corporate Borrowing, in: Journal of Financial Economics, Vol. 5 (1977), S. 147–176.

Myers, S.C., The Capital Structure Puzzle, in: Journal of Finance, Vol. 39 (1984), S. 575–592.

Rieger, W., Einführung in die Privatwirtschaftslehre, Erlangen 1928.

Ross, S.A., The Determination of Financial Structure: The Incentive Signalling Approach, in: Bell Journal of Economics, Vol. 8 (1977), S. 23–40.

Schall, L.D., Asset Valuation, Firm Investment, and Firm Diversification, in: Journal of Business, Vol. 45 (1972), S. 11-28.

Schmalenbach, E., Finanzierungen, Leipzig 1915.

Schmidt, R.H., E. Terberger, Grundzüge der Investitions- und Finanzierungstheorie, 4. Auflage, Wiesbaden 1997.

Solomon, E., Measuring a Company's Cost of Capital, in: Journal of Business, Vol. 28 (1955), S. 240–252.

Spence, M.A., Job Market Signalling, in: Quarterly Journal of Economics, Vol. 87 (1973), S. 355–374.

Swoboda, P., Heterogene Information und Kapitalstruktur der Unternehmung, in: Zeitschrift für betriebswirtschaftliche Forschung, 34. Jg. (1982), S. 705–727.

Warner, J.B., Bankruptcy Costs: Some Evidence, in: Journal of Finance, Vol. 22 (1977), S. 337–347.

Geschichte der Finanzwirtschaftslehre: Investitionstheorie

Prof. Dr. Wolfgang Breuer

Die Entwicklung der betriebswirtschaftlichen Investitionstheorie wird von ihren Anfängen bis zum heute erreichten Stand skizziert. Zunächst werden die statischen Verfahren der Investitionsrechnung charakterisiert, anschließend die dynamischen. Für den unvollkommenen Kapitalmarkt bei Sicherheit werden das *Dean*-Modell und LP-Ansätze vorgestellt. Im Rahmen einer Diskussion der Investitionsentscheidungen bei Risiko wird kurz auf das Capital Asset Pricing Model als Ansatz für den vollkommenen Kapitalmarkt hingewiesen, und ferner werden die spezifischen Probleme einer Investitionstheorie für den unvollkommenen Kapitalmarkt bei Risiko angesprochen. Als wesentliche jüngste Entwicklungen gelten die marktzinsorientierte Investitionsrechnung nach *Rolfes* sowie die Möglichkeiten einer optionspreistheoretisch fundierten Investitionsrechnung.

1. Begriffliche Grundlagen

Bereits im Beitrag zur Geschichte der Finanzierungstheorie wurde dargelegt, daß finanzwirtschaftliche Fragestellungen sowohl die **Beschaffung** als auch die **Verwendung** finanzieller Mittel betreffen. Im Zusammenhang mit der Mittelverwendung spricht man auch von **Investitionsentscheidungen**. In deren Rahmen ist festzulegen, welche **Investitionsprojekte** von einer Unternehmung durchzuführen sind. Die einschlägige Theorie soll Unternehmern dementsprechend Entscheidungshilfen zur Beurteilung der Vorteilhaftigkeit verschiedener Investitionsprojekte an die Hand geben.

2. Statische Verfahren der Investitionsrechnung

Die Entwicklung der Investitionstheorie vollzog sich zunächst weitgehend **unabhängig** von der der Finanzierungstheorie. Es wurde schon darauf hingewiesen, daß zu Anfang der Betriebswirtschaftslehre im Mittelpunkt des Interesses Fragen der **Rechnungslegung** standen. Erst mit zunehmendem Wettbewerb auf den Absatzmärkten verstärkte sich die Notwendigkeit für Unternehmungen, die Vorteilhaftigkeit einzelner Projekte zu beurteilen. Ein Bedürfnis für **investitionsrechnerische Betrachtungen** entstand.

Da sich die Betriebswirtschaftslehre in ihren Anfängen mit Fragen der Rechnungslegung beschäftigt hatte, lag es nahe, auf die dabei gewonnenen Erkenntnisse auch bei der Beurteilung von Investitionsprojekten zurückzugreifen. In der betriebswirtschaftlichen Praxis erfreuten sich die sogenannten **statischen Verfahren** der Investitionsrechnung einiger Beliebtheit, die im wesentlichen auf den Daten der Kosten- und Leistungsrechnung aufbauen (vgl. z.B. *Heister*, 1961, S. 336). Konkret werden hierbei **Leistungen** und **Kosten** im Zusammenhang mit einer Investitionsmaßnahme für eine „**repräsentative**" Periode einander gegenübergestellt.

3. Das Kapitalwertkriterium

De facto leisteten die **statischen** Verfahren der Investitionsrechnung eine **einperiodige** und damit kurzfristig orientierte Beurteilung langfristig wirksamer unternehmerischer Entscheidungen. Insbesondere *E. Schneider* trat daher in Deutschland dafür ein, daß in investitionsrechnerischen Kalkülen Bedarf an einer **expliziten Mehrperiodenbetrachtung** besteht (vgl. *Schneider*, 1951, S. 7 f.), daß es also im Zusammenhang mit unternehmerischen Investitionsentscheidungen erforderlich ist, deren Konsequenzen über die **gesamte Laufzeit** des Projekts explizit zu erfassen. Damit wurde in der Betriebswirtschaftslehre die „**Totalperiode**" Grundlage für unternehmerische Investitionsentscheidungen, so daß nun nicht mehr auf Leistungs- und Kostengrößen abzustellen war, sondern vielmehr auf die mit einem Investitionsprojekt verbundenen **Ein-** und **Auszahlungen**. Weil die einzelnen Zahlungen überdies zu

verschiedenen Zeitpunkten anfielen, mußten **Zinseffekte** durch Diskontierung der einzelnen Größen in der Rechnung berücksichtigt werden. Man gelangte zu den **dynamischen Verfahren** der Investitionsrechnung.

Während sich im Rahmen der statischen Methoden der Gewinn einer repräsentativen Periode aus der Nutzung eines Investitionsprojekts als Grundlage der Investitionsentscheidung darstellt, ist zentraler Beurteilungsmaßstab von Investitionsprojekten im Rahmen der dynamischen Verfahren der **Kapitalwert** der Zahlungen aus dem Projekt. Dabei versteht man unter diesem eine **gewogene Summe** von Zahlungen, wobei als Gewichte gerade **periodenabhängige Diskontierungsfaktoren** zur Berücksichtigung der mit den unterschiedlichen Zahlungszeitpunkten einhergehenden Zinseffekte genutzt werden. Investitionsprojekte mit positivem Kapitalwert sind durchzuführen, solche mit negativem zu unterlassen.

Auch in der **Volkswirtschaftslehre** waren investitionstheoretische Fragen seit jeher von Interesse, ging es hierbei doch letztlich um die Bestimmungsgründe und Allokationswirkung von **Kapitalmarktzinssätzen** im Zusammenhang mit privatem und unternehmerischem Entscheidungsverhalten. Es dürfte deswegen nicht allzu verwundern, daß der **theoretische Hintergrund** des **Kapitalwertkriteriums** aus dem Bereich der Volkswirtschaftslehre stammt und in eine Zeit zurückreicht, in der die Betriebswirtschaftslehre sich mit investitionstheoretischen Fragestellungen noch so gut wie gar **nicht** befaßte.

In erster Linie ist hierbei die bereits im Beitrag zur Geschichte der Finanzierungstheorie erwähnte Arbeit von *I. Fisher* aus dem Jahre 1930 zu nennen (vgl. *Fisher*, 1930, S. 148, siehe aber zum Kapitalwertkriterium auch schon *Fisher*, 1906, S. 202 ff.). Tatsächlich läßt sich eine Entscheidung nach dem **Kapitalwertkriterium** rechtfertigen über die Annahme eines **vollkommenen Kapitalmarktes** bei **Sicherheit**. Unter diesen Prämissen gibt der **Kapitalwert** eines Investitionsprojekts die für die Kapitalgeber durch die Projektimplementierung insgesamt erreichbare **Vermögenssteigerung** an, und allein diese erweist sich bei Vollkommenheit des Kapitalmarktes als entscheidungsrelevant. Weil diese Vermögenssteigerung durch die Implementierung eines Investitionsprojekts zugleich den **Preis** ausmacht, den man am Kapitalmarkt für die Nettoeinzahlungen aus diesem **Projekt** im Falle seiner Durchführung erzielen kann, ist der **Kapitalwert** eines Investitionsprojekts nichts anderes als der **Marktwert** dieses Projekts bei gegebenem vollkommenen Kapitalmarkt.

Die **Investitionstheorie** erwies sich hier zum ersten Mal als **angewandte Kapitalmarkttheorie**. Denn zur Ermittlung des Markt- und damit des Kapitalwertes der mit einem Investitionsobjekt verbundenen Zahlungskonsequenzen ist es **erforderlich**, die **Preisbildung** auf dem Kapitalmarkt zu beschreiben. Letzten Endes geht es unter der Annahme der **Sicherheit** allein um die am Markt herrschende **Zinsstruktur**, d.h. die jeweils maßgebliche Periodenverzinsung bei Mittelanlage bzw. -aufnahme für verschiedene Zeiträume. Im Spezialfall **flacher Zinsstruktur**, d.h. bei einer **einheitlichen** Periodenverzinsung für beliebige Laufzeit, benötigt man für die Kapitalwertberechnung nur diesen einheitlichen Kapitalmarktzinssatz als **Kalkulationszinsfuß** für alle Betrachtungsperioden.

4. *Dean*-Modell und LP-Ansätze

Natürlich waren beide erforderlichen Voraussetzungen zur Rechtfertigung des Kapitalwertkriteriums, **Vollkommenheit** des Kapitalmarktes und **Sicherheit** der Erwartungen, unbefriedigend, und man versuchte zunächst vor allem, die erste Annahme aufzugeben. Dabei rückte zunehmend die Erkenntnis in den Vordergrund, daß **Finanzierungs-** und **Investitionsentscheidungen** grundsätzlich **nicht** voneinander **getrennt** getroffen werden können. Erst auf **unvollkommenen** Kapitalmärkten besteht ein **echtes** unternehmerisches **Finanzierungsproblem** in Form der Auswahl aus mehreren, nicht von vornherein als gleich gut anzusehenden Finanzierungsalternativen, und die Finanzierungsmaßnahmen sind hierbei auf die geplanten Investitionsaktivitäten hin abzustimmen. Man gelangte zu Modellen der **simultanen** Investitions- und Finanzplanung.

Ein sehr früher Ansatz geht hierbei auf *Dean* (1951) zurück, der ein **graphisches** Lösungsverfahren auf der Grundlage unternehmensbezogener **Kapitalangebots-** und **-nachfragekurven** entwickelte. Zwar sind die **Anwendungsmöglichkeiten** dieses Lösungsverfahrens insofern **beschränkt**, als nur im **Zwei-Zeitpunkte-Fall** (und unter Vernachlässigung des Problems, daß vor allem Investitionsprojekte **nicht** beliebig teilbar sind, also nicht in **Bruchteilen** durchgeführt werden können) tatsächlich ein optimales Investitions- und Finanzierungsprogramm ermittelt werden konnte. Doch hatte das *Dean*-Modell insofern wenigstens **konzeptionelle** Bedeutung, als sich hier zum ersten Mal zeigte, daß (im Rahmen einer Zwei-Zeitpunkte-Betrachtung) auch auf einem unvollkommenen Kapitalmarkt ein **Zinsfuß** existiert, der zur Berechnung der **Kapitalwerte** von Investitions- und Finanzierungsprojekten genutzt werden kann. Dabei sind Projekte mit **positivem** Kapitalwert als **vorteilhaft** und Projekte mit **negativem** Kapitalwert als **nachteilig** zu beurteilen. Weil dieser Kalkulationszinsfuß Ergebnis des Optimierungskalküls ist, bezeichnet man ihn auch als **endogenen Kalkulationszinsfuß**.

Nachfolgende Arbeiten von *Weingartner* (1963) und *Hax* (1964) zeigten, daß dieses bemerkenswerte Ergebnis auch auf den **Mehr-Perioden-Fall** übertragen werden kann. Hierbei handelte es sich um Ansätze aus dem Bereich der **Linearen Programmierung**, mit der sich grundsätzlich **fast beliebige** finanzwirtschaftliche Entscheidungssituationen bei Sicherheit als lösbar erwiesen. Die **Blütezeit** dieser Beiträge lag in den **sechziger Jahren** und fiel zusammen mit dem Aufkommen von Methoden des **Operations Research** zur Lösung betriebswirtschaftlicher Fragestellungen. Das Ergebnis der grundsätzlichen Existenz endogener Kalkulationszinsfüße auch auf **unvollkommenem** Kapitalmarkt bei **Sicherheit** (und unter Vernachlässigung des Problems mangelnder Teilbarkeit von Projekten) hatte dabei vor allem Bedeutung für die **theoretische Rechtfertigung** von Entscheidungen nach dem Kapitalwertkriterium. Da geeignete Kalkulationszinsfüße sowohl im *Dean*-Modell als auch im Rahmen der LP-Ansätze jedoch nur ein **Nebenprodukt** der Ermittlung des optimalen Investitions- und Finanzierungsprogramms bildeten, halfen sie für **konkrete Problemlösungen** zunächst einmal nicht weiter.

Lag damit in den sechziger Jahren bereits ein **ausgefeiltes Instrumentarium** zur Optimierung von Finanzierungs- und Investitionsentscheidungen bei Sicherheit vor, überrascht es doch, wie **wenig** diese Ansätze **Eingang** in die **Unternehmenspraxis** gefunden haben. In erster Linie war dafür wohl der **hohe Planungsaufwand** verantwortlich, müssen doch die **Zahlungsreihen** von allen in Frage kommenden Investitions- und Finanzierungsprojekten für sämtliche Zeitpunkte der Betrachtungsperiode **prognostiziert** und in Form geeigneter Modelle abgebildet werden. Außerdem konnte deren **Umfang** auch von der benötigten Software und Rechnerleistung her schnell **nicht** mehr akzeptable Größenordnungen annehmen (vgl. z.B. *Kruschwitz*, 1977, S. 209).

Aus diesen Problemen leitete sich das Bedürfnis nach einem **vereinfachten Entscheidungsverfahren** ab. Die Idee kam auf, **Heuristiken** zu entwickeln, die zwar nicht unbedingt zum Optimalverhalten führen, dafür aber mit einiger Wahrscheinlichkeit immerhin „gute" (Näherungs-) Lösungen liefern. Beispielsweise stellt die Anwendung des *Dean*-**Modells** mit seiner Kapitalangebots- und -nachfragekurve im **Mehr-Perioden-Fall** eine Heuristik dar, die allerdings nach einer Untersuchung von *Kruschwitz/Fischer* (1980) nur mit gewissen **Vorbehalten** zu brauchbaren

Ergebnissen führt. Insgesamt verlief die Suche nach geeigneten Heuristiken bis heute **wenig erfolgreich**.

5. Investitionsentscheidungen bei Risiko

5.1. Der Fall des vollkommenen Kapitalmarkts

Einen **zweiten Schwachpunkt** der Modelle zur simultanen Investitions- und Finanzplanung stellte die nur **ungenügende** Berücksichtigung der **Unsicherheit** zukünftiger unternehmerischer Ein- und Auszahlungen dar. Unter der Annahme eines vollkommenen Kapitalmarktes lautete die Frage konkret, wie sich der Marktwert eines unsicheren Zahlungsstroms bestimmen läßt. Im Vergleich zur Bewertung von Zahlungsüberschüssen bei Sicherheit trat hier insbesondere das Problem der Berücksichtigung **unterschiedlicher Risikoträchtigkeit** von Zahlungsströmen hinzu. Fortschritt war hier nur in dem Maße möglich, wie sich die **Kapitalmarkttheorie** bei Risiko weiterentwickelte. Einer der ersten und bis heute prominentesten Ansätze ist das von *Sharpe* (1964), *Lintner* (1965) und *Mossin* (1966) konzipierte **Capital Asset Pricing Model**. Dieses, obgleich zunächst nur für den **Zwei-Zeitpunkte-Fall** entwickelt, lieferte Ansatzpunkte zur **risikoadäquaten** Projektbewertung. Andere Arbeiten wie etwa die **Arbitrage Pricing Theory** von *Ross* (1976) folgten. **Wenig befriedigend** blieben jedoch die kapitalmarkttheoretischen Ansätze für den **Mehr-Perioden-Fall**.

Im Rahmen praktischer Investitionsrechnungen muß man sich daher bis heute damit behelfen, das Ein-Perioden-CAPM in **analoger** Weise auch im Mehr-Perioden-Kontext einzusetzen (vgl. zum Mehr-Perioden-CAPM insbesondere *Bogue/ Roll*, 1974; *Fama*, 1977).

5.2. Der Fall des unvollkommenen Kapitalmarkts

Seit den sechziger Jahren rückte das Forschungsinteresse von der reinen Investitionstheorie immer mehr ab. Zum einen war dies bedingt durch die Tatsache, daß man für den Fall der **Sicherheit** die investitionstheoretischen Probleme wenigstens **konzeptionell** als **gelöst** ansehen konnte. Zum anderen hing dies damit zusammen, daß sich die Entwicklung einer **Investitionstheorie** für den Fall bei **Risiko** als sehr schwierig erwies. Bereits unter der Annahme eines vollkommenen Kapitalmarktes gelangte man kaum über eine konsistente Betrachtung des praktisch weitgehend bedeutungslosen Zwei-Zeitpunkte-Falls hinaus. Noch weniger konnte zur wichtigeren Situation von Investitionsentscheidungen bei **unvollkommenem Kapitalmarkt** gesagt werden. So wurden zwar auch für den Fall bei Risiko Ansätze der Linearen Programmierung entwikkelt, doch konnten diese keine nachhaltige Bedeutung erlangen.

Ähnliches galt für die Übertragung der von *Markowitz* (1952) entwickelten **Portefeuilletheorie** auf **Investitionsentscheidungen**. Dieser hatte, basierend auf dem $\mu - \sigma$-Prinzip, eine Theorie zur Bildung von „optimalen" Wertpapierportefuilles konzipiert. Da Wertpapiere in dieser Theorie allein durch ihre stochastischen Zahlungsströme beschrieben wurden und da man Investitionsprojekte in entsprechender Weise charakterisieren kann, lag es nahe, seine Idee der Wertpapier-Portfolio-Selektion auf die Zusammenstellung von Portefeuilles von Investitionsprojekten, also auf die Bildung von Investitionsprogrammen, auszudehnen. Allein schon aufgrund des auch bei diesem Ansatz grundsätzlich gegebenen **Zwei-Zeitpunkte-Charakters** konnten mit seiner Hilfe allerdings in erster Linie **nur grundlagentheoretische** Erkenntnisse etwa hinsichtlich der Bedeutung von **Risikostreuungsüberlegungen** bei Realinvestitionen unter der Annahme unvollkommener Kapitalmärkte hergeleitet werden.

Eine der wesentlichsten Ursachen für die Schwierigkeiten bei der Entwicklung einer konsistenten Investitionstheorie bei Risiko war jedoch sicherlich, daß bei Risikosituationen die Unvollkommenheit der Kapitalmärkte eine **ganz neue** Art der **Interdependenz** von Investitions- und Finanzierungsentscheidungen begründete. Die Forschung verlagerte sich daher ab Mitte der siebziger Jahre zunehmend von der Suche nach praktisch unmittelbar umsetzbaren Entscheidungshilfen zu einer **Analyse** dieser bislang weitgehend unbeachteten **Interdependenz** von Investitions- und Finanzierungsentscheidungen.

Einen Ansatzpunkt bildeten hierbei der **Informationsvorsprung** der jeweiligen Geschäftsführer einer Unternehmung gegenüber ihren externen Kapitalgebern und ihre hieraus resultierenden Möglichkeiten, **Eigeninteressen** auch auf **Kosten** der letzteren zu verfolgen. Im Rahmen dieser Untersuchungen gelang es, die **grundsätzlichen Motive** von Geschäftsführern im Zusammenhang mit **Investitionsentscheidungen** näher zu beleuchten und insbesondere auch die **Konsequenzen** verschiedener **Finanzierungsformen** für das **Investitionsverhalten** der Ge-

schäftsführung einer Unternehmung aufzudecken (vgl. für einen Überblick etwa *Franke/Hax*, 1994, S. 419 ff.; *Breuer*, 1998). Einmal mehr wurde deutlich, daß Finanzierungs- und Investitionsentscheidungen auf unvollkommenen Kapitalmärkten **simultan** getroffen werden mußten.

Die Notwendigkeit für einen solchen Simultanansatz wurde hierbei allerdings
weniger aus dem Bedürfnis der Gewährleistung der Zahlungsfähigkeit der Unternehmung, also aus der Beachtung von **Liquiditätsrestriktionen**, hergeleitet als
vielmehr aus den durch unterschiedliche Finanzierungsmaßnahmen jeweils verursachten **Investitionsanreizen**. Als frühe wichtige Beiträge sind die auch schon im
Beitrag zur Geschichte der Finanzierungstheorie zitierten Arbeiten von *Jensen/
Meckling* (1976) sowie *Myers* (1977) zu nennen.

Von einer **praktisch** unmittelbar verwertbaren Theorie der Investitionsentscheidungen bei Risiko unter Beachtung von Kapitalmarktunvoll-
kommenheit ist man heute noch ebensoweit entfernt wie von einer entsprechenden Theorie der Finanzierungsentscheidungen bei unvollkommenem Kapitalmarkt. Da beide Arten unternehmerischer Entscheidungen auf unvollkommenen Märkten grundsätzlich simultan zu betrachten
sind, dürfte diese Erkenntnis nicht sehr verwundern.

6. Aktuelle Diskussionsgegenstände der Investitionstheorie

Bemerkenswerterweise erlebte die Beschäftigung mit investitionstheoretischen Fragen in den letzten Jahren sowohl in Deutschland als auch
international eine gewisse **Renaissance**. Hierzulande war dies insbesondere auf die Veröffentlichungen von *Rolfes* zur Begründung einer
„marktzinsorientierten" Investitionsrechnung zurückzuführen (vgl.
Rolfes, 1992 und 1993). Auf internationaler Ebene ging und geht es vor
allem um die Nutzung von Erkenntnissen aus der **Optionspreistheorie**
für investitionsrechnerische Anwendungen. Wichtige Impulse erhielt die
Diskussion hierbei durch das Lehrbuch von *Dixit/Pindyck* (1994), das
seinerseits auf einer Fülle von Zeitschriftenartikeln aufbaute.

6.1. Die Marktzinsmethode

Das Anliegen von *Rolfes* bestand insbesondere darin, die im Rahmen
einer Anwendung der Kapitalwertmethode typischerweise gesetzte Prä-

misse eines **einheitlichen** Kalkulationszinsfußes für alle Betrachtungsperioden durch den **differenzierteren** Ansatz von je nach Laufzeit **unterschiedlichen** Kalkulationszinsfüßen zu **ersetzen**. Weil diese perioden-
bezogen differenzierten Zinsfüße aus der „tatsächlich" herrschenden
Zinsstruktur hergeleitet werden sollten, bezeichnete *Rolfes* sein Konzept
als **„marktzinsorientierte"** Investitionsrechnung. Knapper formuliert,
ist hierbei auch von der sogenannten **Marktzinsmethode** die Rede.

Die Überlegungen des Autors lösten eine Fülle von Folgebeiträgen aus.
Zum einen wiesen namhafte Fachvertreter darauf hin, daß es schon **seit
langem** in der Investitionstheorie bekannt sei, wie man **Kapitalwerte** bei
nicht-flacher Zinsstruktur berechnet (vgl. etwa den Beitrag von *Krusch-
witz/Röhrs*, 1994). Zum anderen wurde auch von weniger kompetenten
Autoren Kritik geübt. Diese offenbarten dabei zum Teil ein derart gro-
bes Unverständnis wesentlicher kapitalmarkttheoretischer Grundlagen,
daß sich ihre Erörterung hier erübrigt. Leider wiesen auch *Rolfes'* Er-
widerungen auf die ihm gegenüber geäußerte Kritik nicht unerhebliche
Schwächen auf, weswegen die wesentlichen Zusammenhänge im Rahmen einer **kapitalmarkttheoretisch fundierten** Betrachtung erst von
Hartmann-Wendels/Gumm-Heußen (1994) in zutreffender Form dargelegt
wurden.

Alles in allem war die Diskussion um die Marktzinsmethode insofern ein
Sturm im Wasserglas, als tatsächlich die Möglichkeit der Berücksichtigung einer nicht-flachen Zinsstruktur schon vor *Rolfes* in der Investitionstheorie bekannt war, dieser grundsätzliche Kritikpunkt also zutraf.
Positiv zu vermerken ist jedoch, daß durch den genannten Autor diesem
wichtigen Fall erst die **gebührende Aufmerksamkeit** geschenkt wurde,
die sich auch in einer Ergänzung **etablierter** Lehrbücher wie etwa dem
von *Kruschwitz* (1995) um Ausführungen zur Ermittlung von Kalkulationszinsfüßen bei nicht-flacher Zinsstruktur niedergeschlagen hat.

6.2. Die Bewertung von Investitionsmöglichkeiten als Realoptionen

Auch der zweite wichtige **Diskussionsansatz** im Rahmen der Investitionstheorie zu Anfang der neunziger Jahre löste größere **Kontroversen**
aus, die bis heute noch andauern. Konkret geht es um die Interpretation
von **Investitionsmöglichkeiten** künftiger Zeitpunkte als **Optionen**. Weil
es sich um Optionen im realwirtschaftlichen Bereich handelt, spricht

man hierbei auch von **Realoptionen** in Abgrenzung zu den an den Kapitalmärkten gehandelten **Finanzoptionen.**

Letztere gewähren das Recht, einen anderen Finanzierungstitel, den sogenannten **Basistitel,** in einem bestimmten Zeitpunkt oder während eines zuvor vereinbarten Zeitraums zu einem im vorhinein festgelegten Ausübungskurs zu erwerben **(Kaufoption)** oder zu veräußern **(Verkaufsoption).**

Eine **Investitionsmöglichkeit** ist eine **Option** in dem Sinne, daß sie gegen Aufbringung der **Anfangsauszahlung** den **Erwerb** der Einzahlungsüberschüsse aus dem Investitionsprojekt ermöglicht.

Seit dem bahnbrechenden Beitrag von *Black/Scholes* (1973) ist eine kaum noch zu überschauende Literatur zur Bewertung aller Arten von Optionen entstanden. Das Grundprinzip dieser Aufsätze ist zumeist das gleiche. Man versucht, die **Zahlungsströme** der Option aus anderen Finanzierungstiteln, insbesondere dem zugrundeliegenden Basistitel, zu **reproduzieren,** um anschließend aus dem Marktwert der zur Reproduktion genutzten Finanzierungsinstrumente auf den gleichgewichtigen Marktwert der Option zu schließen. Bei **gleicher** Zahlungsstruktur (und vollkommenem Kapitalmarkt) müssen nämlich die **Preise** der zu bewertenden Option und des Reproduktionsportefeuilles **übereinstimmen,** da man andernfalls durch Kauf der preiswerteren und Verkauf der teureren Position **risikolos** Gewinne, sogenannte **Arbitragegewinne,** erzielen kann. Dieses Prinzip der **arbitragefreien** Bewertung übertrug man nun auf die Bewertung von Investitionsmöglichkeiten, wobei zur Rekonstruktion insbesondere die Zahlungsströme aus der durchgeführten Investition selbst verwendet wurden.

Ähnlich wie bei der Marktzinsmethode hat man dagegen eingewandt, daß hierdurch grundsätzlich **kein Erkenntnisfortschritt** zu erzielen sei: In den Situationen, in denen sich die Bewertung von Investitionsmöglichkeiten mit Hilfe optionspreistheoretischer Methoden als zulässig erweise, könne man auch mit „herkömmlichen" Methoden Investitionsmöglichkeiten bewerten. Erweist sich dies mit herkömmlichen Methoden als nicht zulässig, dann gilt dies **auch** für die optionspreistheoretisch orientierte Vorgehensweise (vgl. etwa *Nippel,* 1994).

Tatsächlich sollte man die Bedeutung auch der optionspreistheoretisch fundierten Investitionstheorie nicht überschätzen. Doch wurden mit ihrer Hilfe immerhin ähnlich wie bei der Marktzinsmethode einige bislang **wenig beachtete** Zusammenhänge stärker in den Vordergrund gerückt, wie etwa der, der in Abhängigkeit der Zustandsentwicklung zwischen den **Kalkulationszinsfüßen** einer Unternehmung besteht. Außerdem erweist sich der **optionspreistheoretische Ansatz** in einer etwas weiter gefaßten Interpretation als eine neue Art von **Heuristik**, die neben die altbekannten zur Bewertung von Realinvestitionen und Realinvestitionsmöglichkeiten treten kann (vgl. etwa *Breuer/Gürtler/Schuhmacher*, 1999). Die Diskussion in diesem Bereich hält aber noch an.

7. Fazit

Faßt man den Stand der Investitionstheorie zusammen, so läßt sich ein außerordentlich **umfangreiches** analytisches **Instrumentarium** für das Treffen von Investitionsentscheidungen unter den verschiedensten **Annahmenkonstellationen** feststellen. Differenziert man diese nach **Sicherheit** und **Risiko** einerseits sowie **Vollkommenheit** und **Unvollkommenheit** des Kapitalmarktes andererseits, dann dürften die noch bestehenden **größten Defizite** im Bereich der Investitionsrechnung für **unvollkommene** Märkte bei **Risiko** zu sehen sein. Die größte **Schwierigkeit** liegt dabei darin, daß sich unter dieser Prämissenkonstellation eine **simultane** Planung von Investitions- und Finanzierungsprogramm als unumgänglich erweist, und genau in diesem Zusammenhang ist man von einer **geschlossenen Theorie** der simultanen Investitions- und Finanzierungsprogrammplanung noch **weit entfernt**.

Literatur

Black, F., M. Scholes, The Pricing of Options and Corporate Liabilities, in: Journal of Political Economy, Vol. 81 (1973), S. 637–654.

Bogue, M.C., R.R. Roll, Capital Budgeting of Risky Projects with "Imperfect" Markets for Physical Capital, in: Journal of Finance, Vol. 29 (1974), S. 601–613.

Breuer, W., Finanzierungstheorie, Wiesbaden 1998.

Breuer, W., M. Gürtler, J. Schuhmacher, Die Bewertung betrieblicher Realoptionen, in: Betriebswirtschaftliche Forschung und Praxis, 51. Jg. (1999), erscheint demnächst.

Dean, J., Capital Budgeting, New York 1951.

Dixit, A.K., R.S. Pindyck, Investment under Uncertainty, Princeton, N.J. 1994.

Fama, E.F., Risk-Adjusted Discount Rates and Capital Budgeting under Uncertainty, in: Journal of Financial Economics, Vol. 5 (1977), S. 3–24.

Fisher, I., The Nature of Capital and Income, New York 1906.

Fisher, I., The Theory of Interest, New York 1930.

Franke, G., H. Hax, Finanzwirtschaft des Unternehmens und Kapitalmarkt, 3. Auflage, Berlin 1994.

Hartmann-Wendels, T., M. Gumm-Heußen, Zur Diskussion um die Marktzinsmethode: Viel Lärm um nichts?, in: Zeitschrift für Betriebswirtschaft, 64. Jg. (1994), S. 1285–1301.

Hax, H., Investitions- und Finanzplanung mit Hilfe der linearen Programmierung, in: Zeitschrift für betriebswirtschaftliche Forschung, 16. Jg. (1964), S. 430–446.

Heister, M., Investitionsrechnung als empirisches Problem, in: Zeitschrift für Betriebswirtschaft, 31. Jg. (1961), S. 332–350.

Jensen, M.C., W.H. Meckling, Theory of the Firm: Managerial Behavior, Agency Costs and Ownership Structure, in: Journal of Financial Economics, Vol. 3 (1976), S. 305–360.

Kruschwitz, L., Zur heuristischen Planung des Investitionsprogramms, in: Zeitschrift für Betriebswirtschaft, 47. Jg. (1977), S. 209–224.

Kruschwitz, L., Investitionsrechnung, 6. Auflage, Berlin 1995.

Kruschwitz, L., J. Fischer, Die Planung des Kapitalbudgets mit Hilfe von Kapitalnachfrage- und Kapitalangebotskurven, in: Zeitschrift für betriebswirtschaftliche Forschung, 32. Jg. (1980), S. 393–418.

Kruschwitz, L., M. Röhrs, Debreu, Arrow und die marktzinsorientierte Investitionsrechnung, in: Zeitschrift für Betriebswirtschaft, 64. Jg. (1994), S. 655–665.

Lintner, J., The Valuation of Risk Assets and the Selection of Risky Investments in Stock Portfolios and Capital Budgets, in: Review of Economics and Statistics, Vol. 47 (1965), S. 587–615.

Markowitz, H.M., Portfolio Selection, in: Journal of Finance, Vol. 7 (1952), S. 77–91.

Mossin, J., Equilibrium in a Capital Asset Market, in: Econometrica, Vol. 34 (1966), S. 768–783.

Myers, S.C., Determinants of Corporate Borrowing, in: Journal of Financial Economics, Vol. 5 (1977), S. 147–176.

Nippel, P., Stellungnahme zu: Die Behandlung von Optionen in der betrieblichen Investitionsrechnung, von S. Eble und R. Völker, in: Die Unternehmung, 48. Jg. (1994), S. 149–152.

Rolfes, B., Moderne Investitionsrechnung, München 1992.

Rolfes, B., Marktzinsorientierte Investitionsrechnung, in: Zeitschrift für Betriebswirtschaft, 63. Jg. (1993), S. 691–713.

Ross, S.A., The Arbitrage Theory of Capital Asset Pricing, in: Journal of Economic Theory, Vol. 13 (1976), S. 341–360.

Schneider, E., Wirtschaftlichkeitsrechnung, Tübingen 1951.

Sharpe, W.F., Capital Asset Prices: A Theory of Market Equilibrium under Conditions of Risk, in: Journal of Finance, Vol. 19 (1964), S. 425–442.

Weingartner, M.H., Mathematical Programming and the Analysis of Capital Budgeting Decisions, Englewood Cliffs, N.J. 1963.

Geschichte des Marketing in Deutschland

Prof. Dr. Hermann Sabel

Marken gibt es länger als Marketing-Wissenschaft. Zwar haben sich Betriebswirte seit der Gründung der BWL mit Absatzfragen beschäftigt, eine Übernahme des Marketing-Paradigmas ist aber erst seit den sechziger Jahren erfolgt und hat dann einen breiten Strom von Literatur hervorgebracht, der vertieft, verbreitet, verzweigt, gestaut, gelenkt, beschleunigt und geleugnet wurde und doch weiter fließt.

Wissenschaftliche Disziplinen folgen Phänomenen oder Paradigmen. Entweder gilt „Wissenschaft folgt Wirklichkeit" oder „Wissenschaft folgt Methode". Beides kann wechseln. Marken wie *Mercedes*, *Nivea*, *Odol* und *Persil* gibt es schon seit etwa hundert, Marketinglehrstühle, Marketinglehrbücher, Marketingzeitschriften und Marketingclubs (vgl. dazu *Backhaus*, 1998, S. 213 ff., in diesem Buch) gibt es erst seit etwa vierzig Jahren. Vom Beginn der Betriebswirtschaftslehre an haben sich Betriebswirte mit der Betrachtung der Aktivitäten von Unternehmen auf Märkte hin beschäftigt, auch wenn Marketing erst später eingeführt wurde.

1. Von der Gründung der Betriebswirtschaftslehre bis zum Auftritt der Marketing-Disziplin

1.1. Kosten und Preise als Problem des Gesamtbetriebes

Die ersten Betriebswirte suchten Erklärung für das **Fehlverhalten** der Unternehmen in der Gründerkrise und nach Abhilfe. *Schmalenbach* empfahl 1919 die Ablösung des Ansatzes „Stückkosten plus Nettogewinn" durch den Ansatz „Proportionale Kosten plus Bruttogewinn", um die

fixen Kosten pro Stück außer Ansatz zu lassen (vgl. *Schmalenbach*, 1919).
Schmidt (1927) wollte den Fehler des Nominalansatzes vermeiden, der zu
Konjunkturverstärkung führt, durch Verwendung von Wiederbeschaffungspreisen (vgl. *Schweitzer/Wagener*, 1998, S. 49 ff., in diesem Buch).

1.2. Funktionen als determinierender Aspekt des Absatzbereiches der Betriebe

In der zweiten Generation der Betriebswirte betrachtete man den Absatzbereich genauer. In einer produktionsorientierten Welt bedurfte auch
die Diskussion über das Unnütze des Handels der Plausibilisierung. *Schäfer* (1936) widmete sich einer detaillierten Betrachtung der **Absatzfunktionen** von der Absatzvorbereitung bis zur Erhaltung der Absatzbeziehungen. *Oberparleiter* (1930) erläuterte die Aufgabe der Handelstätigkeit
als Überbrückung von Diskrepanzen räumlicher, zeitlicher, quantitativer
und qualitativer Art zwischen Produktion und Konsum.

1.3. Institutionen und Waren als Charakteristika von Absatzmärkten

Seyffert (1951)untersuchte **Handelsketten** je nach Stufen der Verteilung,
Arten der Handelsmittler und Typen der Waren, was *Tietz* (1960) mit den
Institutionen und *Knoblich* (1965) mit den Waren vertieften. Von der Deskription zur **ersten Hypothesenbildung** fand *Nieschlag* (1954) mit seinem **Gesetz** der **Dynamik** der **Betriebsformen** im Handel, wonach sich
Innovationskonkurrenz im Handel durch Konzeptabfolgen ergibt.

1.4. Instrumente als Bezugspunkte der Absatzpolitik der Betriebe

Erst *Gutenberg* (1955, S.9) hob das **Handeln** der Unternehmen als Paradigma hervor, gab auf die Frage, wie Unternehmen auf ihren Absatz einwirken können, die Antwort: „Absatzmethode, Preispolitik, Werbung
und Produktgestaltung sind die vier Hauptinstrumente".

Damit war erstmalig auch die Verbindung zur **Mikrotheorie** ins Blickfeld
gerückt, die sich als Preistheorie darbot. Wie in der Produktion stellte er

die Frage nach der Repräsentativität der konjektural geneigten Preisabsatzfunktion für reale Märkte, verwarf diese und schuf die doppelt ge-
knickte Preisabsatzfunktion, bei der der monopolistische Spielraum
durch alle Instrumente außer dem Preis gebildet wird. Das Instrumentarium der Mikrotheorie mit Differential- und Integralrechnung, aber auch
Ansätze des Operations Research ließen sich gut mit diesem Konzept
verbinden, ging es doch darum, optimale Entscheidungen abzuleiten.

2. Die Übernahme des Marketing-Paradigmas

2.1. Entstehung und Inhalt des Paradigmas

Marketing ist die Antwort auf die parallelen Phänomene aufkommenden
Massenwohlstandes, wachsenden technischen Fortschritts und wachsen-
der Konkurrenz der Anbieter und damit zunehmender Entsprechung
von kaufkräftigen Bedarfen und preisgünstigen Angeboten, historisch
erstmalig in den USA nach dem Ersten Weltkrieg.

In allen früheren Zeiten bestand eine **Asymmetrie** des Marktes insofern,
als die Anbieter die Bedingungen des Marktes schreiben konnten und
sich um das Problem des Kunden nicht kümmern brauchten. Sie kon-
struierten eine elektrische Bohrmaschine nach ihren Vorstellungen und
wurden sie los, weil es für letztere keine Wahl gab.

Können die Kunden aber wählen, so wird ein Hobbyheimwerker eine
solche Maschine zu teuer finden und ein Profi die Maschine nicht kau-
fen, weil die Maschine ohne jederzeitigen Service nicht sein Problem des
professionellen Permanentbohrens löst.

In der Änderung des Standpunktes, der Betrachtung von Innensicht her
zur Betrachtung von der Außensicht her, vom Produkt des Herstellers
zum Problem des Kunden, liegt der Kern des **Marketing-Paradigmas**.
Das Wort wurde wie Controlling (vgl. *Lingnau*, 1998, S. 73 ff., in diesem
Buch) aus dem Amerikanischen als einer neueren Sprache übernommen,
weil die alten europäischen Sprachen die Vergangenheit abbilden und
deshalb nur Worte aus der Innensicht kennen: Verkaufen von Produk-
ten, wie ja auch die erste Business School früher als die erste Handelshochschule gegründet wurde (vgl. *Homburg*, 1998, S. 195 ff., in diesem
Buch).

2.2. Die Übernahme des Marketing-Paradigmas durch die Wissenschaft

Der Übernahmeprozeß in der Wissenschaft zeigt den typischen Charakter eines **Diffusionsprozesses**, der Ende der siebziger Jahre startet mit ersten Titeln und ersten Lehrstühlen als Innovatoren, während die Mehrheit der Betriebswirte noch an einem „Handwörterbuch der Absatzwirtschaft" (vgl. *Tietz*, 1974) mitwirkt, dessen Nachfolgewerk erst 1995 den Titel „Handwörterbuch des Marketing" (vgl. *Tietz/Köhler/ Zentes*, 1995) trägt.

3. Der immanente Entfaltungsprozeß der Marketing-Disziplin

Einmal aus der amerikanischen Quelle hervorgetreten, entwickelte sich ein breiter deutscher Strom der Literatur, der unterschiedlich vertieft, verbreitet, verzweigt, von anderen Strömen gespeist, gestaut, zu lenken und zu beschleunigen versucht, mit Inseln und Schiffsbrücken versehen, überschritten, geleugnet und zu kanalisieren versucht wurde.

3.1. Die Ausformungen der Grundprobleme

3.1.1. Die Vertiefung der Marketinginstrumente

Von den Phänomenen her führte die differenzierte Betrachtung zu Spezialuntersuchungen über einzelne der **Marketinginstrumente**, wie Preise (vgl. *Jacob*, 1963; *Simon*, 1982), Produkte (vgl. *Dichtl*, 1970; *Sabel*, 1971); Werbung (vgl. *Behrens*, 1963) und Distribution (vgl. *Böcker*, 1972), sowohl unter Modell- wie Management- als auch Organisationsaspekten (vgl. *Köhler*, 1989). Von den **Methoden** her bezog man stochastische Ansätze, insbesondere auf der Basis des *Bayes*-Theorems, ein und suchte Wirkungsfunktionen empirisch zu fundieren, was zu dem Einbezug von **Marktpsychologie** (vgl. *Spiegel*, 1961) und **Marktsoziologie** (vgl. *Wiswede*, 1972) führte und in die Suche nach geeigneten **Marketing-Informationssystemen** (vgl. *Krautter*, 1973) mündete (vgl. auch *Mertens*, 1998, S. 181 ff., in diesem Buch.

3.1.2. Die andere Sicht von Marktgestalt und Marktgestaltung

Der wohl die anderen Betriebswirte am meisten irritierende Schritt war die mit der Entdeckung der Segmente des Hobby- und des Profibohrers verbundene **Ablehnung** des grundlegenden Konzeptes des universellen **homo-oeconomicus** und das Erkennen unterschiedlicher Markt-gestalten. Die Ursachen solcher Segmente fand man auf verhaltens-wissenschaftlicher Basis. Zu deren Ermittlung dienten die neu aus den USA übernommenen Verfahren der multidimensionalen Skalierung zur Bestimmung von isolierten oder gemeinsamen Produkt- oder Personen-räumen auf Wahrnehmungs- oder Präferenzbasis (vgl. *Albers/Brockhoff*, 1976). Die Anwendung solcher Verfahren fand insbesondere auf dem Markte der Personenwagen eine gute empirische Basis (vgl. etwa *Dichtl/Bauer/Schobert*, 1980; *Sabel*, 1990).

Mit der Entdeckung der **Segmentierung** ergab sich auch die Notwendig-keit der Anerkennung einer historischen Dimension, als es auf der einen Seite zu einem Zeitpunkt besetzte Segmente gibt und diese sich zum an-deren dadurch bilden, daß Pioniere dem ihnen durch das Segment verlie-henen Bonus Dauer verleihen. Ohne dieses Phänomen wäre auch der größte Fehler des Marketing, das sog. „me too", nicht denkbar, weil der, der auf dem Segment sitzt, mit dem, der auch dahin will, das Hase-Igel-Spiel spielt und dem Hasen zum Flop verhilft.

3.2. Spezialisierungsrichtungen

3.2.1. Sektorale Ausprägungen des Marketing und Konsumenten-verhalten

In dem Maße, in dem sich in einem Diffusionsprozeß der Marketing-gedanke von einer Branche zur anderen ausbreitete, ging auch die Wis-senschaft der Frage nach, welche spezifische Ausprägung Marketing er-fahre, wenn es in verschiedenen Branchen, wie in der **Industrie** (vgl. *Backhaus*, 1982), oder im **Dienstleistungssektor** (vgl. *Engelhardt/Klein-altenkamp/Reckenfelderbäumer*, 1993; *Meffert/Bruhn*, 1995) oder in be-**stimmten Funktionsbereichen**, wie etwa der Beschaffung (vgl. *Ham-mann/Lohrberg*, 1986), angewandt würde.

Man kann dem Gedanken, daß, wenn Marketing **Kundenorientierung** bedeutet, man darüber erst etwas sagen kann, wenn man über den letz-ten Kunden, den Konsumenten, etwas Genaues weiß, nicht die Konse-quenz absprechen, was dann in die physiologische Messung führt, wie bei *Kroeber-Riel* (1975) und seinen Schülern (vgl. z.B. *Trommsdorff,* 1989; *Weinberg,* 1977).

3.2.2. Multivariate Verfahren und Dynamik

Empirische Arbeit führt zu Komplexität, die auch bei Reduktion noch vielfältige Einflüsse zuläßt und damit zu Problemen führt, die von der methodischen Seite her erst mit **multivariaten Analyseverfahren** behandelbar werden (vgl. *Backhaus/Erichson/Plinke/Weiber,* 1980). Der bei Betrachtung der Evolution von Nachfragen (vgl. etwa *Dichtl,* 1991) und Angeboten (vgl. etwa *Tietz,* 1986) sich zeigende Wandel läßt sich methodisch nur dynamisch erfassen (vgl. *Sabel/Weiser,* 1995), was dann auch zur Einbeziehung der **Kontrolltheorie** führt.

3.3. Grenzüberschreitungen

3.3.1. Internationales Marketing und Metamarketing

Mit der Globalisierung der Märkte stellt sich auch die Frage nach der der Unternehmen, und damit erscheinen viele Werke zum **internationalen Marketing** (vgl. etwa *Meffert/Althans,* 1982). Erweitert man die Betrachtung vom Kunden auf alle Beteiligten des Marktes, Konkurrenten, Kanäle und die „Knute" als exogenes Umfeld, so treten **Wettbewerbsstrategien** (vgl. *Sabel/Weiser,* 1995, S. 121 ff.), **Trademarketing** mit **Category Management** (vgl. *Zentes,* 1989) und **Public Relations** ins Blickfeld.

3.3.2. Non-Profit-Marketing und Vielfalt

Der Erfolg einer Disziplin läßt sie die bisherigen Grenzen vergessen und wendet das Paradigma, dem Vorschlag *Kotler*s (1978) folgend, auf alle Fragen von **Politiker-** über **Kultur-** (vgl. *Müller-Hagedorn,* 1993) bis zum **Spenden-Marketing** an. Die Vielfalt in der Disziplin zeigt sich in der Vielfalt der Ausrichtungen der Lehrstühle, die die verschiedensten Schnittmengen von Institutionen, Funktionen, Methoden und anderen Fächern (vgl. *Sabel/Weiser,* 1995, S. 120) aufweisen.

3.4. Theoretische und praktische Eklektizismen

3.4.1. Einzelthemen und Brücken zur Institutionen- und Informationsökonomie

In der Postmoderne greift man klassische Themen neu auf, z.B. das der **Kundenzufriedenheit** (vgl. *Simon/Homburg,* 1995) oder, wie *Simon* (1996), ob es **Marktführerschaft** auch bei kleineren Unternehmen gibt. Man sucht auch festzustellen, welche Relevanz die **Institutionen-** und **Informationsökonomie** für Marketing hat (vgl. *Kaas*, 1995a; 1995b) und findet die Antwort in neuen **Geschäfts-** und **Vertragstypen** (vgl. *Aufderheide/Backhaus*, 1995) und kommt zu neuen **Systematiken** von **Gütern** (vgl. *Weiber/Adler*, 1995).

3.4.2. Küchenlatein und Konzepte

In der Managementliteratur erscheint fast jeden Monat ein neues Buch, das zur Gründung einer neuen Beratungsgesellschaft führt. Im Marketing erscheint jeden Monat ein neues Thema. Themen wie Bücher haben eine kurze Verfallszeit. Nur einige erweisen sich als Konzepte, wie etwa der **Prozeßgedanke** bei Strategie, Organisation (vgl. dazu *Kieser*, 1998, S. 107 ff., in diesem Buch) und Kostenrechnung.

4. Gesamtdarstellungen und Hinterfragungen

4.1. Gesamtdarstellungen und Selbstzweifel

Nimmt die Zahl der Studenten und die Zahl der Lehrstühle für Marketing zu, so erscheinen Lehrbücher (vgl. etwa *Nieschlag/Dichtl/Hörschgen*, 1994; *Meffert*, 1986, *Böcker*, 1994; *Scheuch*, 1996), Reader (vgl. etwa *Weinberg/Behrens/Kaas* (Hrsg.), 1974; *Köhler/Zimmermann*, 1977; *Raffée/Wiedmann*, 1985), Lexika (vgl. etwa *Diller*, 1992) und Reihen (vgl. etwa die *Kohlhammer Edition Marketing*) zum Marketing. Die Vielfalt der Disziplin zeigt sich in der Tatsache, daß das Handwörterbuch des Marketing 4153 Namensnennungen kennt. In einer solchen Vielfalt gibt es auch Selbstzweifel im Wertewandel im Spannungsfeld zwischen manipulierender Werbung (vgl. *Raffée/Gosslar/Hiss/Kandler/Wetzel*, 1976), mangelnder ökologischer Orientierung (vgl. *Hansen/Leitherer*, 1984) und Wertediskussion (vgl. *Raffée/Specht*, 1974).

4.2. Gesamtkritik und Mißverständnisse

Schneider (1983) hat Marketing „als Wissenschaft aus dem Geiste des Unternehmerversagens" bezeichnet und eine „Flucht der Marketinglehre vor der Wirtschaftstheorie" konstatiert und Marketing als Treppenwitz bezeichnet (*Schneider*, 1997, S. 499). *Dichtl* (1983, S. 1071) hat ihm entgegnet, daß es für „diejenigen Marketingökonomen, die bei der Lösung praktischer Probleme mitwirken ... wollen, kaum eine wirtschafts-, sozial- oder formalwissenschaftliche Disziplin [gebe], auf die nicht rekurriert werden müßte".

4.2.2. Realitätsmißverständnisse

Daß *Schneider* (1983, S. 221) bei Marketing an Betrug denkt, liegt wohl daran, daß er unterstellt, ein Unternehmen sei nicht in der Lage zu antizipieren, daß ein betrogener Kunde nie mehr zurückkommt. Es ist offenbar auch für Wissenschaftler schwer zu verstehen, daß das Streben nach langfristiger Kundenzufriedenheit nur das Instrument zum Gewinn ist.

4.3. Gesamtkonflikt und -entscheidung

4.3.1. Der Vorwurf des verlorenen Sohnes

Hax (1991, S. 53) hat Marketing grundsätzlich vorgeworfen, es habe sich von der gemeinsamen Basis der Mikroökonomie entfernt und habe eigentlich dorthin zurückzukehren, weil „Ökonomische Theorie [...] als System logisch verstandener Aussagen verstanden werden" müsse. Betrachtet man den tabellarischen Paradigmenvergleich (vgl. *Tab. 1*), so kann der verlorene Sohn nicht zurück.

4.3.2. Die Entscheidung für Offenheit in den Methoden

Man muß sich für die Offenheit der Methoden aussprechen (vgl. *Schanz*, 1998, S. 31 ff., in diesem Buch), weil modellgestützte Ansätze zu nichtrepräsentativen Aussagen über die Wirklichkeit führen können. Unternehmen wie *Coca Cola* würden sich über die Interpretation der Werbung nach der Signaling Theory wundern, nach der sie Milliarden an Werbedollars dafür ausgeben, damit „Information zwischen rational urteilenden Partnern glaubhaft übermittelt" (*Hax*, 1991, S. 65) würde.

4.4. Eine aperçu und eine Frage

4.4.1. Das aperçu: Der Abschied vom Marketing

So verkündet *Gerken* (1991, S. 168) den Abschied vom Marketing und

Kriterium	Neuere Mikroökonomie	Marketing
Inhalt	System logisch verknüpfter Aussagen	Erklärung von Verhalten von Marktpartnern als Basis für Entscheidungen des Unternehmens
Grundannahme	Rationalverhalten, konkretisiert in Nutzen-, Gewinn- oder Vermögensmaximierung	beschränkte Rationalität verschiedener „homines oeconomici et sociologici et psychologici"
Annahmen über die betrachtete Wirklichkeit	• begrenzte Fähigkeit zur Informationsverarbeitung	• nicht nur Information, auch Emotion
	• eigennütziges („opportunistisches") Verhalten der Individuen	• Lernen statt Opportunismus
	• auf Dauer angelegte Verträge	• mit Instrumenten handelnde Unternehmen
Angestrebte Aussage	Existenz von Gleichgewichten	Erklärung realer Phänomene sowie Ableitung optimaler Entscheidungen in Situationen
Steuerung	Preis	vier oder mehr Marketinginstrumente
Maßstab	logische Stringenz der Ableitung aus Modellannahmen	Repräsentativität der Realität
Güte	Eleganz	Relevanz
Innovation	model driven	problem driven

Tab. 1: Vergleich der Paradigmen

kündigt das Zeitalter der Interfusion an: „Was man mitgestaltet, bekämpft man am wenigsten." Dann aber wird Marketing bleiben, denn wer nur mit dem Kunden und nicht für ihn ist, wird scheitern, wenn andere Wettbewerber für ihn sind.

4.4.2. Eine Frage: Quo vadis Marketing?

Diese Frage haben Studenten Professoren (vgl. *Schwarz/Sturm/Klose*, 1987), Professoren Praktikern (vgl. *Meffert/Kirchgeorg*, 1994) und Trendforscher der Welt (vgl. *Horx/Wippermann*, 1995) gestellt. Die Antworten sind so vielfältig, daß sich auch nach hundert Jahren die Frage nicht endgültig beantworten läßt, ob Wissenschaft der Wirklichkeit oder der Methode folgt und was für Wirklichkeit und Wissenschaft besser ist.

Literatur

Albers, S., K. Brockhoff, A procedure for new product positioning in an attribute space, European Institute for Advanced Studies in Management, Working Paper 76-15, Brüssel 1976.

Aufderheide, P., K. Backhaus, Institutionenökonomische Fundierung des Marketing: Der Geschäftstypenansatz, in: Zeitschrift für betriebswirtschaftliche Forschung, Sonderheft 35 (1995), S. 43–60.

Backhaus, K., Investitionsgüter-Marketing, München 1982.

Backhaus, K., B. Erichson, W. Plinke, R. Weiber, Multivariate Analysemethoden. Eine anwendungsorientierte Einführung, 1. Aufl., Berlin et al. 1980.

Behrens, K., Absatzwerbung, Wiesbaden 1963.

Böcker, F., Der Distributionsweg einer Unternehmung, Berlin 1972.

Böcker, F., Marketing, 5. Aufl., Stuttgart 1994.

Dichtl, E., Die Beurteilung der Erfolgsträchtigkeit eines Produktes als Grundlage der Gestaltung des Produktionsprogramms, Berlin 1970.

Dichtl, E., Marketing auf Abwegen?, in: Zeitschrift für betriebswirtschaftliche Forschung, 35. Jg. (1983), S. 1066–1074.

Dichtl, E., Der Weg zum Käufer, 2., überarb.. Aufl., München 1991.

Dichtl, E., H.H. Bauer, R. Schobert, Die Dynamisierung mehrdimensionaler Marktmodelle am Beispiel des deutschen Automobilmarktes, in: Marketing ZFP, Zeitschrift für Forschung und Praxis, 2. Jg. (1980), S. 163–178.

Diller, H. (Hrsg.), Vahlens Großes Marketing Lexikon, München 1992.

Engelhardt, W.H., M. Kleinaltenkamp, M. Reckenfelderbäumer, Leistungsbündel als Absatzobjekte. Ein Ansatz zur Überwindung der Dichotomie von Sach- und Dienstleistungen, in: Zeitschrift für betriebswirtschaftliche Forschung, 45. Jg, (1993), S. 395–426.

Gerken, G., Abschied vom Marketing. Interfusion statt Marketing, 3. Aufl., Düsseldorf et al. 1991.

Gutenberg, E., Grundlagen der Betriebswirtschaftslehre, Bd. II, Der Absatz, 1. Aufl., Berlin et al. 1955.

Hammann, P., W. Lohrberg, Beschaffungsmarketing. Eine Einführung, Stuttgart 1986.

Hansen, U., E. Leitherer, Produktpolitik, Stuttgart 1984.

Hax, H., Theorie der Unternehmung – Information, Anreize und Vertragsgestaltung, in: *Ordelheide, D., Rudolph, B., Büselmann, B.* (Hrsg.), Betriebswirtschaftslehre und ökonomische Theorie, Stuttgart 1991, S. 51–72.

Horx, M., P. Wippermann, Trendbüro: Wie Waren zu Ikonen werden, Düsseldorf 1995.

Jacob, H., Preispolitik, Wiesbaden 1963.

Kaas, K.P., Marketing und neue Institutionenökonomie, in: Zeitschrift für betriebswirtschaftliche Forschung, Sonderheft 35 (1995a), S. 1–17.

Kaas, K.P., Marketing zwischen Markt und Hierarchie, in: Zeitschrift für betriebswirtschaftliche Forschung, Sonderheft 35 (1995b), S. 19–42.

Knoblich, H., Die Typologie der Waren als Kernstück einer wirtschaftlichen Warenlehre, in: Zeitschrift für betriebswirtschaftliche Forschung, 17. Jg. (1965), S. 686–712.

Köhler, R., Marketing-Organisation, Stuttgart 1989.

Köhler, R., H.J. Zimmermann (Hrsg.), Entscheidungshilfen im Marketing, Stuttgart 1977.

Kotler, Ph., Marketing für Non-Profit-Organisationen, Stuttgart 1978.

Krautter, J., Marketing-Entscheidungsmodelle, Wiesbaden 1973.

Kroeber-Riel, W., Konsumentenverhalten, 1. Aufl., München 1975.

Kroeber-Riel, W., Strategie und Technik der Werbung, 2. Aufl., Stuttgart et al. 1990.

Meffert, H., Marketing: Grundlagen der Absatzpolitik, 7. Aufl,. Wiesbaden 1986.

Meffert, H., J. Althans, Internationales Marketing, Stuttgart et al. 1982.

Meffert, H., M. Kirchgeorg, Marketing – Quo Vadis?, Arbeitspapier Nr. 89 der *Wissenschaftlichen Gesellschaft für Marketing und Unternehmensführung e. V.,* 1994.

Meffert, H., M. Bruhn, Dienstleistungsmarketing, Wiesbaden 1995.

Müller-Hagedorn, L., Kulturmarketing, Hagen 1993.

Nieschlag, R., Die Dynamik der Betriebsformen im Handel, Essen 1954.

Nieschlag, R., E. Dichtl, H. Hörschgen, Marketing, 17. Aufl., Berlin 1994.

Oberparleiter, K., Funktionen- und Risikenlehre des Warenhandels, Berlin, Wien 1930.

Raffée, H., G. Specht, Basiswerturteile der Marketing-Wissenschaft, in: Zeitschrift für betriebswirtschaftliche Forschung, 26. Jg. (1974), S. 373–396.

Raffée, H., H. Gosslar, W. Hiss, C. Kandler, H. Wetzel, Irreführende Werbung, Wiesbaden 1976.

Raffée, H., K.P. Wiedmann (Hrsg.), Strategisches Marketing, Stuttgart 1985.

Sabel, H., Produktpolitik in absatzwirtschaftlicher Sicht, Wiesbaden 1971.

Sabel, H., Qualitäten, Preise, Mengen, in: Zeitschrift für Betriebswirtschaft, 60. Jg. (1990), S. 745–772.

Sabel, H., Chr. Weiser, Dynamik im Marketing, Wiesbaden 1995.

Schäfer, E., Über die zukünftige Gestalt der Absatzlehre, in: *G. Bergler, E. Schäfer,* Um die Zukunft der deutschen Absatzwirtschaft, Berlin 1936, S. 30–54.

Scheuch, F., Marketing, 5. Aufl., München 1996.

Schmalenbach, E., Die Selbstkostenrechnung, in: ZfhF, 13. Jg. (1919), S. 257–299 und S. 321-356.

Schmidt, F., Die Industriekonjunktur, ein Rechenfehler!, in: Zeitschrift für Betriebswirtschaft, 4. Jg. (1927), S. 1–29, 87–114, 165–199.

Schneider, D., Marketing als Wirtschaftswissenschaft oder Geburt einer Marketingwissenschaft aus dem Geiste des Unternehmerversagens, in: Zeitschrift für betriebswirtschaftliche Forschung, 35. Jg. (1983), S. 197–223.

Schwarz, Chr., F. Sturm, W. Klose (Hrsg. für *Marketing zwischen Theorie und Praxis e.V.*), Marketing 2000, Perspektiven zwischen Theorie und Praxis, Wiesbaden 1987.

Seyffert, R., Wirtschaftslehre des Handels, Köln et al. 1951.

Simon, H., Preismanagement, Wiesbaden 1982.

Simon, H., Die heimlichen Gewinner: Die Erfolgsstrategien unbekannter Weltmarktführer, 2. Aufl., Frankfurt a.M. 1996.

Simon, H., Chr. Homburg (Hrsg.), Kundenzufriedenheit. Konzepte - Methoden - Erfahrungen, Wiesbaden 1995.

Spiegel, B., Die Struktur der Meinungsverteilung im sozialen Feld – Das psychologische Marktmodell, Stuttgart 1961.

Tietz, B., Bildung und Verwendung von Typen in der Betriebswirtschaftslehre, dargestellt am Beispiel der Messen und Ausstellungen, Köln, Opladen 1960.

Tietz, B. (Hrsg.) Handwörterbuch der Absatzwirtschaft, Stuttgart 1974.

Tietz, B., Optionen bis 2030, Stuttgart 1986.

Tietz, B., R. Köhler, J. Zentes (Hrsg.), Handwörterbuch des Marketing, Stuttgart 1995.

Trommsdorff, V., Konsumentenverhalten, Stuttgart et al. 1989.

Weiber, R., J. Adler, Der Einsatz von Unsicherheitsreduktionsstrategien im Kaufprozeß: Eine informationsökonomische Analyse, in: Kontrakte, Geschäftsbeziehungen, Netzwerke – Marketing und neue Institutionenökonomik, in: Zeitschrift für betriebswirtschaftliche Forschung, Sonderheft 35 (1995), S. 61–77.

Weinberg, P., Die Produkttreue der Konsumenten, Wiesbaden 1977.

Weinberg, P., G. Behrens, K.-P. Kaas (Hrsg.), Marketingentscheidungen, Köln 1974.

Wiswede, G., Soziologie des Verbraucherverhaltens, Stuttgart 1972.

Zentes, J., Trade-Marketing. Eine neue Dimension in den Hersteller-Händler-Beziehungen, in: Marketing · ZFP, Zeitschrift für Forschung und Praxis, 11. Jg. (1989), S. 224–229.

Geschichte und ausgewählte Gegenwartsprobleme der Wirtschaftsinformatik

Prof. Dr. Dr. h.c. mult. Peter Mertens

Der Beitrag startet mit der Entstehungsgeschichte der noch jungen Disziplin „Wirtschaftsinformatik", die sich zwischen der Betriebswirtschaftslehre und der Informatik ansiedelt. Eine Reihe von Meilensteinen zeigt, wie sich das ursprünglich als eine Art Notlösung geschaffene Fach in Lehre und Forschung etabliert hat. Es werden die Wirtschaftsinformatik des deutschsprachigen Raums im internationalen Bezug sowie Studieninhalte und aktuelle Forschungsthemen skizziert. Abschließend führt der Autor ausgewählte Gegenwartsprobleme aus.

1. Die Entstehung des Fachs

Die Wirtschaftsinformatik (WI) entstand im deutschsprachigen Raum, als die Einführung der ersten Computer in die Betriebe erhebliche **Herausforderungen** mit sich brachte und weder die Betriebswirtschaftslehre (BWL) noch die Informatik als Hochschuldisziplin dem in der Forschung und in der Lehre Rechnung trugen. Das junge Fach sah sich einerseits den etablierten, mit großen Kapazitäten (im Sinne der Zahl von Lehrstühlen, wissenschaftlichen Mitarbeitern, Studenten) ausgestatteten Wirtschaftswissenschaften und andererseits der mächtigen, fachlich anfangs eng fokussierten (Kern-)Informatik gegenüber.

Viele WI-Lehrstühle wurden dadurch eingerichtet, daß die wirtschaftswissenschaftlichen Fakultäten **Ressourcen umwidmeten** (z.B. einen vakanten Operations Research (OR)-Lehrstuhl) oder Überlast-Budgets dazu heranzogen. Vielleicht waren es die sehr **begrenzten Mittel** und die damit verbundenen Widerwärtigkeiten, die die Wirtschaftsinformatiker im deutschsprachigen Raum verhältnismäßig eng **zusammenschweißten** (übertrieben formuliert: eine Art Notgemeinschaft), mit der Folge, daß die „Scientific Community" ein beträchtliches Maß an Geschlossenheit zeigt.

Über eine Anzahl an pragmatischen Schritten (vgl. *Tab. 1*) entstand ein Fach, dessen Zahl der Lehrstühle sich gegenwärtig etwa 1:4 zur Zahl der Informatik-Lehrstühle verhält (vgl. *Mertens/Horstmann*, 1996).

2. Meilensteine in der Geschichte der Wirtschaftsinformatik

Die Zeittafel in *Tab. 1* ist in Auszügen dem Studienführer Wirtschaftsinformatik entnommen (vgl. *Heinrich*, 1996).

ab 1955	Erste größere Anwendungen der Elektronischen Datenverarbeitung (EDV) in Wirtschaft und Verwaltung. Unternehmen müssen Hochschulabsolventen Grundkenntnisse der EDV vermitteln. Vereinzelt bauen Inhaber betriebswirtschaftlicher Lehrstühle EDV-Lehrveranstaltungen in ihr Lehrprogramm ein.
1966	Erste EDV-orientierte Habilitationsschrift im deutschsprachigen Raum (vgl. *Mertens*, 1966).
1968	Erster betriebswirtschaftlicher Lehrstuhl im deutschsprachigen Raum mit expliziter Ausrichtung auf Datenverarbeitung an der Hochschule für Sozial- und Wirtschaftswissenschaften in Linz.
1968/69	*E. Grochla* fordert in seinen **Memoranden** explizit die Ausbildungsrichtung Betriebsinformatik, da es für ihn als nicht ausreichend anzusehen war, die betrieblichen Anwendungen in reinen Informatik-Studiengängen sowie die Betriebsinformatik in betriebswirtschaftlichen Studiengängen quasi als Nebenfach zu behandeln.
1970	Gründung des Stiftungslehrstuhls „Organisationstheorie und Datenverarbeitung (Mittlere Datentechnik)" an der Universität Karlsruhe durch die Firmen *Akkord, Hohner, Kienzle* und *RUF*. Erster betriebswirtschaftlicher Lehrstuhl in der Bundesrepublik Deutschland mit expliziter Ausrichtung auf Datenverarbeitung an der Universität Erlangen-Nürnberg.
1971	Schaffung des überregionalen Forschungsprogramms Informatik durch die deutsche Bundesregierung mit 50 zum Teil gut ausgestatteten Forschungsgruppen für Kerninformatik, aber nur zwei mehr betriebswirtschaftlich orientierten Forschungsgruppen (Darmstadt, Erlangen-Nürnberg).
1975	Gründung der Wissenschaftlichen Kommission **Betriebsinformatik** (später: *Wissenschaftliche Kommission Wirtschaftsinformatik - WKWI*) im *Verband der Hochschullehrer für Betriebswirtschaft e. V.*; eine gewisse Eigenständigkeit der WI innerhalb der BWL wird damit dokumentiert. Beginn der Diskussion zur Frage der WI als wissenschaftliche Disziplin.

1975/76	Einrichtung der **Studiengänge** „Betriebs- und Wirtschaftsinformatik" (1975 Universität Wien gemeinsam mit der Technischen Universität Wien) bzw. „Betriebs- und Verwaltungsinformatik" (1976 Universität Linz) und „Wirtschaftsinformatik" (1976 Technische Hochschule Darmstadt) als erste einschlägige Vollstudien (in der Form von Studienversuchen).
1978/80	Erstmals übernimmt mit *P. Mertens* ein Wirtschaftsinformatiker den Vorsitz des Verbandes der Hochschullehrer für Betriebswirtschaft.
1980	*H. Wedekind* löst mit seinem Beitrag „Was heißt und zu welchem Ende studiert man Betriebsinformatik?" im ZfB-Forum eine größere, bis 1982 anhaltende Diskussion aus (vgl. *Wedekind*, 1980).
1985	Die erste **Zeitschrift** für WI mit dem Titel „Information Management – Praxis, Ausbildung und Forschung der Wirtschaftsinformatik" wird begründet (erscheint seit März 1986, seit 1990 ohne den genannten Untertitel).
1986	Die ersten Lexika der WI erscheinen („Wirtschaftsinformatik-Lexikon", „Lexikon der Wirtschaftsinformatik").
ab 1989	Es setzt ein deutliches **Wachstum** der Zahl von Lehrstühlen ein, zu deren Lehr- und Forschungsgebiet die WI gehört. WI wird an vielen Universitäten als Pflichtfach, Wahlfach und Nebenfach anderer Studiengänge (insbesondere der BWL) eingeführt und breitet sich auch als eigenständiger Studiengang weiter aus.
1993	Die WKWI beschließt Ausstattungsempfehlungen für WI-Institute und erarbeitet eine grundlegende Stellungnahme, in der der Gegenstandsbereich der WI sowie ihre Forschungsziele und Forschungsmethoden definiert werden („Profil der Wirtschaftsinformatik", veröffentlicht in: WIRTSCHAFTSINFORMATIK, 36. Jg. (1994), S. 80–81). Die WI bekennt sich zur Vielfalt ihrer Wurzeln (insbesondere BWL, Sozialwissenschaften, Informatik, Mathematik); sie erkennt ingenieurwissenschaftliche und formalwissenschaftliche Ansätze als gleichberechtigt an neben betriebswirtschaftlichen und sozialwissenschaftlichen Ansätzen. An der Universität Münster wird unter Leitung von *K. Kurbel* die erste große und öffentliche Fachtagung **„WI'93"** mit 560 Teilnehmern durchgeführt, auf der ein namhafter Vertreter der Informatik die WI als „Bruderdisziplin" bezeichnet und zum „Schulterschluß" aufruft.
1995	An der Universität Frankfurt/Main wird unter Leitung von *W. König* die zweite große Fachtagung der WI unter der Kurzbezeichnung WI'95 durchgeführt. Mit nahezu 800 Teilnehmern übertrifft sie die großen traditionellen Tagungen der Betriebswirte und Informatiker. Erstmals wird ein Wirtschaftsinformatiker (*K. Bauknecht*) Präsident der Weltorganisation *International Federation for Information Processing (IFIP)*.
1996	Mit *W. Stucky* wird erstmals ein Wirtschaftsinformatiker zum **Präsidenten** der *Gesellschaft für Informatik (GI)* gewählt.

Tab. 1: Meilensteine in der Geschichte der WI

3. Die Wirtschaftsinformatik
im internationalen Bezug

Die WI ist im deutschsprachigen Raum **eigenständig** gewachsen. Man darf sie keineswegs als Kopie eines ausländischen (z.b. US-amerikanischen) Vorbildes begreifen.

Wichtige Unterschiede zur amerikanischen Schwesterdisziplin „Information Systems" (IS) sind:

(1) In dem Kontinuum, das man sich zwischen den Polen „Kern-BWL" und „Kern-Informatik" vorstellen mag, ist die WI **näher** an der **BWL** angesiedelt als IS. Ein essentielles Anliegen der WI ist es, über das „Vehikel" Informationsverarbeitung (IV) die Unternehmen mit möglichst modernen und effizienten Funktionen und Prozessen auszustatten. Dabei spielt implizit die „Best-Practice-Philosophie" eine wichtige, aber nicht unumstrittene Rolle (vgl. *Buhl/Mertens/Reitwiesner/Will*, 1997, S. 639 ff.). Hingegen setzt IS etwas andere Schwerpunkte. Beispielsweise bewegen sich viele Forschungsprojekte in den USA an der Grenze zwischen IV und **Betriebspsychologie** oder -soziologie. Man will Gesetzmäßigkeiten finden, die Erfolge und Mißerfolge der betrieblichen IV erklären.

(2) Es entspricht wohl deutscher Mentalität mehr als amerikanischer, **integrierte** oder gar hochintegrierte Systeme zu schaffen, die aber nur mit erheblichen Zeit- und Geldressourcen zu realisieren sind. Der kommerzielle Erfolg der *SAP AG* darf als Symptom für die Früchte dieser Strategie gewertet werden. Hingegen liegt die Stärke der Amerikaner bei der pragmatisch-dynamischen Umsetzung neuer Einzelideen.

(3) Während die US-amerikanischen Hochschullehrer eher beobachten, wie in Betrieben neue IV-Systeme geschaffen werden, und die Entwicklung, Einführung und Funktionalität dieser Anwendungen in Case Studies beschreiben und analysieren, engagieren sich deutsche Wissenschaftler stärker in der Anfertigung von Prototypen.

4. Chancen und Trends am „Ausbildungsmarkt"

Das Fach WI hatte über seine junge Geschichte hinweg nie mit ernsthaften und längeranhaltenden Problemen zu kämpfen, was die Chancen seiner Absolventinnen und Absolventen am Arbeitsmarkt angeht, und wiederholt **„Boom-Phasen"** erlebt. Eine solche Überhitzung am Arbeitsmarkt ist auch gegenwärtig zu registrieren. Die hohen Anforderungen des Studiums (siehe Abschn. 5) und die an vielen Hochschulen eingeführten Zulassungsbeschränkungen dürften aber einen ausgesprochenen „Schweinezyklus", der sich in sprunghaft wachsenden Studentenzahlen manifestieren würde, verhindern.

Die Attraktivität des Faches am Arbeitsmarkt führt viele Einrichtungen dazu, WI-Kurse und -Studiengänge auf unterschiedlichen Ebenen des Bildungssystems zu offerieren, ohne daß sie über die unabdingbaren Fachkräfte verfügten. Beispielsweise wurde an einer Hochschule mit BWL- und Informatik-Lehrstühlen ein WI-Studiengang eingerichtet, ohne einen einzigen WI-Lehrstuhl zu gründen. Derartige Entwicklungen mögen dazu führen, daß sowohl das Profil als auch die Standards des Faches „ausfransen".

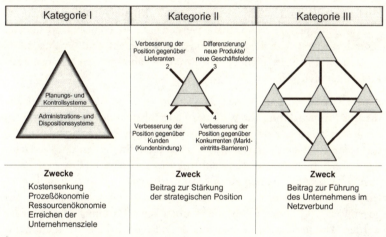

Quelle: *Mertens*, 1997, S. 16.

Abb. 1: Der Beitrag der WI zur Unternehmensmission

5. Das Studium der Wirtschaftsinformatik

Das **Studium** ist in mehrfacher Hinsicht **anspruchsvoll**:

(1) Da die IV alle Funktionsbereiche und Prozesse des Unternehmens, alle Führungsebenen und auch alle Kooperationsformen durchdringt

(vgl. *Abb. 1*), muß die Ausbildung schon mit Bezug auf die betriebs-wirtschaftlichen Inhalte sehr breit, quasi „flächendeckend" angelegt sein. Auch eine solide juristische Basis ist zu schaffen. Dazu kommt der Komplex Kern-Informatik, der wiederum eine fundierte mathe-matische Grundlage impliziert. Schließlich sind verhaltenswis-senschaftliche Grundlagen unverzichtbar; denn ihrer muß sich der Wirtschaftsinformatiker bedienen, wenn es um die **Einführung** von Administrations-, Dispositions- sowie Planungs- und Kontrollsyste-men und um die Mensch-Maschine-Schnittstelle geht.

(2) Schon die rein quantitativen Maße, wie etwa die Zahl der Semester-wochenstunden, Prüfungen, Praktikumsmonate, großen Arbeiten (Studienarbeiten, Projektstudien, Diplomarbeiten), lassen die **hohen Anforderungen** an die Studierenden der WI erkennen.

Wegen der rasch aufeinanderfolgenden Innovationen muß die WI mögli-cherweise mehr als andere Universitätsfächer darauf achten, daß die Studieninhalte und -ordnungen in engen Rhythmen an universitäts-externe Entwicklungen angepaßt werden. Die in Deutschland übliche zentral-bürokratische Regelung von Studienplänen und Prüfungsord-nungen wird in ihrer mangelnden Reaktionsfähigkeit den Zwängen zur Flexibilität nicht gerecht.

Beispielsweise wird schon seit April 1994 an einer bundesweiten **Rah-menprüfungsordnung** für WI unter Federführung der *Hochschulrektoren-Konferenz* und einer Kommission gearbeitet, in der Professoren der BWL, der Informatik und der WI sowie Assistenten, Studenten und Vertreter der Länder bzw. der Wissenschaftsministerien sitzen. Trotz eines effi-zienten Arbeitsstils in den Kommissionssitzungen selbst führen die vie-len Rückkopplungen, z.B. mit allen deutschen Hochschulen, dazu, daß gegenwärtig (Oktober 1998) immer noch keine Ordnung verabschiedet werden konnte. Welche Problematik darin liegt, wird z.B. deutlich, wenn man sich vor Augen hält, daß das Internet als kommerzielles Medium, welches den Lehr- und Forschungsbetrieb der WI zutiefst beinflußt, erst seit dem Frühjahr 1994 existiert. (Oft wird von Technik-Historikern die sog. *Canter-Siegel*-Episode im Frühjahr 1994 als Beginn des Internet als kommerzielles Netz bezeichnet.)

Forschungsschwerpunkt	Nennungen[1] absolut	Lehrstühle[2] absolut	relativ[3] (in %)
Methoden	139[4]	80[5]	82
Management Information Systems/ Decision Support Systems	32	28	29
Künstliche Intelligenz	32	25	26
Workflow Management/ Workgroup Computing	28	27	28
Kommunikationssysteme	14	13	13
Computer Based Learning	8	7	7
Anwendungssysteme	80	53	55
Industrie/Computer Integrated Manufacturing/ Produktionsplanungs- und -steuerungssysteme	20	13	13
übergreifend	16	16	16
Rechnungswesen und Controlling/Finanzwirtschaft	12	12	12
Logistik und Handel	11	10	10
Büroinformationssysteme	10	10	10
Dienstleistungsbereich	7	7	7
Marketing	4	4	4
Software Engineering/Modellierung/ Objektorientierte Ansätze	71	49	50
Informationsmanagement	62	46	47
Datenbankmanagement	30	23	23

[1] Zahl der Nennungen der Forschungsschwerpunkte.
[2] Thematische Mehrfachnennungen je Lehrstuhl wurden nicht mitgezählt.
[3] Bezogen auf die berücksichtigten 98 WI-Lehrstühle (C4).
[4] Die Angabe entspricht der Summe der Einzelposten.
[5] Die Summe der Lehrstühle, die sich mit „Methoden" beschäftigen, läßt sich nicht einfach als Summe der Lehrstühle mit den Forschungsschwerpunkten „Management Information Systems/Decision Support Systems", „Künstliche Intelligenz" usw. berechnen, da einzelne Lehrstühle mehrere Forschungsschwerpunkte nennen konnten, jeder Lehrstuhl aber nur einfach gewertet werden darf. Dies ist nötig, um interessante Angaben wie „x % der WI-Lehrstühle beschäftigen sich mit Methoden" zu erhalten.

Tab. 2: Forschungsschwerpunkte der WI

6. Aktuelle Forschungsschwerpunkte

Tab. 2 zeigt eine Momentaufnahme der Forschungsschwerpunkte in der WI. Sie basiert auf einer Auszählung der Angaben, die deutschsprachige Wirtschaftsinformatiker an den Universitäten 1996 für die 5. Auflage des Studienführers Wirtschaftsinformatik gemacht haben (vgl. *Mertens/Horstmann*, 1996).

In vielen Fällen muß die WI Forschungsaufgaben der BWL und zuweilen des OR sowie der Informatik übernehmen. Beispiele sind:

(1) Die Entwicklung pragmatischer **Algorithmen** für die mittelfristige kombinierte Produktions- und Absatzplanung (MRP II).

Die historisch aus der betriebswirtschaftlichen Produktionstheorie stammenden Verfahren waren ebenso wie die Ablaufplanungsmodelle der Unternehmensforschung nicht geeignet, die „verschmutzten" Probleme bei der Steuerung von mehrstufiger Variantenfertigung u.ä. im IV-System abzubilden.

(2) Die Abgrenzung von **Betriebstyp-** und **Branchenmodellen**.

Der typisierende Ansatz ist in der BWL seit den Arbeiten *E. Schäfer*s (vgl. *Schäfer*, 1969; 1971) in den 60er Jahren, von Ausnahmen, z.B. *H. Glaser* (vgl. *Glaser/Geiger/Rohde*, 1992), abgesehen, zu sehr vernachlässigt worden. Die WI kann bei der Herausforderung, Mittelwege zwischen universeller Standard- und Individualsoftware zu finden, zu wenig auf betriebswirtschaftliche Vorarbeiten zurückgreifen.

(3) Die Auseinandersetzung mit den Möglichkeiten und Grenzen der Management-Information.

Hierbei konnte die WI nur wenige Aussagen der BWL nutzen, welche Führungsinformationen für welche Leitungsaufgaben benötigt werden. Allenfalls waren **Kennzahlensysteme** hilfreich.

Im Verhältnis zur (Kern-)Informatik fällt der WI – ähnlich wie in der Relation zum OR – auch die Aufgabe zu, die oft zu einfachen und für die Praxis nicht repräsentativen Beispiele („Toy Examples"), an denen Informatiker die Methoden (z.B. Workflow-Management-Modelle, Petri-Netze) zu erläutern pflegen, auf Brauchbarkeit in der Wirklichkeit zu prüfen. Gegebenenfalls müssen exakte, aber letztlich nicht mit vernünftigem Implementierungsaufwand und erträglichen Antwortzeiten realisierbare Verfahren durch pragmatische Heuristiken ersetzt werden.

7. Ausgewählte Gegenwartsprobleme

Im folgenden sollen fünf Problemkomplexe der WI akzentuiert werden:

(1) Die unternehmenstheoretische Fundierung der WI läßt zu wünschen übrig, z.B. werden in vielen Arbeiten die sog. Ingenieurziele (minimale Kosten, Termintreue, Bestandsreduzierung, maximale Kapazitätsauslastung) implizit oder explizit zugrunde gelegt, nicht aber die **Kapitalrentabilität** oder der Shareholder Value. Generell spiegelt sich der Trend zur wertorientierten Führung des Unternehmens in der Wirtschaftsinformatik zu wenig. Dies führt zu betriebswirtschaftlich-theoretisch falschen Modellen und Anwendungssystemen. Dabei versäumen es die Wissenschaftler und Praktiker in der Regel, plausibel zu machen, warum sie Ziele anstreben, die im schlimmsten Fall sogar mit der Rentabilitätsmaximierung konfligieren, und wieso im Einzelfall Praxiserwägungen ein Abweichen von der Theorie verlangen.

(2) Die Lebenszyklen von Lehr- und Forschungsgegenständen sind – teilweise als Folge des „natürlichen" technischen Fortschritts, z.B. beim Preis-/Leistungsverhältnis von Chips, z.T. als Folge geplanter Veralterung durch mächtige Software-Produzenten oder auch durch von Beratungsunternehmen geförderte **Modewechsel** – so kurz, daß es schwer fällt, dem in Forschung und Lehre zu folgen.

Zuweilen wird angedacht, die Disziplin von diesen nachteiligen Außenwirkungen zu befreien, indem man stärker generalisiert. Beispielsweise wäre an die Stelle eines Kurses in einer bestimmten, aktuellen Programmiersprache ein solcher zu setzen, in dem eine Kunstsprache gelehrt wird, welche die Grundeigenschaften von möglichst vielen praktischen Programmiersystemen auf sich vereint. Nachteilig an diesem Konzept ist, daß man sehr abstrakt lehren muß und sich daher rasch den Vorwurf der Praxisferne zuzieht.

Möglicherweise fehlt dem Fach eine **Langfristzielsetzung**, die es ihm erlauben würde, einem Trend zu folgen und von „Modewellen" unabhängiger zu werden, vergleichbar der Physik, die eine universelle Theorie der Materie finden will, welche sowohl die Physik der kleinsten Teilchen als auch jene des Universums umfaßt, oder der Medizin, die den beschwerde- und krankheitsfreien Menschen anstrebt. Als solches Langfristziel wird vom Verfasser die **sinnhafte Vollautomation** vorgeschlagen. „Sinnhaft" meint, daß ein Automationsschritt aufgrund seiner Vorzüge von der Allgemeinheit nach einer Lernfrist akzeptiert wird und sich allenfalls Nostalgiker und Sonderlinge nach der personellen Lösung zurücksehnen.

Als Analogie seien Kraftfahrzeuge genannt, wie sie noch vor einigen Jahrzehnten verbreitet waren: Man mußte erst nach Gefühl einen Choke ziehen, um das Benzin-Luft-Gemisch an die Außentemperatur anzupassen, dann eine Kurbel aus dem Kofferraum nehmen und den Motor anwerfen – unter der Gefahr, daß die Kurbel zurückschlug und die Hand verletzte. Weit sinnvoller ist ein PKW, bei dem die Umdrehung eines Zündschlüssels zum Starten genügt. Nicht zweifelsfrei sinnhaft ist hingegen ein Automatik-Getriebe, das die Beschleunigungswerte reduziert und den Kraftstoffverbrauch erhöht. Folglich sind die Präferenzen für Automatik- und handgeschaltete Getriebe unter den Automobilisten uneinheitlich.

(3) Die deutsche WI hat sich – von Ausnahmen abgesehen (z.B. ist die 4. Auflage des Buches „Wirtschaftsinformatik" von *A.-W. Scheer* unter dem Titel „Business Process Engineering: Reference Models for Industrial Enterprises" in 2. Auflage in den USA erschienen (vgl. *Scheer*, 1994)) – in ihrer Aufbauphase wenig Mühe gegeben, im **angelsächsischen Sprachraum** in Erscheinung zu treten. Vielleicht liegt hier eine von mehreren Ursachen dafür, daß sich frühes, im deutschsprachigen Raum entwickeltes Gedankengut international nicht durchsetzte und stattdessen nach mehreren Jahren amerikanische Begriffe wie „Workflow" als Neuheiten „importiert" und sogar mit englischen Worten „verkauft" wurden (zu Beispielen hierfür siehe *Abb. 2*).

(4) Es existiert an vielen Stellen von Wissenschaft und Praxis erheblicher Bedarf an **Standards** der IV. Aus der Sicht der Unternehmungen ent-

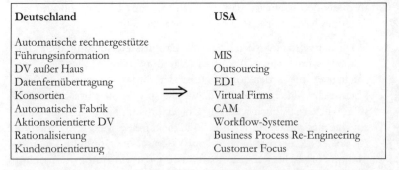

Deutschland		USA
Automatische rechnergestützte		
Führungsinformation		MIS
DV außer Haus		Outsourcing
Datenfernübertragung		EDI
Konsortien	$\Longrightarrow$	Virtual Firms
Automatische Fabrik		CAM
Aktionsorientierte DV		Workflow-Systeme
Rationalisierung		Business Process Re-Engineering
Kundenorientierung		Customer Focus

Abb. 2: Ersetzen von deutschen WI-Begriffen durch amerikanische Schlagworte

Problem	Erläuterung
1. Komplexitätsproblem	Mit IV-Investitionen geht eine Vielzahl von einzelnen Entscheidungen und Maßnahmen einher. Die IV-Systeme lassen sich hinsichtlich ihrer funktionalen sowie technischen Komponenten und deren Zusammenspiel nur unzureichend beschreiben.
2. Ermittlungsproblem	Zahlreiche Auswirkungen werden nicht erkannt, da sie beispielsweise in anderen Unternehmensbereichen oder erst nach längerer Nutzungszeit erzielbar sind.
3. Zurechnungsproblem	Ermittelte Wirkungen lassen sich häufig nicht allein der IV-Investition zuordnen, sondern hängen von weiteren Entscheidungen oder organisatorischen Maßnahmen ab.
4. Operationalisierungsproblem	Zurechenbare Wirkungen sind weitgehend nur qualitativ meßbar. Lediglich einen kleinen Teil des Nutzens kann man zuverlässig monetarisieren.
5. Interessenproblem	IV-Investitionen basieren auf Multipersonenentscheidungen, die eine Abstimmung verschiedener Interessen erfordern. Die jeweiligen Erwartungshaltungen sind sehr stark subjektiv geprägt.
6. Unsicherheitsproblem	Sowohl in der Umsetzung von IV-Investitionsentscheidungen (in zeitlich und personell umfangreichen Projekten) als auch in der Nutzung (Dynamik von Technologie, Unternehmen und Umwelt) liegt große Unsicherheit.
7. Methodenproblem	Die verfügbaren praktikablen Verfahren zur Wirtschaftlichkeitsberechnung sind nicht in der Lage, eine hinreichende Entscheidungsgrundlage zu liefern.

Tab. 3: Probleme bei der Wirtschaftlichkeitsbetrachtung von IV-Systemen

steht ein Bedarfssog: Die Anwendungssysteme sollen aus den besten Teilen, die am Markt verfügbar sind, möglichst rasch und problemlos konfiguriert werden („**Best of Breed**"). Dem entspricht ein Technologiedruck in Gestalt von objektorientierten Methoden, Componentware und Frameworks, die im Prinzip das Zusammenfügen heterogener Programmbausteine erleichtern. An den Schnittstellen ist freilich noch viel Arbeit zu leisten, die schon bei der betriebswirtschaftlichen Terminologie und bei einer verfeinerten Typologie der Unternehmen beginnt (siehe oben). Möglicherweise führen die aktuellen Arbeiten der OAG (Open Applications Group) ein Stück weiter (vgl. *Mertens*, 1998; *OAG*, 1998).

(5) Die Wirtschaftsinformatik tut sich schwer, Grenzgebiete zu Nachbardisziplinen zu besetzen. Hier mag sich die Geschichte wiederholen: So wie eine zu restriktive Haltung der akademischen Betriebswirtschaftslehre und der Informatik, wenn es galt, sich mit neuen Herausforderungen zu befassen, schließlich zur „Geburt" der Wirtschaftsinformatik führte, reagiert die junge Disziplin nun schon wieder zu konservativ.

(6) Leider ist die WI mit dem Bestreben, **Kosten und Nutzen** der betrieblichen IV zu quantifizieren, im vergangenen Jahrzehnt nicht recht weiter gekommen. Insoweit hält sie dem Erwartungsdruck der Praxis nicht stand. *Tab. 3* zeigt einige problemimmanente Ursachen für die enttäuschende Situation (vgl. *Potthof,* 1998). Wegen der angedeuteten Schwierigkeiten überrascht es nicht, daß auch neuere Forschungsarbeiten keine zufriedenstellenden Ergebnisse liefern.

Literatur

Buhl, H.U., Mertens, P., Reitwiesner, B., Will., A., Best Practices vs. Common Practices bei der Softwareentwicklung, in: WIRTSCHAFTSINFORMATIK, 39. Jg. (1997), S. 639–641.

Glaser, H., Geiger, W., Rohde, V., PPS – Produktionsplanung und -steuerung, Grundlagen – Konzepte – Anwendungen, 2. Aufl., Wiesbaden 1992.

Heinrich, L.J., Geschichte der Wirtschaftsinformatik, in: *P. Mertens* et al. (Hrsg.), Studienführer Wirtschaftsinformatik, Wiesbaden 1996, S. 48–53.

Mertens, P., Die zwischenbetriebliche Kooperation und Integration bei der automatisierten Datenverarbeitung, Meisenheim 1966.

Mertens, P., Von den Moden zum Trend, in: *W. König* (Hrsg.), Wirtschaftsinformatik '95. Wettbewerbsfähigkeit, Innovation, Wirtschaftlichkeit, Heidelberg 1995, S. 25–64.

Mertens, P., Horstmann, R., Universitäre Wirtschaftsinformatik im deutschsprachigen Raum. Ein Blick in den neuen Studienführer, in: WIRTSCHAFTSINFORMATIK, 38. Jg. (1996), S. 648–649.

Mertens, P., Integrierte Informationsverarbeitung, Band 1: Administrations- und Dispositionssysteme in der Industrie, 11. Aufl., Wiesbaden 1997.

Mertens, P., Wirtschaftsinformatiker an die Normungsfront!, in: WIRTSCHAFTSINFORMATIK, 40. Jg. (1998), S. 271.

OAG (Hrsg.), Open Applications Group Integration Specifications, Release 6.0, Chicago 1998 (http://www.openapplications.org).

Potthof, I., Nutzen- und Wirtschaftlichkeitsbetrachtungen von betriebswirtschaftlichen Großentscheidungen der Informationsverarbeitung, Diss. Universität Erlangen-Nürnberg, Nürnberg 1998.

Schäfer, E., Der Industriebetrieb. Betriebswirtschaftslehre der Industrie auf typologischer Grundlage, Band 1, Köln 1969.

Schäfer, E., Der Industriebetrieb. Betriebswirtschaftslehre der Industrie auf typologischer Grundlage, Band 2, Köln 1971.

Scheer, A.-W., Business Process Engineering: Reference Models for Industrial Enterprises, 2. Aufl., New York 1994.

Wedekind, H., Was heißt und zu welchem Ende studiert man Betriebsinformatik?, in: ZfB, 50. Jg. (1980), S. 1268–1273.

Die Rolle der deutschen Betriebswirtschaftslehre im internationalen Vergleich

Prof. Dr. Christian Homburg

In dem vorliegenden Beitrag wird die Rolle der deutschen Betriebswirtschaftslehre im internationalen Vergleich durch eine Gegenüberstellung der deutschen und der amerikanischen BWL untersucht. Nach einer kurzen Darstellung der Entwicklung der BWL in den USA und im deutschsprachigen Raum erfolgt ein detaillierter Vergleich der jeweiligen Forschung und Lehre. Aus den Ergebnissen dieser Gegenüberstellung werden abschließend Schlußfolgerungen abgeleitet.

1. Einleitung

In Anlehnung an *Gutenberg* soll unter der BWL die Lehre von den wirtschaftlichen Tatbeständen „des betrieblichen Geschehens in solchen Betrieben, die dem gewerblichen Bereiche der privaten und öffentlichen Wirtschaft angehören," verstanden werden (*Gutenberg*, 1975, S. 13). Die BWL ist eine **selbständige Teildisziplin** innerhalb der Wirtschaftswissenschaften, deren Wirkung sich in den Teilbereichen der Forschung und der Lehre niederschlägt. Während die Forschung die Aufgabe hat, neues Wissen hervorzubringen, kommt der Lehre die Aufgabe zu, dieses Wissen an Dritte weiterzuvermitteln. Zwischen Forschung und Lehre besteht ein enger und wechselseitiger Zusammenhang. Beide Aktivitäten können als „Kuppelprodukte der Leistungserbringung im Fachbereich" (*Albach*, 1985, S. 862) der BWL bezeichnet werden.

Eine Wissenschaft kann anhand ihrer Teilaktivitäten, der Forschung und Lehre, beurteilt werden (vgl. *Abromeit*, 1953, S. 265). Die Rolle der deutschen BWL im internationalen Vergleich soll daher nachfolgend anhand dieser beiden Aktivitäten analysiert werden. Unter dem Begriff der deutschen BWL wird hierbei die BWL im deutschsprachigen Raum verstanden. Als **Vergleichsobjekt** wurde die **BWL** in den **USA** gewählt. Eine Beschränkung auf einen Vergleich mit der amerikanischen BWL erscheint an dieser Stelle gerechtfertigt, da der amerikanischen BWL allgemein eine herausragende Position im internationalen Vergleich zugesprochen wird, die zudem durch eine starke Einflußnahme auf die BWL anderer Länder gekennzeichnet ist. Der Vergleich der deutschen mit der amerikanischen BWL wird zudem auch insofern begrenzt, als sich die folgenden Ausführungen nur auf die Forschung und Lehre im universitären Bereich beziehen. Die betriebswirtschaftliche Forschung und Lehre, die im außeruniversitären Bereich – z.B. an Fachhochschulen oder Wirtschaftsakademien – vollzogen wird, ist somit nicht Gegenstand dieses Beitrages.

2. Entwicklung der deutschen und der amerikanischen Betriebswirtschaftslehre

2.1. Entwicklung der deutschen Betriebswirtschaftslehre

Die BWL im deutschsprachigen Raum kann auf eine lange Geschichte zurückblicken. Als **Entstehungsjahr** der „neuen" BWL wird allgemein die Gründung der ersten Handelshochschulen im deutschsprachigen Raum im Jahr 1898 genannt. Der Zeitraum bis zu diesem Jahr kann demgegenüber als die Zeit der „alten" BWL bezeichnet werden (vgl. *Klein-Blenkers/Reiß*, 1993, Sp. 1417, und *Seyffert*, 1956, Sp. 995 ff.). Im Zeitalter der Renaissance wird die Entwicklung der BWL im deutschsprachigen Raum durch eine zunehmende Beschäftigung mit betriebswirtschaftlichen Problemen in Italien angestoßen. In diesem frühen Stadium ist die Auseinandersetzung mit der BWL durch eine teilweise unsystematische Aufbereitung praktischer Informationen für die Bedürfnisse der Kaufleute gekennzeichnet. Im 17. Jahrhundert steigt die Zahl der Veröffentlichungen, die sich systematisch mit wirtschaftlichen Fragestellungen beschäftigen und den Versuch unternehmen, allgemeingültige Richtlinien für die Belange der Kaufleute zu erarbeiten (vgl. *Seyffert*, 1956, Sp. 1000).

Trotz der teilweise bemerkenswerten Leistungen, die im 17. und 18. Jahrhundert erarbeitet werden, verliert die BWL im 19. Jahrhundert an

Bedeutung. Als Grund für diesen **Bedeutungsverlust** wird in erster Linie ein zunehmendes Interesse der Kaufleute an Fragestellungen genannt, mit denen sich die frühe BWL bisher nur wenig beschäftigt hatte (vgl. *Klein-Blenkers/Reiß*, 1993, Sp. 1420, und *Seyffert*, 1956, Sp. 1004 f.). Hierzu zählt die sich im 19. Jahrhundert schnell entwickelnde Technologie und die zunehmende Bedeutung der Produktion, die bereits in der ersten Hälfte des 19. Jahrhunderts zur Gründung technischer Hochschulen führen. In diesem Zusammenhang ist jedoch festzustellen, daß auch im 19. Jahrhundert eine Beschäftigung mit speziellen betriebswirtschaftlichen Fragestellungen und deren Weiterentwicklung erfolgt (vgl. *Schneider*, 1981, S. 117 ff., und 1997, S. 492).

Erst gegen Ende des 19. Jahrhunderts führen ein steigender Bedarf nach gut ausgebildeten Fachkräften und eine stetig wachsende Wirtschaft zur Gründung der ersten **Handelshochschulen** im deutschsprachigen Raum. In der Folgezeit kommt es zu einem weitgehenden Neuaufbau der BWL. In Anlehnung an *Klein-Blenkers* und *Reiß* (1993, Sp. 1421 ff.) lassen sich verschiedene Entwicklungsstufen der „neuen" BWL unterscheiden. Die Zeit zwischen 1898 und 1909, in der die ersten Handelshochschulen gegründet und die ersten bedeutenden Ansätze betriebswirtschaftlicher Forschung entwickelt werden, kann als Aufbauzeit der neuen BWL bezeichnet werden. In der folgenden Periode, die bis zum Ende der Weimarer Republik andauert, kommt es zu einer systematischen Weiterentwicklung und zu einer Konsolidierung der BWL. In dieser Periode wird in erster Linie die Gesamtdisziplin der BWL erfaßt (vgl. *Seyffert*, 1956, Sp. 1008 ff.).

Die Zeit des Nationalsozialismus von 1933 bis 1945 bremst die bis dahin schnell voranschreitende Entwicklung der BWL. Das nationalsozialistische Regime wirkt sich insofern **retardierend** auf die weitere Entwicklung aus, als daß einige Hochschullehrer in diesem Zeitraum an der Ausübung ihres Berufes gehindert oder sogar in die Emigration getrieben werden. Darüber hinaus führt der Druck des nationalsozialistischen Regimes zu einer zunehmenden Beschäftigung mit politisch-neutralen Fragestellungen. Hinsichtlich derartiger Teilgebiete, wie z.B. dem Rechnungswesen, können auch in dieser Zeit deutliche Fortschritte erzielt werden (vgl. *Witte*, 1997, S. 11 f.).

Die Entwicklung der BWL in der Zeit nach 1945 ist gekennzeichnet durch eine **intensive** und **differenzierte Auseinandersetzung** sowohl mit der Gesamtdisziplin der BWL als auch mit einzelnen Teilgebieten des Faches. Innerhalb der letzten zwei bis drei Jahrzehnte ist im

deutschsprachigen Raum eine zunehmende Beschäftigung mit betriebswirtschaftlichen Teildisziplinen zu verzeichnen (vgl. *Wöhe*, 1990, S. 224).

Im Hinblick auf die Analyse der historischen Entwicklung der BWL im
internationalen Vergleich ist abschließend festzustellen, daß die internationale Bedeutung der deutschen BWL im Verlauf ihrer Entwicklung ab-
genommen hat. Während bis in die 30er Jahre dieses Jahrhunderts die
deutsche BWL einen durchaus starken Einfluß auf die betriebswirtschaftliche Forschung und Lehre in anderen Ländern (wie z.b. den
nordischen Staaten, der Türkei oder Japan) ausübte (vgl. *Isaac*, 1956,
Sp. 1015 f.), ist dieser **Einfluß nach** dem **Zweiten Weltkrieg** deutlich
zurückgegangen.

2.2. Entwicklung der amerikanischen Betriebswirtschaftslehre

Auch im Hinblick auf die historische Entwicklung der amerikanischen
BWL soll zwischen einer „alten" und einer „neuen" BWL unterschieden werden. An dieser Stelle wird die „neue" BWL erörtert, deren Entwicklung auch in den USA mit der Gründung der ersten Wirtschaftshochschulen einsetzt. Auf eine Betrachtung der Vorläufer der „neuen"
BWL wird hingegen aufgrund vorhandener Parallelen zum deutschsprachigen Raum verzichtet.

Im Vergleich zum deutschsprachigen Raum setzt die **Gründung** der **ersten Business Schools** in den USA einige Jahre früher ein. Bereits 1881
erfolgt die Gründung der Wharton School of Finance and Commerce an
der University of Pennsylvania in Philadelphia. Bis zum Ende des Ersten
Weltkrieges vollzieht sich der Aufbau zahlreicher weiterer Wirtschaftshochschulen. Zu diesen frühen Gründungen können die New York
University und das Dartmouth College (beide 1900), die Harvard University, die University of Chicago und die Northwestern University (alle
1908) sowie die Tulane University (1914) gezählt werden (vgl. *Schoenfeld*,
1974, Sp. 748).

Ähnlich wie im deutschsprachigen Raum kommt es im Anschluß an diese Aufbauphase der BWL auch in den USA zu einem systematischen
Ausbau des Erkenntnisstandes der Disziplin (vgl. *Schoenfeld*, 1974, Sp.
747 f.). Im Gegensatz zum deutschsprachigen Raum steht in diesem
Zeitraum jedoch nicht die Beschäftigung mit der Gesamtdisziplin bzw.
mit Fragen der Allgemeinen BWL, sondern die vertiefende Betrachtung
einzelner Teilgebiete des Faches im Vordergrund. Von *Abromeit* wird die

amerikanische BWL daher auch als **„Funktionenlehre"** bezeichnet (*Abromeit*, 1956, Sp. 1019).

Im Gegensatz zum Bedeutungsverlust der deutschen BWL und der deutschen Wirtschaftshochschulen hat sich die Stellung der amerikanischen BWL im internationalen Vergleich spätestens seit dem Ende des Zweiten Weltkrieges erheblich verbessert. „The consumers of business education have so far been content to purchase the existing American model. Accredited US educational institutions maintain a standard that is beacon to the world" (*Contractor*, 1997, S. 18).

Dieser Trend zeigt sich nicht nur in bezug auf das Fachgebiet der Wirtschaftswissenschaften, sondern auch im Hinblick auf das Hochschulsystem insgesamt. Der **Bedeutungszuwachs** des amerikanischen Hochschulsystems äußert sich besonders deutlich in der gestiegenen Attraktivität amerikanischer Hochschulen für ausländische Studenten: Der Anteil ausländischer Studenten an der Zahl der Studenten amerikanischer Hochschulen insgesamt ist seit Beginn der 70er Jahre kontinuierlich angewachsen. Im Jahr 1993 studierte weltweit immerhin etwa jeder dritte ausländische Student an einer amerikanischen Hochschule (vgl. *Holtkamp*, 1997, S. 5 ff.). Auch im Hinblick auf das Fachgebiet der BWL kann zum heutigen Tage eine Attraktivität amerikanischer Business Schools beobachtet werden, die die Attraktivität von Hochschulen anderer Länder – auch der deutschen Hochschulen – übersteigt.

Die Anziehungskraft amerikanischer Wirtschaftshochschulen zeigt sich nicht nur an ihrer hohen Anziehungskraft für die Studenten des Faches der BWL, sondern auch an der gestiegenen Attraktivität der Business Schools für Wissenschaftler dieses Faches. Während die Gründungsväter der amerikanischen Wirtschaftshochschulen zum Teil an Hochschulen im deutschsprachigen Raum studiert haben (vgl. *Schneider* 1997, S. 495), so sind spätestens seit dem Zweiten Weltkrieg die USA das Ziel zahlreicher deutscher Nachwuchswissenschaftler und Professoren.

3. Vergleich der deutschen und der amerikanischen Betriebswirtschaftslehre

3.1. Forschung

Im Zusammenhang mit einer vergleichenden Betrachtung der deutschen und der amerikanischen Forschung im Rahmen der BWL sollen zunächst zentrale Unterschiede hinsichtlich der jeweiligen **Forschungs-inhalte** deutlich gemacht werden. Der Hauptunterschied zwischen der deutschen und der amerikanischen Forschung besteht in der Existenz einer **Allgemeinen BWL** im deutschsprachigen Raum. Die Forschung im deutschsprachigen Raum beschäftigt sich einerseits mit Fragen der Allgemeinen BWL, andererseits sind auch eine Vielzahl von Funktions-bereichs- oder Wirtschaftszweiglehren Gegenstand der betriebswirt-schaftlichen Forschung. Die Allgemeine BWL wirkt als Bindeglied zwi-schen diesen Speziellen Betriebswirtschaftslehren. Ein vergleichbares Gegenstück zur Allgemeinen BWL wurde bis zum heutigen Tage in den USA nicht entwickelt. Hier dominiert die Forschung im Hinblick auf einzelne betriebswirtschaftliche Spezialgebiete.

Nach *Bellinger* und nach *Schneider* hat sich die betriebswirtschaftliche For-schung im deutschsprachigen Raum in jüngster Zeit immer mehr der Be-schäftigung mit den Speziellen Betriebswirtschaftslehren zugewandt (vgl. *Bellinger*, 1993, Sp. 81, und *Schneider*, 1997, S. 499 f.). Trotz der wachsen-den Bedeutung der Speziellen Betriebswirtschaftslehren im Rahmen der Forschung ist es bisher zu keinem „Identitätsverlust" der Allgemeinen BWL im deutschsprachigen Raum gekommen (vgl. *Bellinger*, 1993, Sp. 82). Es ist jedoch festzustellen, daß die dargestellte **Schwerpunkt-verlagerung** im Rahmen der betriebswirtschaftlichen Forschung dazu geführt hat, daß sich die Forschungsinhalte in den USA und im deutsch-sprachigen Raum im Verlauf der letzten Jahrzehnte immer ähnlicher ge-worden sind.

Im Hinblick auf die **Rahmenbedingungen** der **Forschung** in den USA und im deutschsprachigen Raum bestehen deutliche Unterschiede. Ge-gensätze zeigen sich vor allen Dingen im Hinblick auf die existierenden Anreizsysteme und hinsichtlich der Organisation der Forschung.

Hinsichtlich der bestehenden **Anreizsysteme** existiert zunächst eine Ge-meinsamkeit zwischen den USA und dem deutschsprachigen Raum: In beiden Fällen liegt ein zentraler Forschungsanreiz in der wissenschaft-lichen und kollegialen Anerkennung als Resultat einer erfolgreichen For-schungstätigkeit. *Rätzer* stellt fest, daß der Erfolg im Rahmen der For-schung in den USA – stärker als im deutschsprachigen Raum – zur Ver-besserung der Berufungschancen an anderen Universitäten oder zu Einkommenserhöhungen führen kann. Ein größeres Einkommen kann hingegen im deutschsprachigen Raum in erster Linie durch zusätzliche Dienstleistungen (etwa durch Vorträge, Beratungs- oder Gutach-tertätigkeiten), jedoch weniger durch eine erfolgreichere Forschungs-oder Lehrtätigkeit erzielt werden (vgl. *Rätzer*, 1984, S. 228 ff.).

Ein Anreiz zur Steigerung der Forschungsleistung kann darüber hinaus auch durch eine **Konkurrenz** zwischen Wissenschaftlern und durch einen hohen **Zwang zum Erfolg** hervorgerufen werden (vgl. *Perruci/ O'Flaherty/Marshall*, 1983, S. 431 ff., und *Backes-Gellner*, 1993, S. 102). Unterschiede hinsichtlich der Konkurrenz zwischen Wissenschaftlern in den USA und im deutschsprachigen Raum können besonders anschaulich am Beispiel des Wettbewerbes um Publikationsraum aufgezeigt werden. Es ist festzustellen, daß dieser Wettbewerb in den USA deutlich stärker ausfällt als im deutschsprachigen Raum. Der Hauptgrund hierfür ist in dem hohen Niveau der Begutachtungsverfahren amerikanischer Fachzeitschriften zu sehen, das sich unmittelbar in Ablehnungsquoten niederschlägt, die deutlich höher als die Ablehnungsquoten vergleichbarer Fachzeitschriften im deutschsprachigen Raum liegen.

Darüber hinaus kann unterstellt werden, daß die **Begutachtungsverfahren** amerikanischer Zeitschriften nicht nur strenger, sondern auch objektiver sind. So verhindern die Veröffentlichungsrichtlinien zahlreicher amerikanischer Fachzeitschriften, daß Beiträge der jeweiligen Herausgeber in diesen Zeitschriften veröffentlicht werden (vgl. z.B. die Fußnote bei *Churchill*, 1979, S. 64). Die Objektivierung der Begutachtungsverfahren im deutschsprachigen Raum fällt zumindest bei einigen Fachzeitschriften deutlich niedriger aus. So verdeutlicht beispielsweise eine Untersuchung von *Macharzina, Wolf* und *Oesterle* (1993, S. 69 f.), daß einzelne Herausgeber von Fachzeitschriften in „ihrer" Zeitschrift eine besonders große Zahl von Beiträgen veröffentlicht haben.

Darüber hinaus ist zu konstatieren, daß der Erfolgsdruck, der auf amerikanischen Forschern lastet, tendenziell höher ist als in Deutschland. Besonders intensiv erscheint dieser Druck in der sog. **Publish-or-Perish-Phase**. Hiermit bezeichnet man den Zeitraum, bis ein Professor einen unbefristeten Arbeitsvertrag von einer Universität erhält („Tenure"). Auch nach dem Erhalt der „Tenure" bestehen starke Anreize dadurch, daß die Vergabe von Forschungs- und Sachmitteln deutlich stärker von Publikationserfolgen abhängig gemacht wird als an deutschen Universitäten. Beispielsweise praktizieren zahlreiche amerikanische Universitäten ein System, bei dem automatisch ein Publikationserfolg in einer angesehenen Zeitschrift zur Zuteilung eines bestimmten Sachmittelbudgets für weitere Forschungen an den entsprechenden Wissenschaftler erfolgt.

Die hier dargestellten Befunde deuten auf die Existenz eines stark ausgeprägten Anreizsystems für die Forschung in den USA hin. Eine Untersuchung, die sich auf alle Fächergruppen und nicht nur auf die BWL bezieht, zeigt allerdings, daß sich die **Verteilung** der **Arbeitszeit** auf die einzelnen Tätigkeitsfelder nur geringfügig unterscheidet (vgl. *Enders/Teichler*, 1995, und *Tab. 1*). Tendenziell nimmt die Lehre in Deutschland einen größeren Teil des Zeitbudgets von Professoren in Anspruch als in den USA. Dies hängt wohl in erster Linie mit den exorbitant hohen Studentenzahlen zusammen. Die Rahmenbedingungen der Forschung sind diesbezüglich in den USA günstiger als in Deutschland. Die Tatsache, daß dennoch nahezu ein gleicher Anteil des Zeitbudgets auf die Forschung verwandt wird, mag so interpretiert werden, daß deutsche Professoren in stärkerem Maße als amerikanische Kollegen durch intrinsische Motivation (im Gegensatz zur in den USA dominanten extrinsischen Motivation) zur Forschung veranlaßt werden.

Bereich	Vorlesungszeit		Vorlesungsfreie Zeit	
	D	USA	D	USA
Lehre	43	36	20	13
Forschung	29	34	53	57
Wissenschaftliche Dienstleistung	8	10	9	12
Verwaltung	16	14	12	12
Sonstiges	5	5	7	6
Gesamt	100	100	100	100

Quelle: In Anlehnung an *Enders/Teichler*, 1995, S. 23 f.

Tab. 1: Aufteilung des Zeitbudgets von Professoren in den USA und in Deutschland (in %)

Die Resultate dieser Studie zeigen zudem, daß sich die Quellen des Bruttojahreseinkommens deutscher und amerikanischer Professoren nur minimal voneinander unterscheiden. Der Einkommensanteil, der durch wissenschaftliche oder nicht-wissenschaftliche Tätigkeiten außerhalb der Hochschule erzielt wird, ist in den USA höher als in Deutschland (vgl. *Enders/Teichler*, 1995, S. 20).

Im engen Zusammenhang mit den existierenden Anreizsystemen steht die **Organisation** der **Forschung**. An den Universitäten im deutschsprachigen Raum ist diese dadurch gekennzeichnet, daß es für jedes Teilgebiet der Betriebswirtschaftslehre in der Regel nur einen Lehrstuhl gibt.

Mehrere Lehrstuhlinhaber ähnlicher Spezialisierungsrichtung sind die Ausnahme und existieren nur an größeren Universitäten. In den USA forschen hingegen in der Regel mehrere Wissenschaftler einer Disziplin, die häufig auf einen speziellen Teilbereich ihres Faches spezialisiert sind, zusammen in einem Department. Die „**Department-Structure**" führt zur Bildung von produktiven Kompetenzzentren, die die Zusammenarbeit zwischen verschiedenen Forschern intensivieren können. Die Organisation der Forschung an den amerikanischen Uni-versitäten verhindert somit eine „Einzelkämpfersituation", wie sie an Universitäten im deutschsprachigen Raum auftreten kann (vgl. *Simon*, 1979, S. 141).

Die betriebswirtschaftliche Forschungsleistung im Vergleich mit den USA wurde besonders anschaulich von *Simon* beschrieben (vgl. *Simon*, 1993, S. 73 ff.). Dieser bezeichnet die deutsche BWL und speziell die betriebswirtschaftliche Forschung als ein „**Schwarzes Loch**" (*Simon*, 1993, S. 75), das relevante Forschungsergebnisse aus anderen Ländern „aufsaugt", aber nur in spärlichem Ausmaß Informationen an andere Länder abgibt. Auch die betriebswirtschaftliche Forschung in den USA ist nur teilweise in den internationalen Austausch von Forschungsergebnissen eingebunden: Sie nimmt nur in geringem Maße Informationen von außen auf und stellt demgegenüber eine Vielzahl von betriebswirtschaftlichen Forschungsergebnissen bereit. Diese Forschungsergebnisse finden eine starke internationale Beachtung. Sowohl hinsichtlich der USA als auch im Hinblick auf den deutschsprachigen Raum kann daher nicht von einer Kommunikation, also einem Informationsaustausch, gesprochen werden – die Bereitstellung oder die Aufnahme von Forschungsergebnissen erfolgt in beiden Fällen (überwiegend) einseitig.

Die Richtung des Informationsflusses bestimmt hierbei den Grad der **internationalen Integration** bzw. Akzeptanz der betriebswirtschaftlichen Forschung. Die einseitige Informationsaufnahme führt im Fall der Forschung im deutschsprachigen Raum zu einer unbefriedigenden internationalen Integration der deutschen BWL. Indikatoren für diesen Zustand sind beispielsweise die geringe Zahl deutscher Autoren in internationalen Zeitschriften, die spärliche Mitgliedschaft in den Herausgebergremien dieser Zeitschriften oder die geringe Präsenz auf internationalen Tagungen (vgl. *Simon*, 1993, S. 77 ff.). Im Falle der amerikanischen BWL führt die einseitige Informationsabgabe hingegen zu einer hohen internationalen Integration.

Die unterschiedliche Wahrnehmung bzw. Integration der jeweiligen Forschungsleistungen kann sicherlich zum Teil auf Unterschiede im Hinblick auf den **Umfang** der **Forschungsaktivitäten** in den USA und im deutschsprachigen Raum zurückgeführt werden. Aufgrund der erheblich größeren Zahl amerikanischer BWL-Professoren ist ein größerer amerikanischer Forschungsoutput und folglich auch eine größere internationale Beachtung amerikanischer Forschungsergebnisse zu erwarten. Die Zahl der amerikanischen Professoren an akkreditierten Business Schools in den USA wird von *Macharzina* auf über 12 000 geschätzt (vgl. *Macharzina*, 1993, S. 91). Hingegen wird die Zahl der BWL-Professoren im deutschsprachigen Raum Mitte der 90er Jahre auf unter 1000 beziffert (vgl. *Gaugler/Schneider*, 1997, S. 791).

Ein wesentlicher Grund für die geringere internationale Integration der deutschen Forschungsleistungen ergibt sich aus den bereits beschriebenen Unterschieden der jeweiligen **Anreizsysteme**: Im deutschsprachigen Raum werden internationale Publikationen durch die existierenden Anreizsysteme nicht angemessen honoriert.

Als Gründe für die geringere internationale Integration deutscher Forschungsleistungen werden von *Simon* außerdem Sprach- und Qualitätsbarrieren genannt (vgl. *Simon*, 1993, S. 76). Die Existenz einer **Sprachbarriere** ist unbestritten. Die englische Sprache weist einen deutlich höheren Verbreitungsgrad als die deutsche Sprache auf. *Macharzina* spricht in diesem Zusammenhang von einem „Heimvorteil" der amerikanischen Wissenschaftler (vgl. *Macharzina*, 1993, S. 93). Im Vergleich zu den USA führt die Existenz einer Sprachbarriere im deutschsprachigen Raum dazu, daß Forschungsergebnisse nur in Ausnahmefällen auch wirkungsvoll international kommuniziert werden.

Im Gegensatz zu der Sprachbarriere ist es zweifelhaft, ob auch von einer **Qualitätsbarriere** gesprochen werden kann. Jüngere empirische Untersuchungen zum Vergleich der Forschungseffizienz in den USA und im deutschsprachigen Raum konnten diese These bisher nicht bestätigen. So führte eine Gegenüberstellung der Forschungseffizienz deutscher und amerikanischer Fachabteilungen bzw. Departments zu dem Ergebnis, daß die Forschungsleistungen der jeweiligen Länder weder überlegen noch unterlegen sind. Allerdings scheint das „amerikanische System Elitenbildung und eine extrem starke Differenzierung zu fördern, während das deutsche System ein eng zusammenliegendes Spektrum an durchaus guten Fachabteilungen hervorbringt" (*Backes-Gellner*, 1993, S. 106). Auch eine Studie von *Macharzina* führte zu dem Ergebnis, daß die Leistungen der „Spitzengruppe" deutscher Forscher auf dem Gebiet der BWL durchaus mit den Leistungen ihrer amerikanischen Kollegen vergleichbar sind (vgl. *Macharzina*, 1993, S. 85 ff.).

Eine vergleichende Betrachtung deutscher und amerikanischer betriebs-wirtschaftlicher Forschungsleistungen wird auch von *Homburg* und *Baum-gartner* vorgenommen, die die Anwendung einer speziellen multivariaten Analysemethode in der Marketingforschung im deutschsprachigen Raum und in den USA untersuchen. Nach Ansicht dieser Autoren zeigen sich in der deutschen Marketingforschung Vorteile hinsichtlich der **unterneh-menspolitischen Relevanz** („Relevance") der untersuchten Fragestel-lungen. Demgegenüber bestehen Defizite hinsichtlich der methodischen Stringenz („Rigor") der deutschen Forschung (vgl. *Homburg/Baumgartner*, 1995, S. 1102 ff., und *Abb. 1*).

Unter Berücksichtigung der Ergebnisse der genannten Untersuchungen und der Schwierigkeiten, die sich bei der Messung und beim Vergleich der jeweiligen Forschungsleistungen ergeben, kann offensichtlich nicht pauschal von einer „Überlegenheit" der amerikanischen Forschung ge-sprochen werden. Aus der Existenz der Allgemeinen BWL im deutsch-sprachigen Raum, die eine Einbindung der Speziellen Betriebswirt-schaftslehren in ein umfassendes Gesamtsystem ermöglicht, ergeben sich vielmehr spezifische Stärken. Einerseits resultiert hieraus die Mög-lichkeit, Probleme zu bewältigen, die aus einer engen funktionalen Sicht-weise heraus nicht oder nur unbefriedigend gelöst werden können. An-

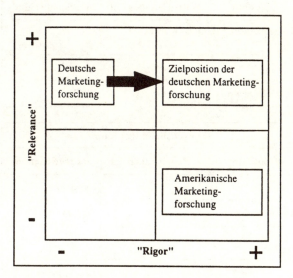

Quelle: In Anlehnung an *Homburg/Baumgartner*, 1995, S. 1105.

Abb. 1: Positionierung der deutschen und amerikanischen Marketingforschung

dererseits erleichtert die breitere Anlage der deutschen BWL die sinnvolle und schnelle Einordnung neuerer betriebswirtschaftlicher Entwicklungen. Hiermit tun sich nach den Beobachtungen des Verfassers viele amerikanische Professoren aufgrund ihres hohen Spezialisierungsgrades schwer.

Abschließend ist in diesem Zusammenhang anzumerken, daß das international wahrgenommene Leistungsniveau der deutschen BWL vermutlich unter dem tatsächlichem Leistungsniveau der deutschen BWL liegen dürfte (vgl. *Simon*, 1993, S. 77). Ein Hauptgrund hierfür ist in der fehlenden internationalen Kommunikation deutscher Forschungsergebnisse zu sehen.

3.2. Lehre

Der **Studienaufbau** der BWL im deutschsprachigen Raum unterscheidet sich hinsichtlich wesentlicher Aspekte vom Aufbau des Studiums in den USA (vgl. *Berner/Giesen/Rappmund-Gerwers*, 1996, S. 36 f., *Porter/McKibbin*, 1988, S. 55 ff., und *Tab. 2*).

USA		
Studium	**Regelstudienzeit**	**Studienabschluß**
Undergraduate Study	ca. 4 Jahre	Bachelor
Graduate Study	1–2 Jahre	Master
Ph.D. Program	3–5 Jahre	Ph.D.

Deutschsprachiger Raum		
Studium	**Regelstudienzeit**	**Studienabschluß**
Grundstudium	ca. 2 Jahre	Vordiplom
Hauptstudium	ca. 2 Jahre	Diplom
Promotionsstudium	3–5 Jahre	Doktor
Habilitation	4–6 Jahre	Univ.-Professor

Tab. 2: Das Studium der BWL im deutschsprachigen Raum und in den USA

Das Studium der BWL im deutschsprachigen Raum gliedert sich in ein Grund- und Hauptstudium. Vergleichbar mit dem Grundstudium ist das **„Undergraduate"-Studium** in den USA, das in der Regel nach vier Jahren abgeschlossen werden kann. Die längere Studiendauer des „Undergraduate" Studium ist dadurch zu erklären, daß in diesem Zeitraum zum Teil nicht-wirtschaftliche Themen behandelt werden, die im deutschsprachigen Raum Inhalt des Schulunterrichts sind. Während sich für die Studierenden im deutschsprachigen Raum das Hauptstudium nahtlos an das Grundstudium anschließt, treten die Studenten in den USA nach Abschluß des „Undergraduate"- Studium in das Berufsleben ein.

Das **„Graduate"-Studium** in den USA wird in der Regel erst mit einigen Jahren Berufserfahrung aufgenommen und nach einem oder zwei Jahren mit dem „Master" abgeschlossen. In den USA kann im Verlauf des „Graduate"- und des „Undergraduate"-Studiums die Regelstudienzeit überwiegend eingehalten werden. Im Gegensatz hierzu liegt im deutschsprachigen Raum – sicherlich zum Teil bedingt durch ungünstigere Rahmenbedingungen (z.B. hohe Studentenzahlen und unzureichende Ressourcenausstattung) – die durchschnittliche Studiendauer häufig deutlich über der Regelstudienzeit.

Nach Beendigung des Hauptstudiums im deutschsprachigen Raum oder des „Graduate"-Studiums in den USA kann von den Studierenden ein Promotionsstudium bzw. das Studium im Rahmen eines **„Ph.D. Program"** aufgenommen werden. Das stärker formalisierte amerikanische „Ph.D. Program" dient – mehr als das deutsche Promotionsstudium – der Vorbereitung auf eine wissenschaftliche Laufbahn. Im Gegensatz zum deutschsprachigen Raum existiert in den USA keine Möglichkeit zur Habilitation.

Nicht nur im Hinblick auf den Aufbau des Studiengangs der BWL, sondern auch im Hinblick auf die **Studieninhalte** bestehen Unterschiede zwischen den USA und dem deutschsprachigen Raum. Ein bedeutsamer Unterschied zeigt sich in bezug auf das Ausmaß der Spezialisierung hinsichtlich einzelner Teilgebiete der BWL. Während im Hinblick auf das Studium in den USA eine frühe und hohe **Spezialisierung** der Studenten zu beobachten ist, fällt der Grad der Spezialisierung im deutschsprachigen Raum deutlich niedriger aus. Im Verlauf des Studiums der BWL im deutschsprachigen Raum kann durchaus eine Spezialisierung hinsichtlich einzelner Funktionsbereichs- oder Wirtschaftszweiglehren erfolgen. Darüber hinaus soll jedoch das Studium der Allgemeinen BWL eine ganzheitliche Betrachtung aller wirtschaftlichen Sachverhalte des betrieblichen Geschehens ermöglichen. Auch wenn im deutschsprachigen Raum tendenziell ein Bedeutungsverlust der Allgemeinen BWL und eine zunehmende Beschäftigung mit den Speziellen Betriebswirtschaftslehren im Rahmen der Lehre zu beobachten ist (vgl. *Wöhe*, 1990, S. 234; *Schneider*, 1997, S. 499 f.), so besitzt die Allgemeine BWL immer noch eine besondere Stellung im Rahmen der Lehre.

Ein weiterer Unterschied zwischen der Lehre der Betriebswirtschaft in den USA und im deutschsprachigen Raum liegt in bezug auf das jeweilige Ausmaß der **Theorie- oder Praxisorientierung** vor. Das Studium in den USA ist gekennzeichnet durch eine starke – häufig allerdings recht oberflächlich verstandene – Praxis- oder Nachfrageorientierung, die sich unmittelbar auf die Festlegung der Lehrinhalte sowie der Lehrmethoden (starke Fallstudienorientierung) auswirkt. Ein wesentlicher Grund hierfür mag darin zu sehen sein, daß in den USA die finanzielle Abhängigkeit der häufig privat geführten Hochschulen eine stärkere Berücksichtigung gesellschaftlicher Anforderungen im Rahmen der Lehrprogramme erforderlich macht (vgl. *Bellinger*, 1988, S. 159). Im Gegensatz zu den USA wird den Studenten in Deutschland ein höheres Maß an Abstraktionsvermögen abverlangt. Verschiedentlich wurde das deutsche Hochschulsystem aufgrund dieser Orientierung als „kundenfeindlich" bezeichnet (vgl. *Holtkamp*, 1997, S. 40).

Die Hochschulausbildung an den Wirtschaftshochschulen in den USA und im deutschsprachigen Raum unterscheidet sich schließlich auch hinsichtlich ihrer **internationalen Orientierung**. Der Grad der Internationalität der Lehre fällt in den USA deutlich niedriger als an europäischen Hochschulen aus (vgl. *Kwok/Folks/Arpan*, 1994, S. 376). Soweit die Qualität der betriebswirtschaftlichen Hochschulausbildung auch an ihrer Internationalität gemessen werden kann (vgl. *Köhler*, 1988, S. 106), besteht im Hinblick auf die Hochschulausbildung an amerikanischen Wirtschaftshochschulen ein Verbesserungsbedarf (vgl. auch *Porter/McKibbin*, 1988, S. 319).

Aufgrund der hohen Praxisorientierung und der hohen Spezialisierung der BWL in den USA ist das Wissen, das den Wirtschaftsstudenten im Rahmen ihres Studiums vermittelt wird, bei einem Eintritt in das Berufsleben schnell anwendbar. Die Einarbeitungszeit deutscher Studenten fällt demgegenüber in der Regel länger aus. Aus einer kurzfristigen Perspektive ist die Lehre der Betriebswirtschaft an amerikanischen Hochschulen der Lehre der deutschen Betriebswirtschaft daher überlegen. Im Hinblick auf den langfristigen Nutzen des Studiums ist das amerikanische Modell jedoch ganz offensichtlich unterlegen. Dies offenbart sich nicht zuletzt in der Existenz eines gigantischen Marktes für **„Executive**

Education" in den USA. Im Rahmen solcher Programme, die von allen führenden Wirtschaftshochschulen angeboten werden, kehren Manager (häufig mehrfach im Rahmen ihres Berufslebens) „auf die Schulbank zurück" und absolvieren beispielsweise berufsbegleitende MBA-Programme. Der Verfasser vertritt die These, daß dies u.a. deshalb erfolgt, weil der Nutzen der amerikanischen Management-Ausbildung sehr stark auf die Vermittlung konkreter Instrumente ausgerichtet ist. Hierbei werden die jeweils gerade populären Konzepte stark berücksichtigt. Es ist plausibel, daß eine solchermaßen orientierte Ausbildung regelmäßige Aktualisierung benötigt. Das im Rahmen des deutschen BWL-Studiums vermittelte grundlegende Verständnis von Theorien und Konzepten ist dagegen von hohem längerfristigen Nutzen.

Hier liegt die Stärke der deutschen BWL: Die geringere Spezialisierung der deutschen Studenten und die Beschäftigung mit der Allgemeinen BWL ermöglichen ein ganzheitliches Verständnis des betrieblichen Geschehens. Dieses Verständnis kann sich langfristig insofern vorteilhaft auswirken, als daß es tendenziell eher zur Übernahme einer **Generalistenrolle** befähigt. Es wird daher die Auffassung vertreten, daß die Qualität der Lehre an deutschen Hochschulen – zumindest aus einer langfristigen Perspektive – der Lehre an amerikanischen Hochschulen durchaus ebenbürtig, wenn nicht überlegen ist.

4. Zusammenfassung und Schlußfolgerungen

In der aktuellen Diskussion um das deutsche Hochschulsystem wird dem Studienstandort Deutschland häufig eine fehlende internationale Wettbewerbsfähigkeit attestiert. Die Abgabe eines pauschalen Urteils über die Leistungsfähigkeit der deutschen Hochschulen oder Fachbereiche erscheint jedoch nicht angebracht. Vielmehr ist eine differenziertere Betrachtung erforderlich.

In der vorangegangenen Analyse wurde der Versuch unternommen, die Rolle der deutschen BWL im internationalen Vergleich durch eine Gegenüberstellung der Forschung und Lehre im deutschsprachigen Raum und in den USA zu untersuchen. **Zentrale Unterschiede** zwischen der **Forschung** und **Lehre** im deutschsprachigen Raum und in den USA sollen nachfolgend in Form von Thesen zusammengefaßt werden.

1. Die Rahmenbedingungen in den USA begünstigen die amerikanische BWL im Vergleich zur BWL im deutschsprachigen Raum insbesondere im Bereich der Lehre und teilweise auch in der Forschung.

2. Ein generelles Leistungsdefizit der deutschen BWL im Vergleich zur amerikanischen BWL ist nicht erkennbar.

3. Die betriebswirtschaftliche Forschung in beiden Räumen weist stark unterschiedliche Orientierungen auf. Während im deutschsprachigen Raum Fragestellungen aus einer breiteren Perspektive heraus betrachtet werden (unterstützt durch die Existenz einer Allgemeinen BWL), zeichnet sich die amerikanische Forschung durch ein extremes Maß an Spezialisierung aus.

4. Die extreme Spezialisierung im amerikanischen Raum erschwert es US-amerikanischen Forschern, beispielsweise neue Entwicklungen und Konzepte einzuordnen. Insofern stellt die breitere Perspektive der deutschen betriebswirtschaftlichen Forschung einen Vorteil dar.

5. Vorteile der amerikanischen Forschung liegen insbesondere in einer ausgeprägteren Kooperationskultur sowie einer höheren methodischen Stringenz (beispielsweise bei empirischen Arbeiten).

6. Die deutsche betriebswirtschaftliche Forschung ist mit einem massiven Kommunikationsproblem konfrontiert, da nur in Ausnahmefällen international publiziert wird. Die derzeitigen Anreizsysteme im deutschsprachigen Hochschulbereich honorieren Publikationen in internationalen erstklassigen Fachzeitschriften nicht angemessen.

7. Die betriebswirtschaftliche Ausbildung nach dem MBA-Modell ist auf kurzfristigen (und bisweilen recht oberflächlichen) Nutzen der Studenten ausgerichtet. Die Ausbildung nach dem deutschen Modell bietet langfristig einen signifikanteren Nutzen, der in der derzeitigen Diskussion allerdings aufgrund der Strukturprobleme (hohe Studentenzahlen, fehlende Studentenselektion) übersehen wird.

Literatur

Abromeit, H.-G., Amerikanische Betriebswirtschaft, Wiesbaden 1953.

Albach, H., Lehre und Forschung als Kuppelproduktion, in: Zeitschrift für Betriebswirtschaft, 55. Jg. (1985), S. 862–864.

Backes-Gellner, U., Zur Effizienz betriebswirtschaftlicher Forschung im deutsch-amerikanischen Vergleich, in: Die Zukunft der Betriebswirtschaftslehre in Deutschland, Zeitschrift für Betriebswirtschaft (Ergänzungsheft), 63. Jg. (1993), S. 97–110.

Bellinger, B., Die Betriebswirtschaftslehre der neueren Zeit, Darmstadt 1988.

Bellinger, B., Allgemeine und Spezielle Betriebswirtschaftslehre(n), in: *W. Wittmann, W. Kern, R. Köhler* u. a. (Hrsg.), Handwörterbuch der Betriebswirtschaftslehre, Band 1, 5. Aufl., Stuttgart 1993.

Berner, T., B. Giesen, K. Rappmund-Gerwers, Das MBA-Studium, Köln 1996.

Churchill, G.A., A Paradigm for Developing Better Measures of Marketing Constructs, in: Journal of Marketing Research, Vol. 16 (1979), S. 64–73.

Contractor, F.J., The Compleat Executive: The State of International Business Education and Some Future Directions, in: The International Executive, Vol. 39 (1997), S. 1–19.

Enders, J., U. Teichler, Der Hochschullehrerberuf im internationalen Vergleich, hrsg. vom *Bundesministerium für Bildung, Wissenschaft, Forschung und Technologie*, Bonn 1995.

Gaugler, E., B. Schneider, Entwicklung von Professuren und Habilitationen in der Betriebswirtschaftslehre an den wissenschaftlichen Hochschulen im deutschsprachigen Raum, in: Die Betriebswirtschaft, 57. Jg. (1997), S. 777–795.

Gutenberg, E., Einführung in die Betriebswirtschaftslehre, Wiesbaden 1975.

Holtkamp, R., Die Attraktivität deutscher Hochschulen für ausländische Studenten, hrsg. vom *Bundesministerium für Bildung, Wissenschaft, Forschung und Technologie*, Bonn 1997.

Homburg, Ch., H. Baumgartner, Die Kausalanalyse als Instrument der Marketingforschung, in: Zeitschrift für Betriebswirtschaft, 65. Jg. (1995), S. 1091–1108.

Isaac, A., Betriebswirtschaftslehre in anderen Ländern (Europa), in: *H. Seischab, K. Schwantag* (Hrsg.), Handwörterbuch der Betriebswirtschaft, Band 1, 3. Aufl., Stuttgart 1956, Sp. 1011–1017.

Klein-Blenkers, F., M. Reiß, Geschichte der Betriebswirtschaftslehre, in: *W. Wittmann, W. Kern, R. Köhler* u. a. (Hrsg.), Handwörterbuch der Betriebswirtschaft, Band 1, 5. Aufl., Stuttgart 1993, Sp. 1417–1433.

Köhler, R., Betriebswirtschaftslehre als Markenartikel, in: Betriebswirtschaftliche Forschung und Praxis, 40. Jg. (1988), S. 93–110.

Kwok, C.C.Y., J.S. Arpan, A Comparison of International Business Education at U.S. and European Business Schools in the 1980s, in: Management International Review, Vol. 34 (1994), S. 357–379.

Macharzina, K., Die deutsche betriebswirtschaftliche Forschung im internationalen Vergleich, in: Die Zukunft der Betriebswirtschaftslehre in Deutschland, Zeitschrift für Betriebswirtschaft (Ergänzungsheft), 63. Jg. (1993), S. 85–95.

Macharzina, K., J. Wolf, M.-J. Oesterle, Quantitative Evaluation of German Output in Business Administration, in: Management International Review, Vol. 33 (1993), S. 65–83.

Perrucci, R., K. O'Flaherty, H. Marshall, Market Conditions, Productivity, And Promotion Among University Faculty, in: Research in Higher Education, Vol. 19 (1983), S. 431–449.

Porter, L.W., L.E. McKibbin, Management Education and Development: Drift or Thrust into the 21st Century, New York 1988.

Rätzer, E., Institutionelle Ursachen der geringeren Forschungstätigkeit im deutschsprachigen Raum, in: Kyklos, 37. Jg. (1984), S. 223–246.

Schneider, D., Vorläufer der Betriebswirtschaftslehre, in: Zeitschrift für betriebswirtschaftliche Forschung, 33. Jg. (1981), S. 117–139.

Schneider, D., Geschichte der Betriebswirtschaftslehre, in: WiSt - Wirtschaftswissenschaftliches Studium, 26. Jg. (1997), S. 490–500.

Schoenfeld, H.M., Betriebswirtschaftslehre im anglo-amerikanischen Raum, in: *E. Grochla, W. Wittmann* (Hrsg.), Handwörterbuch der Betriebswirtschaft, Band 1, 4. Aufl., Stuttgart 1974, Sp. 747–759.

Seyffert, R., Betriebswirtschaftslehre, in: *H. Seischab, K. Schwantag* (Hrsg.), Handwörterbuch der Betriebswirtschaft, Band 1, 3. Aufl., Stuttgart 1956, Sp. 985–995.

Seyffert, R., Geschichte der Betriebswirtschaftslehre, in: *H. Seischab, K. Schwantag* (Hrsg.), Handwörterbuch der Betriebswirtschaft, Band 1, 3. Aufl., Stuttgart 1956, Sp. 995–1011.

Simon, H., Zur internationalen Positionierung der deutschen Marketingwissenschaft, in: Marketing · Zeitschrift für Forschung und Praxis, 1. Jg. (1979), S. 140–142.

Simon, H., Die deutsche Betriebswirtschaftslehre im internationalen Wettbewerb – ein schwarzes Loch?, in: Die Zukunft der Betriebswirtschaftslehre in Deutschland, Zeitschrift für Betriebswirtschaft (Ergänzungsheft), 63. Jg. (1993), S. 73–84.

Witte, E., Betriebswirtschaftslehre und Staat, in: Zeitschrift für Betriebswirtschaft, 67. Jg. (1997), S. 7–19.

Wöhe, G., Entwicklungstendenzen der Allgemeinen Betriebswirtschaftslehre im letzten Drittel unseres Jahrhunderts – Rückblick und Ausblick, in: Die Betriebswirtschaft, 50. Jg. (1990), S. 223–235.

Betriebswirtschaftliche Vereinigungen
Ihre Bedeutung für die Verbreitung ökonomischen Gedankenguts

Prof. Dr. Klaus Backhaus

Die Verbreitung ökonomischen Gedankenguts ist ein eigenständiger Problemkreis des Wissenstransfers. Für diese Verbindung zwischen Theorie und Praxis besitzen die betriebswirtschaftlichen Vereinigungen in Deutschland nicht zuletzt durch eine Reihe von Praxisforen und eigene Publikationsorgane eine hohe Bedeutung. Dabei setzen die unterschiedlichen wissenschaftlichen Gesellschaften fachlich differierende Schwerpunkte.

1. Betriebswirtschaftliche Vereinigungen als Mittler zwischen Forschung und Praxis

1.1. Betriebswirtschaftliche Vereinigungen als Institutionen einer effizienten Diffusion ökonomischen Gedankenguts

Die Betriebswirtschaftslehre blickt als Wissenschaft nunmehr auf eine hundertjährige Tradition zurück (vgl. *Schneider*, 1998, S. 1 ff., in diesem Buch). Schon in ihren Anfängen haben sich in der betriebswirtschaftlichen Disziplin Vereinigungen konstituiert, die eine Plattform für einen **Dialog** zwischen Forschung und Praxis bilden sollten. Die Zahl dieser Vereinigungen hat in den letzten Jahren erkennbar zugenommen. Das liegt nicht zuletzt daran, daß sich die Probleme betriebswirtschaftlicher Forschung in den letzten Jahren radikal verändert haben.

An die Stelle des tayloristischen Gedankenguts, das den Weg in die Spezialisierung gewiesen hat, treten zunehmend Fragen der (Re-)Integration. Aufgrund veränderter Wettbewerbsbedingungen wird der Produktionsfaktor Information zu einer immer zentraler werdenden Einflußgröße für den Erfolg ganzer Volkswirtschaften. Die Entwicklung von Lösungsvorschlägen für existente und neue betriebswirtschaftliche Problemstellungen und ihre Verbreitung im Markt der relevanten Interessenten spielt damit eine immer größere Rolle (vgl. zur Bedeutung des Produktionsfaktors Wissen im betrieblichen Geschehen *Pallas*, 1997, S. 112–116; *Hornschild*, 1990, S. 183 f.).

Für die effiziente Nutzung betriebswirtschaftlichen Wissens (des ökonomischen Gedankenguts) ist es aber notwendig, daß über die reine Existenz ökonomischen Wissens auch ein entsprechender Verbreitungsgrad angestrebt wird. Die **Diffusion ökonomischen Gedankenguts** stellt damit einen eigenständigen Problembereich des Wissenstransfers dar.

Der Wissenstransfer wird im betriebswirtschaftlichen Bereich sinnvollerweise als ein zweiseitiger Prozeß verstanden. Einerseits ist es notwendig, die an den Hochschulen erarbeiteten wissenschaftlichen Ergebnisse in die Praxis hinein zu diffundieren; andererseits erfolgt aber betriebswirtschaftliche Forschung auch in den Unternehmen, quasi „vor Ort". Unter Effizienzgesichtspunkten ist es wünschenswert, daß auch die dort erarbeiteten Forschungsergebnisse der wissenschaftlichen Hochschulforschung zur Verfügung gestellt werden.

Als betriebswirtschaftliche Vereinigungen werden im folgenden **Zusammenschlüsse** von **Praktikern** und **Wissenschaftlern** betrachtet, die dem Ziel dienen, die Erarbeitung von neuem Wissen und neuen Erkenntnissen auf dem Gebiete der Betriebswirtschaftslehre zu fördern, deren Produktion in Eigenregie für die einzelnen Mitglieder nicht möglich oder ineffizient ist (vgl. *Fuchs-Wegner*, 1993, S. 4486). Die betriebswirtschaftlichen Vereinigungen legen dabei in der Regel Schwerpunkte auf bestimmte Teilbereiche der Betriebswirtschaftslehre, manchmal auch auf spezielle Wirtschaftszweige.

In der Bundesrepublik Deutschland existiert eine Vielzahl von Zusammenschlüssen, die diesem Kriterium genügen. Nachfolgend ist daher eine (begrenzte) Auswahl von zu betrachtenden betriebswirtschaftlichen Vereinigungen notwendig.

1.2. Auswahlkriterien für die betrachteten betriebswirtschaftlichen Vereinigungen

Aus der Vielzahl betriebswirtschaftlicher Vereinigungen sollen im folgenden nur solche betrachtet werden, die

* eine **überregionale Bedeutung** haben,

* über ein eigenes **Publikationsorgan** verfügen,

* eine bestimmte **Mindestgröße** haben (Zahl der Mitglieder > 100),

* in ihren Tätigkeitsbereichen möglichst **wenig Überschneidung zu anderen Gesellschaften** aufweisen.

Diese Kriterienliste soll sicherstellen, daß ausschließlich wirtschaftswissenschaftliche Vereinigungen mit einem betriebswirtschaftlichen Schwerpunkt betrachtet werden, die „eine gewisse Verkehrsgeltung" unter den beteiligten Zielgruppen besitzen. Außerdem sollte die Existenz eines eigenen Publikationsorgans sicherstellen, daß die jeweilige Vereinigung über eine institutionelle Voraussetzung verfügt, nachhaltig am Diffusionsprozeß ökonomischen Gedankenguts zu partizipieren. Ein eigenständiges Publikationsorgan bietet dazu besonders gute Voraussetzungen (vgl. zur Entwicklung betriebswirtschaftlicher Fachzeitschriften *Lingenfelder/Loevenich*, 1998, S. 231 ff., in diesem Buch).

2. Vorstellung der ausgewählten betriebswirtschaftlichen Vereinigungen

2.1. Die fachübergreifende Vereinigung: *Verein für Socialpolitik – Gesellschaft für Wirtschafts- und Sozialwissenschaften (VfSP)*

Der *Verein für Socialpolitik (VfSP)* wurde im Jahr 1873 gegründet, was auf eine 1872 einberufene Versammlung von Persönlichkeiten aus Publizistik, Wissenschaft, Politik und Wirtschaft zurückgeht. Der *VfSP* war von seiner Grundausrichtung daher eher **volkswirtschaftlich orientiert**. Die Gründung richtete sich gegen die von der deutschen Manchesterschule betriebene Politik des Laissez-faire in der Sozialpolitik und gegen die sozial-revolutionären Ideen des aufkommenden Sozialismus. Die Gründer des Vereins erhielten bald die Bezeichnung „Kathedersozialisten". Ziel der Gesellschaft war es – so der langjährige Vorsitzende *Gustav Schmoller* (1880–1917) –, „auf der Grundlage der bestehenden Ordnung die unteren Klassen soweit (zu) heben, bilden und versöhnen, daß sie in Harmonie und Frieden sich in den Organismus einfügen." Nach schweren Auseinandersetzungen entwickelte sich der „Agitations-Verein" zu einer politisch neutralen, fachübergreifenden Gesellschaft.

1936 löste sich der Verein freiwillig auf, um dem Versuch der Gleichschaltung und Überführung in die regimetreue *Deutsche Wirtschaftswissenschaftliche Gesellschaft* zu entgehen. 1948 wurde er als *Verein für Socialpolitik* wiederbegründet.

Ziel des Vereins, dem seit 1956 der neue Name *Gesellschaft für Wirtschafts- und Sozialwissenschaften* hinzugefügt wurde, ist „die wissenschaftliche Erörterung **wirtschafts-** und **sozialwissenschaftlicher Probleme** in Wort und Schrift wie auch die Pflege **internationaler Beziehungen** innerhalb der Fachwissenschaft". Der Verein ist die wissenschaftliche Gesellschaft der deutschsprachigen Wirtschafts- und Sozialwissenschaftler. Er bietet auch Praktikern die Möglichkeit, den Kontakt zur Wissenschaft zu halten und sich über die neuesten Entwicklungen der Theorie zu informieren, ist aber von seiner Mitgliederstruktur deutlich hochschullehrerlastig.

Der Verein hatte Anfang 1998 2178 persönliche und 62 korporative Mitglieder. Dabei handelt es sich um etwa 1000 Hochschulprofessoren aus über 20 Ländern. Der engere Vorstand setzt sich aus vier Mitgliedern zusammen. Zum erweiterten Vorstand zählen die Vorsitzenden der Ausschüsse (22 Personen), gewählte Mitglieder (11 Personen), die Tagungsorganisatoren (4 Personen), kooptierte Mitglieder (6 Personen) und der Herausgeber der *ZWS (Zeitschrift für Wirtschafts- und Sozialwissenschaften)*.

In 22 ständigen Ausschüssen sowie in den Jahrestagungen und in kleineren Arbeitstagungen manifestiert sich die Forschungstätigkeit des Vereins. Der *VfSP* bietet auch Praktikern die Möglichkeit, Kontakte zu Wissenschaftlern aufzubauen und sich über aktuelle Entwicklungen der wirtschafts- und sozialwissenschaftlichen Theorie zu informieren (vgl. hierzu auch http://www.vwl/uni-muenchen.de/verein/info.htm).

2.2. Die Rechnungswesen-, Finanz- und Controlling-orientierte Vereinigung: *Schmalenbach-Gesellschaft für Betriebswirtschaft e.V. (SG)*

Die seit dem 1.1.1998 unter dem Namen *Schmalenbach-Gesellschaft für Betriebswirtschaft e.V. (SG)* firmierende *Schmalenbach-Gesellschaft/Deutsche Gesellschaft für Betriebswirtschaft e.V. (SG-DGfB)* wurde 1978 durch den Zusammenschluß der *Schmalenbach-Gesellschaft zur Förderung der betriebswirtschaftlichen Forschung und Praxis* in Köln und der *Deutschen Gesellschaft für Betriebswirtschaft (DGfB)* in Berlin gegründet und hat ihren Hauptsitz in Köln. Beide Gesellschaften knüpften vor ihrem Zusammenschluß an den Vorstellungen an, daß nur eine auf die Praxis ausgerichtete, angewandte Betriebswirtschaftslehre auf die Dauer zu fruchtbaren wissenschaftlichen Erkenntnissen führen könne. Die Idee einer **anwendungsorientierten betriebswirtschaftlichen Forschung**, die *Schmalenbach* schon nach der Jahrhundertwende durch die Verknüpfung von wissenschaftlicher Arbeit und betriebswirtschaftlicher Praxis verfolgt hat, bildet auch heute noch den Grundgedanken der *SG* (vgl. *Schmalenbach-Gesellschaft*, o.J., S. 1). Die Ursprünge der *SG* gehen auf die durch *Schmalenbach* 1905 erfolgte Gründung des *Vereins Deutscher Diplomkaufleute* zurück, die mit der Herausgabe der *Zeitschrift für handelswissenschaftliche Forschung (ZfhF)* einherging.

Die Gesellschaft stellt einen gemeinnützigen, unabhängigen Verein dar, in dem natürliche Personen, Unternehmen, wirtschaftliche Institutionen, Vereinigungen, Universitäten und Behörden, die sich in Wissenschaft und Praxis mit betriebswirtschaftlichen Aufgaben auseinandersetzen, zusammenwirken (vgl. *Schmalenbach-Gesellschaft*, 1981, sowie *Schmalenbach-Gesellschaft*, 1995, S. 14). Zweck der Vereinigung bildet die **Förderung** des **Erfahrungsaustausches** zwischen Theorie und Praxis in bezug auf die Anwendungen und Entwicklungen neuer betriebswirtschaftlicher Erkenntnisse und Methoden, die durch betriebswirtschaftliche Stellungnahmen zu aktuellen Fragen der Wirtschaftspraxis und -gesetzgebung ergänzt werden. Ziel ist es, die gewonnenen Erkenntnisse zu diffundieren und ein betriebswirtschaftliches Problembewußtsein in der Öffentlichkeit zu fördern. Die eigene Forschungsaktivität wird in enger Zusammenarbeit mit anderen betriebswirtschaftlichen Institutionen verfolgt, wobei sich die Gesellschaft nicht im Wettbewerb zu universitären Forschungsaktivitäten sieht (vgl. *Fuchs-Wegner*, 1993, S. 4492).

Die Mitglieder der Gesellschaft setzen sich aus Führungskräften namhafter Unternehmen sowie Persönlichkeiten der Wissenschaft aus unterschiedlichen betriebswirtschaftlichen Bereichen zusammen. Die Zusammenarbeit von Wirtschaftswissenschaftlern und Praktikern wird auch in allen Organen der Gesellschaft – dem Vorstand, dem Beirat und den Arbeitskreisen – verwirklicht (vgl. *Schmalenbach-Gesellschaft*, 1981). Zum Ende des Jahres 1996 zählte die Gesellschaft 2117 Mitglieder, darunter ungefähr 320 Firmenmitglieder, durch welche die hundert größten Unternehmen in Deutschland fast vollzählig vertreten sind (vgl. *Schmalenbach-Gesellschaft*, o.J., S. 5).

Kernelement der Arbeit der *SG* sind die sogenannten Arbeitskreise. In den zum März 1996 existenten 25 Arbeitskreisen arbeiteten ca. 400 Fachleute aus Wissenschaft und Praxis ehrenamtlich zusammen (vgl. *Schmalenbach-Gesellschaft*, o.J., S. 3). Die Arbeitskreise werden vom Gesamtvorstand eingerichtet und jeweils von einem Hochschullehrer und einem Wirtschafts-

praktiker gemeinsam geleitet. Sie befassen sich jeweils mit **aktuellen betriebswirtschaftlichen Fragestellungen** und erarbeiten Lösungen für unterschiedliche betriebswirtschaftliche Problemstellungen, die im Dialog zwischen Praxis und Hochschule diskutiert, zum Teil auch implementiert werden.

Vornehmlich setzen sich die autonom arbeitenden Kreise zu einem Drittel
aus Personen im Hochschulbereich zusammen. Die Mehrheit bilden in
der Regel jeweils Praktiker.

Obwohl die *SG* ihrem Selbstverständnis nach (was auch in der Besetzung
der Organe deutlich wird) eine auf die allgemeinen Fragen der Betriebswirtschaftslehre ausgerichtete wissenschaftliche Vereinigung ist, lassen jedoch die von der *SG* veranstalteten Tagungen einen deutlichen Schwerpunkt im Bereich des **Rechnungswesens**, der **Finanzierung** und des **Controlling** erkennen. Mit Sicherheit läßt sich jedoch konstatieren, daß von
allen im Rahmen dieser Abhandlung diskutierten betriebswirtschaftlichen
Vereinigungen die *SG* am stärksten **funktionsübergreifend ausgerichtet**
ist.

2.3. Die personalorientierte betriebswirtschaftliche Vereini-
gung: *Deutsche Gesellschaft für Personalführung e.V. (DGFP)*

Die *Deutsche Gesellschaft für Personalführung e.V. (DGFP)* ist ein 1952 ge-
gründeter gemeinnütziger Verein mit Sitz in Düsseldorf, dessen Grün-
dungsinitiative auf Unternehmen zurückgeht mit dem Ziel, das **Personalwesen** in **Praxis**, **Forschung** und **Lehre** zu fördern (vgl. *Friedrichs*,
1982, S. 2). Die Mitgliederstruktur der Gesellschaft setzt sich aus ordentlichen, außerordentlichen und korrespondierenden Mitgliedern zusammen. Ordentliche Mitglieder sind Unternehmen, die ihren Hauptsitz in
Deutschland haben und bereit sind, die Ziele der Gesellschaft zu fördern. Außerordentliche Mitglieder besitzen kein Stimmrecht und sind
insbesondere natürliche Personen, die als Wissenschaftler im Hochschulbereich auf dem Gebiet des Personalwesens tätig sind. Korrespondieren-
de Mitglieder stellen solche Unternehmen dar, die ihren Sitz außerhalb
Deutschlands haben. Sie haben kein Stimmrecht und sind in keinem Organ der Gesellschaft vertreten (vgl. *DGFP*, 1995c).

Ende des Jahres 1996 waren 1265 Unternehmen ordentliches Mitglied der
DGFP. Darüber hinaus waren 235 natürliche Personen außerordentliche
Mitglieder der Gesellschaft.

Das in der Satzung verankerte Ziel der Förderung des Personalwesens wird insbesondere durch die Arbeit von Erfahrungsaustauschgruppen für leitende Mitarbeiter des Personalwesens sowie durch die Zusammenarbeit von Wirtschaftswissenschaftlern und -praktikern in Arbeitsgruppen verfolgt. Ende 1996 waren in der *DGFP* 111 Erfahrungsaustauschgruppen existent, in denen aktuelle Personalprobleme diskutiert und ein Erfahrungsaustausch für Personal- und Bildungsfachleute aller Unternehmensebenen gefördert wurde. Die Erfahrungsgruppen gliedern sich in zwei große Segmente. Die Erfahrungsgruppe (Erfa) I befaßt sich insbesondere mit den Personalproblemen in großbetrieblichen Unternehmen, wohingegen die Erfa II sich mit den Problemen aus dem Personalbereich kleinerer und mittlerer Unternehmen befaßt (vgl. *DGFP*, 1995b, S. 4). Daneben existieren Erfa-Gruppen, die sich an Wirtschaftszweigen orientieren und branchenspezifische Probleme diskutieren wie beispielsweise Erfa-Gruppen im Bankbereich oder bei Handelsunternehmen. Schließlich existieren sowohl überregionale wie regionale Austauschgruppen.

Die Erfa-Gruppen Wissenschaft und Praxis verfolgen schließlich das Ziel, einen Dialog zwischen Wissenschaft und Praxis im Bereich des Personalwesens durch die Arbeit von insgesamt 207 Wissenschaftlern und Praktikern zu fördern (vgl. *DGFP*, 1995a, S. 6).

Neben den Erfahrungsaustauschgruppen bilden Arbeitskreise, die sich aus Wissenschaftlern, Praktikern und Beratern zusammensetzen, eine grundlegende Rolle zur Bewältigung der vielfältigen Aufgaben der *DGFP* (vgl. *DGFP*, 1995b, S. 9). In den Arbeitskreisen werden aktuelle Fragen der Personalführung behandelt und Lösungsansätze entwickelt. In fünf Regionalstellen in Deutschland werden die Mitgliedsfirmen der *DGFP* durch ein Dienstleistungsangebot (Aus- und Weiterbildung, Konferenzen, Seminare etc.) vor Ort betreut (vgl. *Böhm*, 1996, S. 1030; *DGFP*, 1995b, S. 10).

Weitere Aufgaben der Gesellschaft bestehen in der Durchführung von Erhebungen und Analysen auf dem gesamten Gebiet des Personalwesens sowie der Untersuchung bestehender **Systeme** der **Personalpolitik** und **Personalführung** in der betriebswirtschaftlichen Praxis (vgl. *DGFP*, 1995c, § 3). Zudem wird eine Vielzahl von Bildungsmaßnahmen (Seminare, Fachtagungen etc.) für Personalfachleute, Führungskräfte und andere Personen des Personalbereichs von der Akademie für Personalführung durchgeführt (vgl. *DGFP*, 1995b, S. 7; *DGFP*, 1995a, S. 8.). Die Veranstaltungen können gegen Entgelt auch von Nichtmitgliedern in Anspruch genommen werden. Die Referenten der Seminare sind

neben Trainern und Beratern insbesondere Praktiker aus den Mitgliedsunternehmen der *DGFP*, die einen möglichst nahen Bezug des Seminars
zur Praxis gewährleisten (vgl. *DGFP*, 1995a, S. 8).

Eine weitere Dienstleistung bietet die Gesellschaft mit ihrer **personalwirtschaftlichen Datenbank** PERDOC an, in der Dokumentationen
aus Wissenschaft und Praxis aus dem Bereich des Personal- und Sozialwesens für Mitglieder und Nichtmitglieder verfügbar gemacht werden.
Das Personaldokumentationssystem PERDOC ist ein Informationsund Dokumentationssystem, mit dessen Hilfe EDV-gestützte Recherchen gegen Entgelt in Auftrag gegeben werden können. Darüber hinaus
besteht für die Mitglieder der *DGFP* die Möglichkeit, über das EDV-System auf Unterlagen von Mitgliedsunternehmen und Protokolle bzw. Referate aus Erfahrungsaustauschgruppen zurückzugreifen (vgl. *Möllhof*,
1996, S. 342–343; *DGFP*, 1996, S. 1 f.).

Eine weitere Aufgabe der *DGFP* ist es, neben ihren Mitgliedern auch die
Allgemeinheit und die Wissenschaft mit Informationsmaterial aus dem
Gebiet des Personalwesens zu versorgen. Die Förderung des Personalwesens wird auch außerhalb Deutschlands, insbesondere in Mittel-, Südost- und Osteuropa, mit Hilfe von Informations- und Schulungsveranstaltungen vor Ort vorangetrieben (vgl. *DGFP*, 1995c, § 3). Außerdem
wird eine internationale Zusammenarbeit mit ausländischen Partnerorganisationen gepflegt. Beispielhaft dafür ist die im August 1996 mit
Hilfe der *DGFP* und der polnischen Gesellschaft für Personalführung in
Riga gegründete *Lettische Gesellschaft für Personalführung* (vgl. o.V., 1996b,
S. 822). Weitere Zusammenarbeit besteht auch zu anderen europäischen
Gesellschaften, die sich einmal jährlich zu einem Erfahrungsaustausch
treffen.

Die *DGFP* gründete Erfahrungsaustauschgruppen, in denen deutsche
und ausländische Unternehmen Personalprobleme der zunehmenden Internationalisierung von Unternehmen erörtern können. Aufgrund der
Mitgliedschaft der *DGFP* in der *European Association for Personnel Management*, die nach eigenen Angaben von der *DGFP* mitbegründet wurde,
und der *World Federation for Personnel Management Associations* bestehen
weltweite Kontakte zu anderen Unternehmen und Gesellschaften, die
von den Mitgliedsfirmen der *DGFP* genutzt werden (vgl. *DGFP*, 1995a,
S. 11). Vorstand und Geschäftsführung setzen sich fast ausschließlich
aus Mitgliedern der Vorstände großer Aktiengesellschaften zusammen.

2.4. Die organisationsorientierte betriebswirtschaftliche Vereinigung: *Gesellschaft für Organisation e.V. (GfO)*

Die *Gesellschaft für Organisation e.V. (GfO)* wurde 1922 durch einen Zusammenschluß praktisch arbeitender Organisationen gegründet und bezweckt die Förderung von Wissenschaft, Wirtschaft und Verwaltung auf dem Gebiet **Führung** und **Organisation** (vgl. *GfO*, 1993, § 2; *GfO*, 1995, S. 1 ff.). Zusätzlich soll die Dokumentation und Weiterentwicklung von Forschungs- und Erfahrungsergebnissen der beruflichen Aus- und Weiterbildung von Personen unterstützt werden, die in der Wirtschaft, der Wissenschaft sowie der Verwaltung tätig sind. Diese Ziele werden durch die Einrichtung der Bildungsinstitution *Akademie Führung und Organisation*, zahlreiche Veranstaltungen (Kongresse, Fachveranstaltungen, Erfahrungsaustauschgruppen und Arbeitskreise), Forschungsaufträge und die Verbreitung der gewonnenen Erkenntnisse in der Zeitschrift *Führung und Organisation* und anderen Publikationen verfolgt.

Die *Akademie Führung und Organisation* veranstaltet verschiedene Fach- und Führungsseminare sowie Weiterbildungskurse zum Organisator, die auf die Prüfung vor der Industrie- und Handelskammer zum Fachkaufmann für Organisation vorbereiten (vgl. *GfO*, 1995, S. 2). Die Akademie ist Mitglied im *Wuppertaler Kreis e.V.*, der deutschen Vereinigung zur Förderung der Weiterbildung von Führungskräften.

Die *Gesellschaft für Organisation* arbeitet eng mit der *Schweizerischen Gesellschaft für Organisation (SGO)* und der *Österreichischen Vereinigung von Organisatoren in Wirtschaft und Verwaltung (ÖVP)* zusammen. Einige Mitglieder der schweizerischen und österreichischen Gesellschaften sind in den Organen der *Gesellschaft für Organisation* aktiv tätig (vgl. o.V., 1996a, S. 327).

2.5. Die marketingorientierte betriebswirtschaftliche Vereinigung: *Deutsche Marketing-Vereinigung e.V. (DMV)*

Die *Deutsche Marketing-Vereinigung e.V.* ist als Berufsverband des Marketing-Managements in Deutschland mit Sitz in Düsseldorf eine stark durch die **Marketing-Praxis** geprägte Organisation. Ihr gehören 57 angeschlossene regionale Marketing-Clubs mit 9500 Einzelmitgliedern an, deren Dachorganisation sie bildet. Ihr Ziel ist die Interessenvertretung ihrer Mitglieder durch engagierte Öffentlichkeitsarbeit, die das Marketing noch stärker in Wirtschaft und Gesellschaft verankern soll, immer wieder über **Aufgaben** und **Funktionen** des **Marketing** informiert und zu aktuellen wirtschaftlichen Fragen Stellung bezieht. Weiterhin verkörpert ein zentrales Ziel die Förderung der persönlichen und beruflichen Entwicklung der Mitglieder. Die Weiterentwicklung und Verbreitung des Marketing in den theoretischen und praktischen Bereichen ist die gemeinsame Zielsetzung, der sich die *DMV* und die einzelnen Clubs verpflichtet fühlen. Ziel ist es, das Marketing auf nationaler, aber auch auf internationaler Ebene zu fördern.

Das ehrenamtliche Präsidium wird unterstützt von der Geschäftsstelle in Düsseldorf, den Fachausschüssen und den Arbeitskreisen der *DMV*. Das erste Organ der *DMV* ist die Mitgliederversammlung, bei der alle deutschen Marketing-Clubs mit Sitz und Stimme vertreten sind. Hier werden alle grundlegenden Entscheidungen getroffen.

Die 57 Marketing-Clubs führen regionale Veranstaltungen durch. Dies sind Foren des Gedankenaustausches unter Fachleuten, die verschiedene Interessen, Branchen- und Berufserfahrungen der jeweiligen Region repräsentieren. Die Arbeit der einzelnen Clubs wird durch die Geschäftsstelle koordiniert, unterstützt und durch zentrale Tagungen ergänzt.

Die *DMV* verfügt über einen Ausschuß *Wissenschaft und Praxis*. Dieser Arbeitskreis, der mit der Kommission *Marketing im Verband der Hochschullehrer für Betriebswirtschaft e. V.* zusammenarbeitet, setzt sich aus jeweils acht bis neun Hochschullehrern und Praktikern zusammen. Zentrale Aufgabe des Ausschusses ist es, den permanenten Erfahrungsaustausch zwischen Wissenschaft und Praxis zu fördern. Es sollen Formen gefunden werden, wie man wissenschaftliche Erkenntnisse in die Praxis übertragen kann und umgekehrt. Weiterhin verleiht der Ausschuß jährlich den Wissenschaftspreis der *DMV*.

2.6. Die logistikorientierte betriebswirtschaftliche Vereinigung: *Bundesvereinigung Logistik e. V. (BVL)*

Die *Bundesvereinigung Logistik* (1978 gegründet) ist der größte Logistikverband mit rund 2900 Mitgliedern aus den Führungsebenen von Industrie, Handel, Dienstleistung und Wissenschaft. Die erklärte Zielsetzung der *BVL* ist die Förderung des **ganzheitlichen logistischen Denkens** und **Handelns**, das Aufgreifen vorhandener Erkenntnisse, um sie einem größeren Kreis zugänglich zu machen. Sie gibt Anregungen und Impulse für branchenübergreifende und zukunftsweisende logistische Konzepte zur Sicherung der Wettbewerbsfähigkeit der Unternehmen im In- und Ausland und sieht sich als Podium für den nationalen und internationalen

Gedanken- und Erfahrungsaustausch zwischen Führungskräften und Wissenschaftlern durch Kontakte zu gleichorientierten Organisationen. Dazu dient vor allem die Mitgliedschaft in der *European Logistics Association (ELA)*.

Die *BVL* besteht aus Vorstand, erweitertem Vorstand, dem Beirat und einem Forschungsbeirat. Der erweiterte Vorstand setzt sich aus dem Vorstand und den Regionalgruppensprechern aus 24 Regionalgruppen der *BVL* zusammen. Der 1996 gegründete Forschungsbeirat setzt sich aus Wissenschaftlern und Praktikern zusammen (10 Personen), die die Aufgabe haben, Forschungsdefizite auf dem Gebiet der Logistik aufzudecken und daraus wichtige und notwendige Projektinhalte abzuleiten.

Bundesweit sollen 24 Regionalgruppen vor allem gute Kontaktmöglichkeiten vor Ort bieten. Von ihnen werden nahezu 100 Veranstaltungen jährlich organisiert, die dann durch die Bremer Geschäftsstelle abgewickelt werden. Die Betonung bei diesen Veranstaltungen liegt in ihrem hohen Praxisbezug. Daher finden diese Veranstaltungen häufig bei Unternehmen mit Betriebsbesichtigungen statt, um Logistik direkt erleben zu können. Die Teilnahme an den Veranstaltungen ist grundsätzlich kostenlos, Interessenten sind willkommen.

In den laufenden Arbeitskreisen, die sich flexibel organisieren, werden konkret beschriebene Aufgaben zur Analyse von praxisrelevanten Logistiklösungen übernommen. Zur Zeit existieren vier Arbeitskreise.

In Zusammenarbeit mit der *Technischen Universität Berlin* führt die *BVL* Untersuchungen und Analysen in Industrie-, Handels- und Dienstleistungsunternehmen durch und leitet daraus aktuelle Trends in der Logistik und wettbewerbssichernde Strategien für die Unternehmen ab.

Hier ist auch die Aufgabe des Forschungsbeirates zu sehen, der bestehende Forschungsdefizite auf dem Gebiet der Logistik aufdecken will, um daraus wichtige und notwendige Projektinhalte abzuleiten. Es handelt sich nicht um eine Forschungsinstitution, sondern der Beirat will lediglich initiieren, begleiten und begutachten.

3. Die Bedeutung der verschiedenen Vereinigungen für die Diffusion ökonomischen Wissens

Tab. 1 zeigt einen Überblick über die Institutionen, mit denen sich die verschiedenen betriebswirtschaftlichen Vereinigungen bemühen, ihre Arbeits-

Vereinigung	Veranstaltung	Publikationsorgan
VJSP	Jahrestagung Arbeitstagungen	*ZWS:* stark theoretisch orientiert Neue Folge der Schriften des *VJSP*
SG	Arbeitskreise (ca. 25) Deutscher Betriebswirtschaftertag (jährlich) *Schmalenbach*-Tagung (jährlich)	*ZfbF:* eher theoretisch orientiert (führendes wissenschaftliches Publikationsorgan) Berichte aus der *Deutschen Schmalenbach-Gesellschaft für Betriebswirtschaft e. V.*
DGFP	Erfahrungsaustauschgruppen (111) Arbeitskreise Aus- und Weiterbildung Konferenzen, Seminare, Fachtagungen, Kongresse (alle zwei Jahre)	*Personalführung:* praxisnah
GfO	*Akademie Führung und Organisation* Kongresse Fachveranstaltungen Erfahrungsaustauschgruppen regionale Veranstaltungen, Workshops, Besichtigungen	*Zeitschrift Führung und Organisation (ZFO):* eher praxisorientiert weitere Publikationen
DMV	regionale Veranstaltungen zentrale Tagungen Ausschuß „Wissenschaft und Praxis" Deutscher Marketing-Tag	*absatzwirtschaft:* praxisorientiert
BVL	regionale Veranstaltungen Arbeitskreise Deutscher Logistik-Kongreß	*Logistik Heute:* praxisorientiert weitere Publikationen

Tab. 1: Überblick über die Vermittlungsinstitutionen der verschiedenen betriebswirtschaftlichen Vereinigungen

ergebnisse einem breiteren Kreis von Interessenten zugänglich zu machen. Sie macht deutlich, daß dies im wesentlichen entweder über die Durchführung von Veranstaltungen oder aber über Publikationsorgane erfolgt.

Alle betriebswirtschaftlichen Vereinigungen veranstalten sowohl regelmäßige wie auch fallweise **Wissenstransfer-Veranstaltungen**. Der *Verein für Socialpolitik* veranstaltet regelmäßig Kongresse zu verschiedenen, oft aktuellen Themen der Wirtschafts- und Sozialwissenschaften. Diese **Jahrestagungen** bestehen aus zwei Teilen: der „Kerntagung" und der „Offenen Tagung". Auf der Kerntagung halten eingeladene Referenten Vorträge zu einem vorgegebenen Thema. Auf der Offenen Tagung werden ausgewählte Forschungsbeiträge zum genannten Themenspektrum der Wirtschaftswissenschaften vorgetragen und diskutiert (vgl. hierzu http://www.uni-muenchen.de/verein/info.htm).

Die Forschungsergebnisse, die im Rahmen der Aktivitäten des *Vereins für Socialpolitik* erarbeitet werden, werden in der Vereinszeitschrift *Zeitschrift für Wirtschafts- und Sozialwissenschaften (ZWS)* veröffentlicht. Diese Zeitschrift ist als Mitgliederzeitschrift positioniert und diffundiert ihre Forschungsergebnisse an die definierte Zielgruppe ihrer Mitglieder.

Die *Deutsche Schmalenbach-Gesellschaft für Betriebswirtschaft e. V.* veranstaltet als Leitkongreß einmal jährlich den über drei Tage stattfindenden **Deutschen Betriebswirtschaftertag** (DBT) sowie die einmal jährlich durchgeführte eintägige *Schmalenbach-Tagung*. Darüber hinaus finden mehrmals jährlich und zu unregelmäßigem Zeitpunkt Fachgespräche, allgemeine Informationsveranstaltungen sowie sogenannte Unternehmergespräche statt. Bei letzteren sind Mitgliedsfirmen der Gesellschaft Gastgeber, die Erfahrungen und Probleme ihrer Firma vorstellen und mit einem interessierten Kreis diskutieren (vgl. *Schmalenbach-Gesellschaft*, 1995, S. 11; 1994, S. 12).

Zentrales Publikationsorgan der *Deutschen Schmalenbach-Gesellschaft für Betriebswirtschaft e. V.* bildet die *Zeitschrift für betriebswirtschaftliche Forschung (ZfbF)*. Darüber hinaus existiert eine Schriftenreihe „Berichte aus der Arbeit der deutschen Schmalenbach-Gesellschaft für Betriebswirtschaft" (vgl. *Schmalenbach-Gesellschaft*, 1995, S. 14). Während die Berichte ausschließlich als Publikationsorgan für Forschungsergebnisse dienen, die in Arbeitskreisen der *Deutschen Schmalenbach-Gesellschaft für Betriebswirtschaft e. V.* erarbeitet wurden, ist die von der *Schmalenbach-Gesellschaft* herausgegebene *ZfbF* ein Publikationsmedium, das allen potentiellen Autoren prinzipiell offensteht. Die Beiträge, die die gesamte Betriebswirtschaftslehre umfassen können, werden durch einen blinden Begutachtungsprozeß beurteilt und dann jeweils entweder angenommen oder abgelehnt. Die *ZfbF* hat sich in Deutschland zu einem der führenden wissenschaftlichen Publikationsorgane entwickelt. Im Gegensatz zur *ZWS* des *Vereins für Socialpolitik* ist der Adressatenkreis der Forschungsergebnisse die an betriebswirtschaftlichen Forschungsergebnissen interessierte allgemeine Öffentlichkeit.

Die *DGFP* veranstaltet alle zwei Jahre den **DGFP-Kongreß**, der neben einer speziellen Fachmesse auch für die Allgemeinheit zugänglich und für die Kongreßteilnehmer kostenlos ist. Gegenstand der Veranstaltung sind wechselnde, jeweils aktuell relevante Themenbereiche aus der Personalwirtschaft (Personalmarketing, Personalbeschaffung). Das Publikationsorgan der *DGFP* ist die Zeitschrift *Personalführung* (vgl. *DGFP*, 1995, S. 9 ff.). In der *Personalführung* wird durch praxisnahe Beiträge versucht, die Mitglieder und Abonnenten über den jeweils neuesten Stand grundsätzlicher und aktueller Themen der betrieblichen Personalarbeit zu informieren.

Die *GfO* veranstaltet eine Vielzahl von Kongressen, Fachveranstaltungen sowie Zusammenkünften von Erfahrungsaustauschgruppen und Arbeitskreisen. In der Regel werden die Themen der Veranstaltungen und die Veranstaltungsregionen in der Zeitschrift *Führung und Organisation* angekündigt. Die ehrenamtlich tätigen Mitglieder der Gesellschaft leiten den regionalen Erfahrungsaustausch, zu dem auch jederzeit Gäste willkommen sind. Hauptsächlich werden zeitaktuelle und zukunftsgerichtete Themen aus dem Bereich der Organisation und der damit verbundenen Themen der Informationstechnologie behandelt.

Teilnehmer an den regionalen Zusammenkünften werden nach den für sie interessanten und bevorzugten Themengebieten und Fragestellungen befragt und haben somit Einfluß auf die Programmgestaltung. Bei den Referenten handelt es sich um Vertreter unterschiedlicher wirtschaftlicher Bereiche sowie aus dem Hochschulbereich, wobei es keine besonders enge Verbindung zu einzelnen Hochschulen gibt. Die Gestaltung der Zusammenkünfte ist nicht an eine bestimmte Form gebunden, es kann sich hierbei um Workshops, Besichtigungen u.ä. handeln.

Die Verbreitung der gewonnenen Erkenntnisse erfolgt in der *Zeitschrift Führung und Organisation (ZFO)*, die dabei eher praxisorientiert ausgerichtet ist. Über die Veröffentlichung von Beiträgen entscheidet ein Review Board aus Praktikern und Theoretikern. Dabei werden ca. 33% der eingesandten Aufsätze veröffentlicht.

Die *DMV* richtet den **Deutschen Marketing-Tag** aus, der jährlich stattfindet und den rund 1000 Teilnehmer, die vor allem aus der Praxis kommen, besuchen. Zusammen mit der *Absatzwirtschaftlichen Gesellschaft Nürnberg e. V.* gibt der *DMV* die Zeitschrift *absatzwirtschaft* heraus. Philosophie der Zeitschrift ist es, Marketing als eine ganzheitliche Philosophie und Grundhaltung des Managements zu zeigen. Sie will konkrete Orientierungshilfen liefern und zeigt ihre Praxisnähe vor allem durch die Darstellung von Analysen und konkreten Fallbeispielen.

Hauptveranstaltung der *Bundesvereinigung Logistik* ist der jährlich stattfindende dreitägige **Deutsche Logistik-Kongreß.** Hier besteht die Möglichkeit für Führungskräfte, sich umfassend über aktuelle Entwicklungen der Logistikpraxis zu informieren, die durch Vorträge und Workshops dokumentiert werden. Der Kongreß stellt eine bedeutende Fachtagung dar, die 1997 1500 Teilnehmer besuchten. Seit 1979 ist die Zeitschrift *Logistik Heute* das offizielle Mitteilungsorgan der *BVL.* Die Zeitschrift will umfassend über alle Bereiche der Logistik informieren und richtet sich in erster Linie an Entscheider aus Industrie und Handel und deren Dienstleister. An dieser Zielgruppe läßt sich bereits erkennen, daß die Zeitschrift vor allem fundiertes Fachwissen darstellen, praxisrelevante Untersuchungen erläutern und eine kompetente Hilfestellung für praktische Fragen geben will.

4. Zusammenfassende Beurteilung

Zusammenfassend läßt sich feststellen, daß die unterschiedlichen wissenschaftlichen Gesellschaften **fachlich differierende Schwerpunkte** setzen. Es wurde deutlich gemacht, daß der Adressatenkreis der im *Verein für Socialpolitik* erarbeiteten Ergebnisse über die Mitgliedszeitschrift **primär intern** orientiert ist. Alle anderen betriebswirtschaftlichen Vereinigungen sind dagegen bei der Diffusion ihrer erarbeiteten Erkenntnisse **breiter orientiert.** Die von der *Deutschen Schmalenbach-Gesellschaft für Betriebswirtschaft e. V.* organisierten Veranstaltungen dienen vorwiegend dem **Dialog** zwischen Wissenschaftlern und Praktikern auf höchster Ebene, während die von der *DGFP* durchgeführten Veranstaltungen größtenteils auf einen **Erfahrungsaustausch** auf **Praktikerebene** konzipiert sind, wobei in einem kleineren Kreise Probleme und Erfahrungen diskutiert und ausgetauscht werden. Die von der *DGFP* alle zwei Jahre veranstalteten Kongresse sind dabei eher auf Informationsvermittlung in bezug auf personalwirtschaftliche Fragen gerichtet. Es läßt sich jedoch deutlich konstatieren, daß die *DGFP* wie die *Deutsche Marketingvereinigung* mehr als die *Schmalenbach-Gesellschaft für Betriebswirtschaft e. V.* „praktikerlastig" ist. Die *Gesellschaft* *für Organisation* führt eher auf kleinere Meetings ausgerichtete Veranstaltungen durch. Praxisorientierte Themen der Organisation dominieren. Dagegen ist die *BVL* trotz ihres ausgeprägten Praxisbezugs deutlicher forschungsorientiert.

Unterschiede zeigen sich auch in den **Publikationsorganen.** Während die von der *Deutschen Schmalenbach-Gesellschaft für Betriebswirtschaft e. V.* herausgegebene *ZfbF* zu den führenden wissenschaftlichen Zeitschriften zählt und die *ZWS* stark forschungsgeprägt ist, sind die Organe der *DGFP*, der *DMV*, der *BVL* und der *GfO* eher praxisorientiert ausgerichtet, wenn auch die *Zeitschrift für Organisation* und die *absatzwirtschaft* durchaus wissenschaftliche Beiträge enthalten.

Es läßt sich damit konstatieren, daß die diskutierten wissenschaftlichen Gesellschaften erhebliche Anstrengungen unternehmen, einen Beitrag zur **Diffusion ökonomischen Gedankenguts** zu leisten. Die derzeit vornehmlich genutzten Wege der Veranstaltungen und Publikationen in Fachzeitschriften können in Zukunft durch eine verstärkte **Einbeziehung** der **neuen Medien** (z.B. Internet) sicherlich sinnvoll ergänzt werden. Dies würde die Effizienz und Effektivität der Diffusion ökonomischen Wissens erheblich intensivieren (vgl. zum Einsatz neuer Medien in der Betriebswirtschaftslehre *Lingenfelder/Loevenich*, 1998, S. 245 ff., in diesem Buch).

Literatur

Böhm, H., Zum Jahreswechsel, in: Personalführung, 29. Jg. (1996), S. 1029–1030.

Deutsche Gesellschaft für Personalführung e. V. (DGFP) (1995a), Tätigkeitsbericht 1993/94, Düsseldorf 1995.

Deutsche Gesellschaft für Personalführung e. V. (DGFP) (1995b), Service für die Personalarbeit, Düsseldorf 1995.

Deutsche Gesellschaft für Personalführung e. V. (DGFP) (1995c), Satzung, Düsseldorf 1995.

Deutsche Gesellschaft für Personalführung e. V. (DGFP), Personal Documentation Perdoc, Düsseldorf 1996.

Friedrichs, H., 30 Jahre DGFP, in: Personalführung, 15. Jg. (1982), S. 2–3.

Fuchs-Wegner, G., Art. Vereinigungen, betriebliche, in: *W. Wittmann* u.a. (Hrsg.), Handwörterbuch der Betriebswirtschaft, 5. Aufl., Bd. 3, Stuttgart 1993, S. 4485–4495.

Gesellschaft für Organisation e. V. (GfO), Satzung der Gesellschaft für Organisation, Gießen 1993.

Gesellschaft für Organisation e. V. (GfO), Die Gesellschaft für Organisation stellt sich vor, Bonn 1995.

Hornschild, K., Innovation und volkswirtschaftlicher Strukturwandel, in: *H.J. Schuster* (Hrsg.), Handbuch des Wissenschaftstransfers, Berlin u.a. 1990, S. 181–195.

Möllhoff, D., PERDOC – die Datenbank für Personalprofis, in: Personalführung, 29. Jg. (1996), S. 342–343.

o.V., Zusammenarbeit mit anderen Verbänden, in: Zeitschrift Führung und Organisation, 65. Jg. (1996a), S. 348–351.

o.V., Lettische Gesellschaft für Personalführung in Riga gegründet, in: Personalführung, 29. Jg. (1996b), S. 722.

Pallas, B., Der Schatz in den Köpfen, in: manager-magazin, 27. Jg. (1997), Nr. 1, S. 112–121.

Schmalenbach-Gesellschaft, Forum des Dialogs zwischen Wissenschaft und Praxis, Köln o.J.

Schmalenbach-Gesellschaft, Deutsche Gesellschaft für Betriebswirtschaft e.V., Köln, Berlin, Satzung vom 19.10.1978, geändert am 14.5.1981, Köln 1981.

Schmalenbach-Gesellschaft, Jahresbericht, Köln, Berlin 1994.

Schmalenbach-Gesellschaft, Deutsche Gesellschaft für Betriebswirtschaft e.V., Jahresbericht, Köln, Berlin 1995.

Medien und Fachverlage in der Betriebswirtschaftslehre

Prof. Dr. Michael Lingenfelder und Dipl.-Kfm. Peter Loevenich

Die Entwicklung der Betriebswirtschaftslehre zu einer wissenschaftlichen Disziplin wurde von verschiedenen Publikationsorganen sowie Verlagen begleitet. Nachfolgend werden – ausgehend von den Anfängen betriebswirtschaftlicher Literatur – das Aufkommen verschiedener Mediengattungen und einzelner Fachverlage sowie Entwicklungstendenzen des betriebswirtschaftlichen Publikationswesens thematisiert.

1. Die Anfänge betriebswirtschaftlicher Literatur

Aus der Frühzeit der Geschichte sind Schriften erhalten, in denen betriebswirtschaftliche Fragen im weitesten Sinne erörtert wurden (vgl. die Beiträge von *Schneider*, 1998, S. 1 ff., sowie *Lingnau*, 1998, S. 71 ff., in diesem Buch). **Buchhaltung, Wirtschaftsrechnen** und **kaufmännischer Schriftverkehr** lassen sich bereits im alten Ägypten, bei den Griechen und Römern nachweisen. Eine wissenschaftliche Beschäftigung mit einzelwirtschaftlichen Problemen, die über die bloße Rechen- und Verfahrenstechnik hinausging, fand jedoch nicht statt (vgl. *Schweitzer/Wagener*, 1998, S. 49 ff., in diesem Buch).

Aus dem **14. Jahrhundert** stammen die ersten bekannten **Niederschriften** von **Kaufmannsfamilien**, die ihre in der Praxis erworbenen Erfahrungen für ihre Nachfolger festhielten. Angesichts der seinerzeit schon bestehenden Handelsbeziehungen in ferne, nur wenig bekannte Länder mit unterschiedlichen Handelsusancen, Geld- und Maßeinheiten waren diese Aufzeichnungen insbesondere für die Inhaber von Fernhandelshäusern von hohem Wert und wurden zunächst nicht veröffentlicht (vgl. *Seyffert*, 1927, S. 14 f.). Die älteste Handschrift dieser Art wurde 1335–1345 von dem Florentiner *Francesco Balducci Pegolotti* verfaßt.

Die **älteste gedruckte Veröffentlichung** handelstechnischer Art war die 1494 erschienene „Summa de Arithmetica, Geometria Proportioni e Propertionalità" des Franziskanermönches *Luca Pacioli*, welche die erste Darstellung der doppelten Buchführung enthielt. In Mitteleuropa entstanden die ersten kaufmännischen Werke gegen Ende des 15. Jahrhunderts. Es handelte sich ebenfalls um Rechen- und Buchhaltungsarbeiten, von denen das 1558 erschienene „Handel-Buch" von *Lorenz Meder* u.a. wegen seines praktischen Wertes besondere Bedeutung erlangte (vgl. *Weber*, 1914, S. 25).

Das erste Werk der handlungswissenschaftlichen Literatur, „Le parfait négotiant" („Der vollkommene Kauff- und Handelsmann"), 1675, stammt von dem Franzosen *Jacques Savary*. Diese Schrift enthält eine Beschreibung und Analyse der Handelstechnik und -geschäfte, wobei der wesentliche Unterschied gegenüber den bis dahin veröffentlichten verkehrs- und rechnungstechnischen Anleitungen in der **strafferen Systematik** und dem **Versuch**, zu **allgemeinen Regeln** und **Richtlinien** für die **Kaufmannstätigkeit** zu gelangen, liegt. Kein anderes Buch war von ähnlich großem Einfluß auf die Entwicklung der Betriebswirtschaftslehre wie dieses (vgl. *Seyffert*, 1927, S. 18).

In der zweiten Hälfte des 18. Jahrhunderts erlebte die betriebswirtschaftliche Literatur ihre erste Blütezeit. Einen Meilenstein im deutschsprachigen Raum bildete das Werk „Eröffnete Akademie der Kaufleute oder vollständiges Kaufmanns-Lexicon" (1752–1756) von *Karl Günter Ludovici*, dem ersten akademischen Vertreter der Handlungswissenschaft und Professor der Vernunftslehre an der Universität Leipzig. Das Verdienst dieses Werks um die Betriebswirtschaftslehre war zweifacher Art. Erstens handelte es sich hierbei um das **erste deutsche Handelslexikon**, ferner begann *Ludovici* in dieser Schrift, die Handlungswissenschaften zu einer **selbständigen Disziplin** im Rahmen der Kameralwissenschaften zu entwickeln (vgl. *Weber*, 1914, S. 55 ff.).

Neben zahlreichen Veröffentlichungen in Form von Monographien, Lexika und Bibliographien kam es in dieser Phase zur **Gründung** der **ersten Fachzeitschriften**. Die älteste auf diesem Gebiet war das „Journal de Commerce", welches seit 1759 in Brüssel erschien und 1766 in der Zeitschrift „Der Kaufmann", einer Wochenschrift von *J.C. Sinapius* aus Breslau, ein deutschsprachiges Pendant fand. Inhaltlich griffen die Zeitschriften handelskundliche, -geographische sowie -rechtliche Themen auf. Handlungswissenschaftliche Aspekte wurden hingegen selten behandelt. „Der Kaufmann" erschien nur viermal, und zahlreiche weitere Versuche zur Etablierung von Zeitschriften auf diesem Gebiet waren nicht von Erfolg gekrönt (vgl. *Weber*, 1914, S. 107 f.): Zum einen hielt sich das Interesse seitens der Kaufleute an Fachzeitschriften in Grenzen, zum anderen gelang es den Herausgebern nicht, einen größeren Kreis an qualifizierten Autoren zu gewinnen.

Die Phase reger literarischer Tätigkeit auf betriebswirtschaftlichem Gebiet gipfelte in jener Epoche schließlich in den Schriften des Nürnberger Kaufmannes, Verlegers und Handelsschuldirektors *Johann Michael Leuchs*. Dieser behandelte 1804 in seinem Hauptwerk „System des Handels", das auf der Veröffentlichung *Ludovicis* fußte, die bürgerliche Handelswissenschaft (Privathandelswissenschaft), die Staatshandelswissenschaft sowie die Handelskunde in einer Form, der ein gewisses **wissenschaftlich-theoretisches Niveau** nicht abgesprochen werden kann. Nach Auffassung *Seyfferts* (1956, Sp. 1004) verkörpert diese Schrift das letzte und zugleich **wissenschaftlich beachtlichste Werk** der Periode der sog. systematischen Handlungswissenschaft.

Trotz des beträchtlichen Umfangs an Literatur Anfang des 19. Jahrhunderts stieß die Handlungswissenschaft auf seiten der Kaufmannszunft auf eine geringe Resonanz. Der Kreis der Kaufleute, die Interesse an den wissenschaftlichen Werken oder gar einer wissenschaftlichen Ausbildung bekundeten, war sehr klein. Hinzu kam die zunehmende Bedeutung des Handelsschulwesens. Konnte man zunächst davon ausgehen, daß die Handelsschulen im Rahmen ihres Lehrplans die Handlungswissenschaft aufgriffen, trat jedoch das Gegenteil ein. Die Publikationen (z.B. von *Ludovici* oder *Leuchs*) überstiegen erheblich das Bedürfnis an praxisorientierter Fachliteratur der Handelsschulen (vgl. *Seyffert*, 1956, Sp. 1004 f.). Den meist von Handelsschullehrern für Unterrichtszwecke geschriebenen Lehrbüchern kamen, von wenigen Ausnahmen abgesehen, aus wissenschaftlicher Sicht keine Bedeutung zu. Viele dieser Schriften waren sogar ein erheblicher Rückschritt gegenüber der früheren handelswissenschaftlichen Literatur.

Erst ab Mitte des 19. Jahrhunderts war verstärkt eine Rückkehr zu wissenschaftlich angelegten betriebswirtschaftlichen Abhandlungen zu beobachten, die sich in einer steigenden Anzahl an Veröffentlichungen niederschlug und den Erkenntnisstand der Betriebswirtschaftslehre fortentwickelte. Diesen Werken war gemein, daß sie infolge der Industrialisierung und der veränderten wirtschaftlichen Verhältnisse nicht mehr nur **Handelsbetriebe**, sondern auch Betriebe anderer Wirtschaftszweige, vor allem **Produktions-** und **Bankbetriebe**, als Erkenntnisobjekt in die Betrachtung einbezogen (vgl. *Rosemeier*, 1993, S. 117).

2. Die Entwicklung des wissenschaftlichen Verlagswesens

Das Verlagswesen konnte gegen Ende des 19. Jahrhunderts auf eine lange Geschichte zurückblicken. Die Anfänge datieren auf die Jahre 1450– 1455, als *Johannes Gutenberg* den Buchdruck erfand. Es dauerte jedoch bis zum 19. Jahrhundert, ehe sich die Universitäts- und Universalverlage zu reinen **Wissenschafts-** und **Fachverlagen** entwickelt haben (vgl. *Wittmann*, 1991, S. 245). Verfügte um 1800 der weitaus größte Teil über ein recht gemischtes Programm, das auch einen bedeutenden Anteil an nicht-wissenschaftlicher Literatur (insbesondere Belletristik) aufwies, entstanden ab der Mitte des vorigen Jahrhunderts Verlage, die sich auf die **Veröffentlichung** von **wissenschaftlicher Literatur** aus einzelnen Wissensgebieten spezialisierten und auch heute noch z.t. eine führende Rolle in diesen Disziplinen einnehmen.

Beispielhaft seien hier *C.H. Beck* (vor allem Rechtswissenschaften), *Duncker* & *Humblot* (insbesondere Sozialpolitik) sowie *Gustav Fischer* (Schwerpunkt: Nationalökonomie) genannt. Letzterer veröffentlichte im Zeitraum 1890 bis 1894 erstmalig das „Handwörterbuch der Staatswissenschaften" als lexikalisch geordnetes Nachschlagewerk in sechs Bänden, einem Registerband und zwei Supplementbänden (1895 und 1897). Eine neuere Auflage dieses Werks wurde später zunächst als „Handwörterbuch der Sozialwissenschaften", in einer weiteren Auflage als „Handwörterbuch der Wirtschaftswissenschaften" im Gemeinschaftsverlag *J.C.B. Mohr*, *Gustav Fischer* und *Vandenhoeck* & *Ruprecht* publiziert.

3. Die Entwicklung des Publikationswesens seit der akademischen Etablierung der Betriebswirtschaftslehre 1898 bis zum Zweiten Weltkrieg

Die Phase unmittelbar nach Gründung der ersten Handelshochschulen bis etwa 1906 ist durch intensive Bemühungen um eine institutionelle Ausgestaltung des Fachs Betriebswirtschaftslehre gekennzeichnet. Die Vertreter des Fachs richteten ihr Augenmerk zunächst auf **didaktische Fragestellungen**, bei denen u.a. die Organisation des akademischen Unterrichts, die Erstellung von Lehrplänen usw. im Mittelpunkt des Interesses standen (vgl. *Isaac*, 1923, S. 42). Der fachliche Diskurs innerhalb der Betriebswirtschaftslehre verlief in weiten Teilen ohne Berücksichtigung des bereits vorliegenden hohen Erkenntnisstands der Handelswissenschaften (vgl. *Seyffert*, 1956, Sp. 1007).

3.1. Das Aufkommen der ersten betriebswirtschaftlichen Fachzeitschriften und Monographien

Es waren vor allem die damals jüngeren Fachvertreter der Betriebswirtschaftslehre wie *Eugen Schmalenbach* und *Heinrich Nicklisch*, die die **Bedeutung** einer **Fachzeitschrift** für die weitere akademische Entwicklung der Betriebswirtschaftslehre erkannt haben (vgl. *Schmaltz*, 1929, Sp. 1283). Im Oktober 1906 gründete *Schmalenbach*, der zu diesem Zeitpunkt Professor an der Handelshochschule Köln war, die „Zeitschrift für handelswissenschaftliche Forschung" („ZfhF"). Seine **Zielsetzung** bei der Gründung dieser Zeitschrift war, eine **Methodenänderung** der bis zu diesem Zeitpunkt üblichen **betriebswirtschaftlichen Forschungstätigkeit** zu bewirken.

Hierzu führte er aus (zitiert nach *Hax*, 1956, S. 2): „Nicht mehr sollten sich die Autoren mit Lehrbüchern und systematischen Gesamtdarstellungen erschöpfen; denn es war ganz deutlich, daß auf diese Weise dem Fache wirkliches Neuland nicht mehr gewonnen wurde. Die Autoren sollten viel mehr Freude gewinnen an einzelnen, eng begrenzten Themen, an Gegenständen, über die sie wirklich etwas Neues zu sagen wußten und die nicht belastet waren mit der Notwendigkeit, lediglich der Vollständigkeit halber taube Kapitel einzufügen. Kurz, es sollten nicht mehr soviel Bücher, es sollten viel mehr Aufsätze geschrieben werden. Dazu war eine Zeitschrift notwendig."

Schmalenbach, der während seiner Studienzeit an der Handelshochschule Leipzig für die „Deutsche-Metall-Industrie Zeitung" geschrieben hatte (vgl. *Potthoff*, 1998, S. 142 f.), steuerte vor allem in der Anfangsphase der Zeitschrift nicht nur erhebliche finanzielle Mittel, sondern auch einen großen Teil der Artikel selbst bei, welche als Rohfassung seiner später veröffentlichten Monographien dienten (vgl. *Wittmann*, 1989, S. 4). Neben der Veröffentlichung von **Aufsätzen**, **Abhandlungen** sowie **Mitteilungen** legte *Schmalenbach* von Anfang an großen Wert auf **Rezensionen**, die er zum überwiegenden Teil verfaßte. Durch die sachlich-strenge Art, in der Kritik geübt wurde, hat er die Auslese der literarischen Produktion auf betriebswirtschaftlichem Terrain entscheidend forciert (vgl. zur Gründung der *Schmalenbach-Gesellschaft für Betriebswirtschaft Backhaus*, 1998, S. 207 ff., in diesem Buch).

Nur kurze Zeit später, im April 1908, hat der Verlag *C.E. Poeschel* die **zweite Fachzeitschrift**, die „Zeitschrift für Handelswissenschaft & Handelspraxis" („ZfHH") herausgebracht, die seit 1930 unter dem Titel „Die Betriebswirtschaft" („DBW") erscheint. Neben *Nicklisch*, der zum damaligen Zeitpunkt Dozent an der Handelshochschule Leipzig war, fungierten als Herausgeber *Hermann Rehm* (Universität Straßburg), *Robert Stern* (Handelshochschule Leipzig) sowie *Georg Obst* (Handelshochschule Berlin). Diese beiden Zeitschriften waren bis in die zwanziger Jahre hinein die **bedeutendsten Fachzeitschriften** und leisteten der Entwicklung der Betriebswirtschaftslehre großen Vorschub.

Ausgangspunkt einer neuen Epoche war das Jahr 1924, in dem sowohl die „Zeitschrift für Betriebswirtschaft" („ZfB") als auch die „Betriebswirtschaftliche Rundschau" gegründet wurden. Erstere wurde von *Fritz Schmidt* im Industrieverlag *Spaeth & Linde*, Berlin, letztere von *A. Heber* im *Gloeckner Verlag*, Leipzig, herausgegeben.

Mit diesen beiden Zeitschriften traten **zwei Entwicklungstendenzen** zutage, die sich in den folgenden Jahren in der **Gründung neuer Zeitschriften** sowie der **inhaltlichen Umgestaltung** der alten Zeitschriften immer stärker auswirkten (vgl. *Schmaltz*, 1929, Sp. 1284). Zum einen wurden im Rahmen der Abhandlungen **theoretische Probleme** der **Betriebswirtschaftslehre** immer stärker akzentuiert, zum anderen war eine **inhaltliche Spezialisierung** auf bestimmte Branchen bzw. Institutionen zu beobachten. Letzteres manifestierte sich deutlich in der „Betriebswirtschaftlichen Rundschau", die den Industriebetrieb in den Mittelpunkt der Betrachtung rückte. Darüber hinaus kam es in zunehmendem Maße zur Gründung von Fachzeitschriften, die **Einzelfragen der Betriebswirtschaftslehre** behandelten, wie z.B. die „Psychotechnische Zeitschrift" oder die „Zeitschrift für Verkehrswissenschaft".

Die ersten bedeutenden betriebswirtschaftlichen **Monographien**, die vor dem Ersten Weltkrieg erschienen, bildeten „System der Welthandelslehre" (1910) von *Josef Hellauer*, „Allgemeine Handelsbetriebslehre" (1911) von *Josef Friedrich Schär* und „Allgemeine kaufmännische Betriebslehre als Privatwirtschaftslehre des Handels und der Industrie" (1912) von *Heinrich Nicklisch*. Mit diesen Werken wurden entscheidende Anstrengungen unternommen, die Betriebswirtschaftslehre zu einem **geschlossenen Lehrsystem** zu entwickeln.

Insgesamt wurden in der Periode zwischen 1910 und 1933 etwa 15 Bücher zur Allgemeinen Betriebswirtschaftslehre, zum Teil mit mehreren Auflagen, publiziert. Insbesondere in den Mitte der zwanziger Jahre erschienenen **Kompendien** bzw. **Sammelwerken** dokumentierte sich die **Weiterentwicklung** der **Handelswissenschaft** zur **Betriebswirtschaftslehre** (vgl. *Seyffert*, 1956, Sp. 1009 f.). Zu nennen sind das von *Nicklisch* herausgegebene „Handwörterbuch der Betriebswirtschaft" in fünf Bänden (1926–1928), das fünfbändige „Handwörterbuch des Kaufmanns" von *Karl Bott* (1926–1927), der 16-bändige „Grundriß der Betriebswirtschaftslehre", deren Herausgeber *Walter Mahlberg, Eugen Schmalenbach, Fritz Schmidt* und *Ernst Walb* waren, und schließlich das von *Fritz Schmidt* 1927–1932 herausgegebene Sammelwerk „Die Handelshochschule" in sechs Bänden.

3.2. Die Gründung ausgewählter betriebswirtschaftlicher Verlage

Parallel zur akademischen Etablierung der Betriebswirtschaftslehre durch die Errichtung der ersten Handelshochschulen entstanden verschiedene auf die **Betriebswirtschaftslehre spezialisierten Verlage**. 1902 übernahm *Carl Ernst Poeschel* den aus 22 Werken bestehenden handelswissenschaftlichen Teil des Verlags *Strecker & Schröder*, Stuttgart, und siedelte seinen Verlag zunächst in Leipzig, später in Stuttgart an. Die älteste dieser Monographien mit dem Titel „Kapitalanlage und Wertpapiere" stammte von *Georg Obst*, einem Beamten der *Dresdner Bank* und späteren Professor der Betriebswirtschaftslehre in Berlin. *Obst* hat den Großteil seiner Veröffentlichungen im *Poeschel Verlag* publiziert, darunter das Standardwerk „Geld-, Bank- und Börsenwesen", das mittlerweile in der 39. Auflage erscheint und eine Gesamtauflage von über 200 000 Exemplaren erreicht hat.

Das Angebotsprogramm des Verlags wurde neben *Obst* vor allem durch die enge Zusammenarbeit mit *Nicklisch* geprägt: Dieser war Herausgeber der „Zeitschrift für Handelswissenschaft & Handelspraxis", ferner erschienen nahezu alle seiner Veröffentlichungen, u.a. sein grundlegendes Werk „Die Betriebswirtschaft" sowie das von ihm 1926 bis 1929 herausgegebene fünfbändige „Handwörterbuch der Betriebswirtschaftslehre", im Verlag *C.E. Poeschel*.

Außer *Poeschel* war in dieser Phase die *G.A. Gloeckner Verlagsbuchhandlung* einer der **bedeutendsten Verlage** auf dem Gebiet des betriebswirtschaftlichen Publikationswesens (vgl. o.V., 1927, Sp. 1333). Sie wurde 1881 in Leipzig gegründet und war auf die Bereiche Recht, Bank- und Kreditwesen, Wirtschaft sowie Handel spezialisiert. Vor allem *Schmalenbach* veröffentlichte in diesem Verlag zahlreiche seiner **Monographien** (im dritten Reich wurde *Gloeckner* die weitere Herausgabe seiner Bücher verboten). Daneben nahmen verschiedene **betriebswirtschaftliche Schriftenreihen**, beispielsweise „Betriebs- und finanzwirtschaftliche Forschungen", einen breiten Raum im Verlagsprogramm ein. Schließlich hat sich der *Gloeckner-Verlag* als einer der ersten Verlage auf dem Gebiet des betriebswirtschaftlichen Zeitschriftenwesens betätigt. Neben der „Zeitschrift für handelswissenschaftliche Forschung", die seit 1908 im Verlag erschien, wurden u.a. die „Zeitschrift für Verkehrswissenschaft", die „Betriebswirtschaftliche Rundschau" sowie „Betriebswirtschaftliches Archiv" herausgegeben (vgl. für eine Übersicht o.V., 1927, Sp. 1333).

3.3. Die Phase der „Gleichschaltung" von Wissenschaft und Verlagen

In der Zeit von 1933 bis 1945 wurde die Betriebswirtschaftslehre stark durch den Nationalsozialismus geprägt. Die totalitäre nationalsozialistische Ideologie versuchte neben anderen Wissenschaftsgebieten auch die Betriebswirtschaftslehre auf ihre Ziele einzuschwören und auszurichten (vgl. *Klein-Blenkers/Reiß*, 1993, Sp. 1425). *Schmalenbach* zog bereits 1933, in Vorahnung der späteren Judenverfolgung, die Konsequenz aus der veränderten politischen Lage, indem er nicht nur sein Lehramt in Köln aufgab, sondern auch die Herausgeberschaft der „ZfhF" auf *Walb* übertrug, der sie gemeinsam mit *Mahlberg, Beste* und *Heber* weiterführte.

Verschiedene Verlage reduzierten drastisch ihre Aktivitäten im Bereich der Wirtschaftswissenschaften, mit der Folge, daß die Zahl der jährlich auf diesem Gebiet publizierten Titel auf ein Bruchteil dessen zurückging, was während der Weimarer Republik veröffentlicht worden war. So reduzierte sich im *Springer*-Verlag die Anzahl der recht- und staatswissenschaftlichen Titel, zu denen die betriebswirtschaftlichen Werke gehörten, von 162 (im Zeitraum 1927–1932) auf 27 (1936–1938) (vgl. *Sarkowski*, 1992, S. 357). Andere Verlage sahen sich gezwungen, im Rahmen ihrer betriebswirtschaftlichen Publikationen **inhaltlich andere Schwerpunkte** zu setzen. In den Fachzeitschriften (u.a. der „ZfhF") erschienen immer häufiger **wehrwirtschaftliche Beiträge**, die beispielsweise die Finanzierung von Unternehmen in der Kriegswirtschaft, die Arbeitskräftelenkung oder das Preiswesen im Krieg thematisierten, und die darüber hinaus vielfach von Nicht-Betriebswirten verfaßt wurden (vgl. *Wittmann*, 1989, S. 7).

Mit Ausbruch des Zweiten Weltkriegs nahmen die Schwierigkeiten der Verlage, ihren Geschäftsbetrieb aufrechtzuerhalten, zu. Hatte die Papierbewirtschaftung, die bei Kriegsbeginn eingeführt wurde, zunächst noch keine spürbare Auswirkung auf die Produktion von Literatur, so mußten im weiteren Verlauf des Krieges die Herausgeber der betriebswirtschaftlichen Fachzeitschriften den Heftumfang immer stärker einschränken. Die „ZfB" wurde bereits 1942, die „DBW" 1943 vollständig eingestellt, während die „ZfhF" im gleichen Jahr zunächst noch in unregelmäßigen Abständen erschien. 1944 wurde schließlich nur noch eine Ausgabe der „ZfhF" herausgegeben (vgl. *Hax*, 1956, S. 3).

4. Die Phase nach dem Zweiten Weltkrieg und gegenwärtige Entwicklungstendenzen

Die starke Expansion der Betriebswirtschaftslehre nach 1945 in qualitativer und quantitativer Hinsicht spiegelt sich bis heute in einer **zunehmenden Zersplitterung** des Fachs in kleinere Spezialgebiete und einer Verwischung der Grenzen zu benachbarten Disziplinen wider (vgl. *Wöhe*, 1990, S. 223). Diese Entwicklung führte zu einer entsprechenden **Fragmentierung** bei den **Publikationen** sowie **Fachzeitschriften**.

Vor diesem Hintergrund ist es nicht verwunderlich, daß die Zahl wirtschaftswissenschaftlicher Artikel in Fachzeitschriften seit dem Zweiten Weltkrieg pro Jahr um rund vier Prozent gewachsen ist. Dies entspricht einer **Verfünffachung** der jährlich **publizierten Veröffentlichungen** in den letzten 50 Jahren (vgl. *Holub/Tappeiner/Eberharter*, 1993, S. 203).

4.1. Die Wiederauflage früherer sowie die Gründung neuer Fachzeitschriften

Die Verlagsaktivitäten beschränkten sich unmittelbar nach Kriegsende zunächst auf den Nachdruck früherer Werke, da infolge der Zerstörung von Bibliotheken und Buchhandlungen ein großer Bedarf an Literatur zum Neuaufbau betriebswirtschaftlicher Bibliotheksbestände vorhanden

Fachzeitschrift	Schmalenbachs Zeitschrift für betriebswirtschaft-liche Forschung (ZfbF)	Die Betriebswirt-schaft (DBW)	Zeitschrift für Betriebswirtschaft (ZfB)	Betriebswirt-schaftliche Forschung und Praxis (BFuP)
Früherer Titel	bis einschließlich 1963: Zeitschrift für handelswissen-schaftliche For-schung (ZfhF)	bis einschließlich 1929: Zeitschrift für Handels-wissenschaft & Handelspraxis (ZfHH)	s.o.	s.o.
Gründungsjahr	1906	1908	1924	1949
Gründungs-herausgeber	*Eugen Schmalenbach*	*Heinrich Nicklisch, Hermann Rehm, Robert Stern, Georg Obst*	*Fritz Schmidt*	*Wilhelm Hasenack*
Erscheinungs-zeitraum	1906–1944 1949 – heute	1908–1943 1977 – heute	1924–1942 1950 – heute	1949 – heute
Verlag	1906–1907: *Paul Neubner*, Köln 1908–1948: *G.A. Gloeckner*, Leipzig 1947–1948: *Industrie- und Handelsverlag, Walter Dorn*, Bremen 1949–1977: *Westdeutscher Verlag,* Leverkusen 1978–1983: *Gabler Verlag,* Wiesbaden 1984 – heute: *Verlagsgruppe Handelsblatt,* Düsseldorf	1908–1943, 1977–1991: *C.E. Poeschel,* Stuttgart 1992 – heute: *Schäffer-Poeschel,* Stuttgart	1924–1942: *Industrieverlag Spaeth & Linde,* Berlin 1950 – heute: *Gabler Verlag,* Wiesbaden	1949–1957: *Heckners Verlag,* Wolfenbüttel 1958 – heute: *Verlag Neue Wirtschafts-Briefe,* Herne
Konzernverbund	*Georg von Holtz-brinck GmbH,* Stuttgart	*Georg von Holtz-brinck GmbH,* Stuttgart	*Bertelsmann AG,* Gütersloh	*Neue Wirt-schafts-Briefe GmbH & Co.,* Herne

Tab. 1: Die Historie ausgewälter Fachzeitschriften der Allgemeinen Betriebswirtschaftslehre

war. Kurz nach Ende des Zweiten Weltkriegs kam es sowohl im Bereich der Allgemeinen Betriebswirtschaftslehre als auch auf verschiedenen be-triebswirtschaftlichen Teilgebieten zur **Neugründung** von **Fachzeit-schriften**. Beispielsweise erschien 1946 der „Betriebs-Berater" im *Verlag Recht und Wirtschaft*, Heidelberg. Ein Jahr später, im März 1947, erschien die erste Ausgabe der Zeitschrift „Die Unternehmung – Schweizerische

Zeitschrift für betriebswirtschaftliche Forschung und Praxis" und damit früher als die Neuauflage einschlägiger Fachzeitschriften deutscher Provenienz. *Tab. 1* stellt die Historie ausgewählter Publikationsorgane der Allgemeinen Betriebswirtschaftslehre dar.

Die erste Fachzeitschrift der Allgemeinen Betriebswirtschaftslehre, die in Deutschland wiederum publiziert wurde, war die „ZfhF". *Schmalenbach* nahm nach Kriegsende seine Lehrtätigkeit an der Universität zu Köln erneut auf und beschloß die Wiederveröffentlichung seiner früheren Werke sowie der „ZfhF". Die zur Herstellung von Büchern und Zeitschriften erforderliche **Besatzungslizenz** sowie die vorherrschende **Papierknappheit** zwangen ihn dazu, zunächst einzelne Hefte in unregelmäßiger Reihenfolge herauszugeben (vgl. *Wittmann*, 1989, S. 7). Die erste Ausgabe wurde 1947 unter dem Titel „Betriebswirtschaftliche Beiträge" im *Dorn-Verlag*, Bremen, publiziert, im Jahr darauf folgten zwei weitere Ausgaben. Schließlich erschien die Zeitschrift im Januar 1949 unter ihrem ursprünglichen Titel „ZfhF" im *Westdeutschen Verlag* (vgl. *Hax*, 1956, S. 6), der 1947 von Dr. *Fritz Middelhauve* in Leverkusen gegründet wurde und sich zunächst auf die Bereiche Wirtschafts- und Politikwissenschaften sowie Soziologie spezialisierte.

Neben *Schmalenbach* veröffentlichten verschiedene andere herausragende Vertreter der Betriebswirtschaftslehre wie *Rudolf Seyffert*, *Karl Hax* und *Erich Schäfer* zahlreiche Werke in diesem Verlag, in dem darüber hinaus von 1954 bis 1971 die „Schriften zur Handelsforschung" erschienen. Mittlerweile hat sich der *Westdeutsche Verlag* vollständig von den Wirtschaftswissenschaften getrennt, übernahm jedoch 1975 zusammen mit den Verlagen *Gabler* und *Vieweg* den *Deutschen Universitäts-Verlag*, der vor allem Forschungsarbeiten (Dissertationen und Habilitationsschriften) aus den Bereichen der Wirtschafts- und Sozialwissenschaften sowie Natur- und Ingenieurwissenschaften in sein Programm aufnimmt. Einen Überblick über ausgewählte wirtschaftswissenschaftliche Fachverlage sowie deren Publikationen enthält *Tab. 2*.

4.2. Verlagsübergreifende Kooperationen

Die zunehmende Bedeutung der **wissenschaftlichen Taschenbücher** als Folge des Bedürfnisses nach preiswerten Lehrbüchern führte 1970 zur Gründung der Arbeitsgemeinschaft „UTB für Wissenschaft", die eine Kooperation von 13 wissenschaftlichen Verlagen in Deutschland sowie der Schweiz bildet und u.a. verschiedene Publikationen für das wirt-

Gründungs-datum	Verlag	Gründungs-ort	Gründer	Ausgewählte Verlagsobjekte aus dem Bereich Wirtschaftswissen-schaften
1548	*Ueberreuter*	Wien	k. A.	k. A.
1690	*Metzler*	Stuttgart	*August Metzler*	k. A.
1735	*Vandenhoeck & Ruprecht*	Göttingen	*Abraham Vandenhoeck*	Buchreihen • Innovative Unternehmensführung Zeitschriften • Bibliographie der Wirtschafts-wissenschaften • Zeitschrift für das gesamte Genossenschaftswesen
1798	*Duncker & Humblot*	Berlin	*Heinrich Frölich*	Buchreihen • Schriften des *Vereins für Socialpolitik* • Volkswirtschaftliche Schriften • Betriebswirtschaftliche Schriften • Betriebswirtschaftliche Forschungsergebnisse • Sonderhefte des *Deutschen Instituts für Wirtschaftsforschung* • DIW-Beiträge zur Strukturforschung • Schriftenreihe des *Ifo-Instituts* • Schriftenreihe des *Rheinisch-Westfälischen Instituts für Wirtschaftsforschung* • Schriften zum Marketing • Sozialpolitische Schriften • Untersuchungen über das Spar-, Giro- und Kreditwesen Zeitschriften • Zeitschrift für Wirtschafts- und Sozialwissenschaften • Kredit und Kapital • Sozialer Fortschritt • Konjunkturpolitik
1842	*Springer*	Berlin	*Julius Springer*	Buchreihen • *Springer*-Lehrbuch • Hochschultexte
1858	*Oldenbourg*	München	*Rudolf Oldenbourg*	Buchreihen • *Oldenbourg* Lehr- und Handbücher der Wirtschafts- und Sozialwissenschaften
1866	*Kohlhammer*	Stuttgart	*W. Kohlhammer*	Buchreihen • Edition Marketing
1870	*Vahlen*	München	*Franz Vahlen*	Buchreihen • *Vahlens* Handbücher der Wirtschafts- und Sozialwissenschaften • *Vahlens* Übungsbücher der Wirt-schafts- und Sozialwissenschaften • WiSo-Kurzlehrbücher Reihe Betriebswirtschaft • WiSo-Kurzlehrbücher Reihe Volkswirtschaft • Lernbücher für Wirtschaft und Recht

Gründungs-datum	Verlag	Gründungs-ort	Gründer	Ausgewählte Verlagsobjekte aus dem Bereich Wirtschaftswissen-schaften
1870	*Vahlen*	München	*Franz Vahlen*	• *Vahlens* Wirtschaftslexika • WiSo-Lern-Reader • WiSt-Taschenbücher • Hagener Universitätstexte • Controlling Praxis • Edition Wirtschaftliche Informa-tionsverarbeitung Zeitschriften • WiSt - Wirtschaftswissenschaftliches Studium • Marketing • Zeitschrift für Forschung und Praxis • Controlling - Zeitschrift für erfolgs-orientierte Unternehmenssteuerung
1878	*Gustav Fischer*	Jena	*Gustav Fischer*	Buchreihen • Grundwissen der Ökonomik BWL
1902	*Poeschel*	Stuttgart	*Carl Ernst Poeschel*	s. *Schäffer-Poeschel*
1905	*Otto Schmidt*	Köln	*Otto Schmidt*	Buchreihen • Rechtsfragen der Wirtschaft • Steuerberater-Jahrbuch • *DATEV*-Schriften Zeitschriften • Steuer und Wirtschaft • Wirtschaftsprüferkammer-Mitteilungen
1919	*de Gruyter*	Berlin	*Walter de Gruyter*	Buchreihen • *de Gruyter* Lehrbücher
1924	*Luchterhand*	Berlin	*Hermann Luchterhand*	Zeitschriften • Personalwirtschaft
1924	*Erich Schmidt Verlag*	Berlin	*Erich Schmidt*	Buchreihen • Steuerberatung - Betriebsprüfung - Unternehmensbesteuerung • Finanzwissenschaftliche Beiträge • Grundlagen und Praxis des Börsenwesens • Betriebswirtschaftliche Studien • Grundlagen und Praxis der Betriebswirtschaft • Betriebswirtschaftliche Vergleiche Zeitschriften • Zeitschrift Interne Revision
1924	*Springer-Verlag*	Wien	*Ferdinand Springer*	Buchreihen • *Springer*s Kurzlehrbücher der Wirtschaftswissenschaften
1929	*Gabler*	Wiesbaden	*Reinhold Sellien*	Buchreihen • *Gabler*s Wirtschaftslexikon • *Gabler* BankLexikon • *Gabler* VolkswirtschaftsLexikon • Handbuch Strategische Führung • Handbuch Bankorganisation

Gründungs-datum	Verlag	Gründungs-ort	Gründer	Ausgewählte Verlagsobjekte aus dem Bereich Wirtschaftswissen-schaften
1929	*Gabler*	Wiesbaden	*Reinhold Sellien*	• *Meffert* Marketing Edition • *Gabler* Edition Wissenschaft • Betriebswirtschaftslehre und Praxis Zeitschriften • Zeitschrift für Betriebswirtschaft • krp - Kostenrechnungspraxis • mir – Management International Review • *Gabler*s Magazin
1936	*Nomos*	Berlin	*August Lutzeyer*	Zeitschriften • Zeitschrift für öffentliche und gemeinwirtschaftliche Unternehmen
1947	*Verlag Neue Wirtschafts-Briefe*	Herne	*Karl Peter Friedrich-Wilhelm Schlenkhoff Otto Woßidlo*	Buchreihen • NWB Betriebswirtschaft • NWB Wirtschaftswissenschaften Zeitschriften • Betriebswirtschaftliche Forschung und Praxis • Steuer und Studium
1952	*Verlag moderne industrie*	München	*Wolfgang Dummer Norbert Müller*	Buchreihen • mi-Wirtschaftswissenschaften • mi-Business • mi-Lexika
1964	*Sauer-Verlag*	Heidelberg	*Angelika Sauer*	Buchreihen • Heidelberger Fachbücher für Praxis und Studium • Taschenbücher für die Wirtschaft
1992	*Schäffer-Poeschel*	Stuttgart	Hervorgegangen aus dem *Schäffer-Verlag für Wirtschaft und Steuern* sowie dem *Poeschel*-Verlag, beide Stuttgart	Buchreihen • Enzyklopädie der Betriebswirt-schaftslehre (diverse Handwörterbücher) • Schriftenreihe der *Wissenschaft-lichen Hochschule für Unterneh-mensführung* Koblenz (WHU) • Sammlung *Poeschel* • *McKinsey*-Jahrbuch der Lebens-versicherungen • Universitätsseminar der Wirtschaft (USW) • Schriftenreihe der *Schmalenbach*-Gesellschaft Zeitschriften • Die Betriebswirtschaft (DBW) • Marktforschung und Management • Zeitschrift Führung + Organisation Veröffentlichungen des Statistischen Bundesamtes • Statistisches Jahrbuch • Statistischer Wochendienst • Konjunktur aktuell • Wirtschaft und Statistik

Quelle: In Anlehnung an *Vinz/Olzog*, 1992.

Tab. 2: Ausgewählte wirtschaftswissenschaftliche Fachverlage im deutschsprachigen Raum

schaftswissenschaftliche Studium veröffentlicht. Diese Arbeitsgemeinschaft zielt insbesondere auf eine Kooperation der Verlage im **Absatzbereich** ab, wobei durch eine Bündelung der **Programmplanungs-, Werbungs-** sowie **Vertriebsaktivitäten** der Mitgliedsunternehmen ein einheitliches Erscheinungsbild, eine überdurchschnittliche Buchhandelspräsenz sowie ein umfangreiches Programm gewährleistet werden sollen (vgl. *Schönstedt*, 1991, S. 94). Das UTB-Programm umfaßt 40 wissenschaftliche Disziplinen und stellt im deutschsprachigen Raum mit ca. 1000 Titel die **größte wissenschaftliche Taschenbuchbibliothek** dar.

4.3. Der Einsatz neuer Medien

Während die **Wirtschafts-** und **Managementliteratur** in den USA schon lange als fester Programmbestand wirtschaftswissenschaftlicher Fachverlage galt, gewann die einschlägige Literatur in Deutschland erst in den 80er Jahren immer stärker an Bedeutung. Einer der Vorreiter in bezug auf diese Literaturgattung war der *Campus-Verlag*, Frankfurt/M., ein ursprünglich auf sozialwissenschaftliche Literatur spezialisierter Verlag, der insbesondere mit *Michael Porter*s Werken durchschlagenden Erfolg hatte (vgl. *Schwoerer*, 1985, S. 106). Andere Fachverlage haben seit Ende der 80er Jahre ihr Programmangebot ebenfalls um die praxisorientierte Wirtschafts- und Managementliteratur erweitert, wobei zusätzliche Medienträger wie **Video-** und **Audiocassetten** (z.B. sog. Hörbücher) sowie Veranstaltungen wie **Seminare** oder **Kongresse** ins Sortiment aufgenommen wurden, um den spezifischen Anforderungen der Zielgruppe (i.d.R. Führungskräfte) möglichst genau Rechnung tragen zu können (vgl. o.V., 1997b, S. 168).

Hierin tritt ein gewandeltes Selbstverständnis der Verlage vom **Bücherproduzenten** zum **Informationsdienstleister** deutlich zutage, bei dem das **Buch** nunmehr nur als **ein** Medium der Informationsvermittlung fungiert. Angesichts dieser Entwicklung erscheint es kaum verwunderlich, daß verschiedene wirtschaftswissenschaftliche Verlage (z.B. *Gabler*) mit diesem klassischen Medium inzwischen nur noch **weniger** als die **Hälfte** ihres **Gesamtumsatzes** erzielen (vgl. *Dorner*, 1993, S. 73).

Ein ähnlicher Trend wie bei der Wirtschafts- und Managementliteratur ist in dem Segment der **Lehrbuchliteratur** zu beobachten. Wurden in den 80er Jahren parallel zur zunehmenden Diffusion der Videorecordertechnik ausgewählte betriebswirtschaftliche Lehrinhalte auf **Videocassetten** publiziert, so kommen heute interaktive Medien im Zuge der

Verbreitung der Computertechnik immer stärker zum Einsatz. Insbesondere für das computergestützte Selbststudium werden zunehmend **CD-ROM**s begleitend zum Lehrbuch angeboten, die sowohl **Lern-** als auch **Testsequenzen** enthalten. Erstere umfassen u.a. Graphiken, Animationen sowie Bild-, Audio- und Tonbeispiele, die dem Lernenden die Möglichkeit bieten, gemäß seinem Wissens- und Interessenprofil spezifische Lerninhalte nachzufragen, und darüber hinaus eine plastische und verständliche Darstellung komplexer Sachverhalte gewährleisten. In den Testsequenzen kann anschließend das erlernte Wissen anhand zahlreicher Aufgaben mit unterschiedlichem Schwierigkeitsgrad überprüft werden.

Eine weitere Spielart des Einsatzes interaktiver Medien bildet das **WWW-ergänzte Lehrbuch,** bei dem es sich um ein Zusammenspiel von traditionellem Lehrbuch und World Wide Web (WWW) handelt (vgl. o.V., 1997a, S. 427). Dabei werden durch die WWW-Komponente Zusatzinformationen, die das Lehrbuch um aktuelle Inhalte ergänzen, sowie **Interaktions-** und **Übungsmöglichkeiten** (z.B. die interaktive Simulation von Aufgaben der betrieblichen Investitionsrechnung) zusätzlich angeboten. Denkbar ist ferner die Bereitstellung von **Kommunikations-** und **Diskussionsmöglichkeiten**, die eine lehrstoffspezifische Diskussion in Newsgroups oder eine e-Mail-gestützte Kommunikation mit dem Autor ermöglichen. Dieses Konzept wurde bereits im Rahmen eines Kooperationsprojektes zwischen der Fakultät für Betriebswirtschaft der Ludwig-Maximilians-Universität München und dem *Vahlen-Verlag* erfolgreich erprobt.

4.4. Das Konzept der Virtuellen Universität

Der Einsatz neuer Medien im Rahmen der wirtschaftswissenschaftlichen Lehre und Forschung kulminiert schließlich im Konzept der **Virtuellen Universität**, bei der alle für die Studenten relevanten Funktionen einer Universität über Kommunikationsnetze (primär das WWW) angeboten werden. Es werden dabei **drei Einsatzfelder** unterschieden (vgl. *Kaderali*, 1997, S. 18 ff.):

- Der **Präsentations-** und **Verwaltungsbereich** repräsentiert das administrative Rahmenkonzept des Studiengangs und nimmt eine Schlüsselrolle bei der Organisation der virtuellen Lehrveranstaltungen ein. Hier werden im wesentlichen die Funktionen des Studentensekretariats, der Studienberatung sowie der Lehrstuhlsekretariate übernommen.

- Im **Kursbereich** werden alle Lehrmaterialien als hypermediale Dokumente zur Verfügung gestellt. Diese umfassen neben dem von den Studenten selbständig zu erarbeitenden Vorlesungsstoff auch Übungen, mit denen sie den Inhalt der Vorlesungen mit Hilfe von Übungs- und Klausuraufgaben vertiefen können. Komplexe Sachverhalte werden z.T. durch Animationen oder Videosequenzen der realen Vorlesung veranschaulicht. In der zentralen Online-Bibliothek sind in digitaler Form verfügbare Bücher und Artikel einsehbar und auf das lokale (beim Benutzer befindliche) PC-System übertragbar.

- Der **Kommunikationsbereich** bietet ein Forum sowohl für den fachspezifischen Dialog mit den Dozenten („Sprechstunden") als auch für die Information bzw. Diskussion von Studenten untereinander.

Trotz der mit der Einrichtung virtueller Studiengänge verbundenen Vorteile stellen sich einer breiten Umsetzung derartiger Studiengänge eine Reihe von Hürden in den Weg (vgl. *Lehmann*, 1997, S. 199 ff.). Zunächst ist auf die hohen Anforderungen an die **Technikausstattung** sowie die **Nutzungskompetenz** der **Lehrenden** hinzuweisen, da die Lehrmaterialien für das Internet neu konzipiert und mediengerecht aufbereitet werden müssen. Hinzu kommt, daß die **fehlenden sozialen Austauschmöglichkeiten** über Datennetze nicht die Qualität der Diskussion und Interaktion in (Präsenz-) Seminaren erreichen.

Ein solcher virtueller Studiengang im Bereich Wirtschaftswissenschaften ist im deutschsprachigen Raum bisher nur bruchstückhaft bzw. vereinzelt vorzufinden (vgl. hierzu *Kraemer/Milius/Scheer*, 1997). Hier ist insbesondere auf das Projekt „Lehre 2000" des Instituts für Wirtschaftsinformatik an der Universität des Saarlandes in Saarbrücken hinzuweisen. Dort werden seit dem Sommersemester 1996 verschiedene Vorlesungen und Übungen zur Wirtschaftsinformatik im WWW angeboten.

5. Fazit und Ausblick

Sowohl die verschiedenen Publikationsformen wissenschaftlicher Literatur als auch die einschlägigen Fachverlage hatten einen bedeutenden Anteil an der akademischen Entfaltung der Betriebswirtschaftslehre. Eine besondere Rolle nahmen diesbezüglich die parallel zur akademischen Verselbständigung aufkeimenden Fachzeitschriften ein; denn der in diesen ausgetragene fachliche Diskurs, beispielhaft sei der während der fünfziger

Jahre zwischen *Gutenberg* und *Mellerowicz* u.a. in der „ZfB" und „ZfhF" ausgetragene sog. Methodenstreit herausgegriffen, trug maßgeblich zur inhaltlichen Weiterentwicklung der Betriebswirtschaftslehre bei.

Die gegenwärtig schnell voranschreitende Entwicklung neuer Informations- und Kommunikationstechnologien und die dadurch induzierten Veränderungen, wie z.b. Vernetzung, Digitalisierung sowie elektronisches Publizieren, stellen nicht nur das betriebswirtschaftliche Publikationswesen und die Verlage, sondern, wie oben dargelegt, auch die universitäre Lehre und Forschung vor völlig neue Aufgaben und Herausforderungen.

Literatur

Dorner, L., Substanzen vielfältig ausnutzen, in: Börsenblatt für den Deutschen Buchhandel, 160. Jg. (1993), Nr. 73, S. 97–98.

Hax, K., 50 Jahre C.E. Poeschel Verlag, in: Zeitschrift für handelswissenschaftliche Forschung, 4. Jg. (1952), S. 185–186.

Hax, K., 50 Jahre Zeitschrift für handelswissenschaftliche Forschung, in: Zeitschrift für handelswissenschaftliche Forschung, 8. Jg. (1956), S. 1–6.

Holub, H.-W., G. Tappeiner, V. Eberharter, Die Literaturflut in den Wirtschaftswissenschaften und ihre Folgen, in: WiSt - Wirtschaftswissenschaftliches Studium, 22. Jg. (1993), S. 203–207.

Isaac, A., Die Entwicklung der wissenschaftlichen Betriebswirtschaftslehre in Deutschland seit 1898, Berlin 1923 [Nachdruck, Frankfurt/M. 1967].

Kaderali, F., Virtuelle Universität: Erfahrungen mit Multimedia in der Lehre, in: Technische Universität Braunschweig, Zentralstelle für Weiterbildung (Hrsg.), Mediengestützte wissenschaftliche Weiterbildung, Braunschweig 1997, S. 17–32.

Klein-Blenkers, F., M. Reiß, Geschichte der Betriebswirtschaftslehre, in: *W. Wittmann* et al. (Hrsg.), Handwörterbuch der Betriebswirtschaft, 5. Aufl., Stuttgart 1993, Sp. 1417–1433.

Kraemer, W., F. Milius, A.-W. Scheer, Virtuelles Lehren und Lernen an deutschen Universitäten, in: *Bertelsmann Stiftung, Heinz Nixdorf Stiftung* (Hrsg.): Virtuelles Lehren und Lernen an deutschen Universitäten, Gütersloh 1997.

Lehmann, B., Visionen einer mediengestützte Lehre, in: Technische Universität Braunschweig, Zentralstelle für Weiterbildung (Hrsg.), Mediengestützte wissenschaftliche Weiterbildung, Braunschweig 1997, S. 199–208.

o.V., Gloeckner, G.A.-Verlag, in: *H. Nicklisch* (Hrsg.), Handwörterbuch der Betriebswirtschaft, Stuttgart 1926, Sp. 1333–1336.

o.V., Industrie-Verlag Spaeth & Linde, in: *H. Nicklisch* (Hrsg.), Handwörterbuch der Betriebswirtschaft, Stuttgart 1927, Sp. 374–376.

o.V., Internet-Projekt „WWW-ergänztes Lehrbuch", in: WiSt - Wirtschaftswissenschaftliches Studium, 26. Jg. (1997a), S. 427.

o.V., Seminare als wichtiges Verlags-Standbein, in: BuchMarkt, 32. Jg. (1997b), Nr. 12, S. 168.

Potthoff, E., Schmalenbachs Leben und Wirken für die Betriebswirtschaftslehre, in: Betriebswirtschaftliche Forschung und Praxis, 50. Jg. (1998), S. 141–153.

Rosemeier, K., Der Einfluß von Staat, Gesellschaft und Privatbereich auf die Behandlung betriebswirtschaftlicher Probleme in der Literatur der alten Betriebswirtschaftslehre bis 1898, Köln 1993.

Sandig, C., Der C. E. Poeschel Verlag, seine Zeitschrift und die Betriebswirtschaftslehre, in: Die Betriebswirtschaft, 37. Jg. (1977), S. 6–9.

Sarkowski, H., Der Springer-Verlag. Stationen seiner Geschichte. Teil I: 1842–1945, Berlin usw. 1992.

Schmaltz, K., Betriebswirtschaftliche Zeitschriften in Deutschland, in: *H. Nicklisch* (Hrsg.), Handwörterbuch der Betriebswirtschaft, Stuttgart 1928, Sp. 1283–1295.

Schönstedt, E., Der Buchverlag: Geschichte, Aufbau, Wirtschaftsprinzipien, Kalkulation und Marketing, Stuttgart 1991.

Schwoerer, F., Managementliteratur – Qualität ist rar, in: BuchMarkt, 20. Jg. (1985), Nr. 12, S. 106.

Seyffert, R., Geschichte der Betriebswirtschaftslehre, in: 25 Jahre C.E. Poeschel Verlag, Stuttgart 1927, S. 10–37.

Seyffert, R., Geschichte der Betriebswirtschaftslehre, in: *H. Seischab, K. Schwantag* (Hrsg.), Handwörterbuch der Betriebswirtschaft, 3. Aufl., Stuttgart 1956, Sp. 995–1011.

Vinz, C., G. Olzog (Hrsg.), Dokumentation deutschsprachiger Verlage, 11. Ausgabe, München 1992.

Weber, E., Literaturgeschichte der Handelsbetriebslehre, Tübingen 1914 [Nachdruck, Köln 1990].

Wittmann, R., Geschichte des deutschen Buchhandels, München 1991.

Wittmann, W., 40 Jahre Neue Folge der Schmalenbachschen Zeitschrift, in: Zeitschrift für betriebswirtschaftliche Forschung, 41. Jg. (1989), S. 3–10.

Wöhe, G., Entwicklungstendenzen der Allgemeinen Betriebswirtschaftlehre im letzten Drittel unseres Jahrhunderts – Rückblick und Ausblick, in: Die Betriebswirtschaft, 50. Jg. (1990), S. 223–235.

Wöhe, G., Einführung in die Allgemeine Betriebswirtschaftslehre, 19. Aufl., München 1996.

Verzeichnis der Autoren

Dipl.-Ing. *Bülent Akın* ist Wissenschaftlicher Mitarbeiter am Lehrstuhl für Betriebswirtschaft (Produktionswirtschaft und Controlling) an der Universität Mannheim.

Prof. Dr. *Klaus Backhaus* ist Direktor des Betriebswirtschaftlichen Instituts für Anlagen und Systemtechnologien der Westfälischen Wilhelms-Universität Münster.

Dr. *Wolfgang Breuer* ist Professor für Betriebswirtschaftslehre an der Rheinischen Friedrich-Wilhelms-Universität Bonn.

Dr. *Hans-Jörg Hoitsch* ist o. Professor für Betriebswirtschaftslehre (Produktionswirtschaft und Controlling) an der Universität Mannheim.

Prof. Dr. *Christian Homburg* hat den Lehrstuhl für Betriebswirtschaftslehre, insbesondere Marketing, an der Wissenschaftlichen Hochschule für Unternehmensführung (WHU Koblenz) inne. Außerdem ist er Wissenschaftlicher Direktor des Zentrums für Marktorientierte Unternehmensführung an der WHU Koblenz.

Dr. *Alfred Kieser* ist o. Professor für Allgemeine Betriebswirtschaftslehre und Organisation an der Universität Mannheim.

Dr. *Gertraude Krell* ist o. Professorin für Betriebswirtschaftslehre, insbesondere Personalpolitik, an der Freien Universität Berlin.

Dr. *Michael Lingenfelder* ist o. Professor für Betriebswirtschaftslehre, insbesondere Marketing und Handelsbetriebslehre, an der Philipps-Universität Marburg.

Dr. *Volker Lingnau* ist Hochschulassistent am Lehrstuhl für Allgemeine BWL und Industrie, insbesondere Produktionswirtschaft und Controlling an der Universität Mannheim.

Dipl.-Kfm. *Peter Loevenich* ist Wissenschaftlicher Mitarbeiter am Lehrstuhl für Betriebswirtschaftslehre, insbesondere Marketing und Handelsbetriebslehre, an der Philipps-Universität Marburg.

Dr. Dr. h.c. mult. *Peter Mertens* ist Professor für Betriebswirtschaftslehre, insbesondere Wirtschaftsinformatik, an der Friedrich-Alexander-Universität Erlangen-Nürnberg.

Dr. *Hermann Sabel* ist o. Professor für Betriebswirtschaftslehre an der Rheinischen Friedrich-Wilhelms-Universität Bonn.

Dr. *Günther Schanz* ist o. Professor für Betriebswirtschaftslehre an der Georg-August-Universität Göttingen.

Prof. Dr. Dr. h.c. mult. *Dieter Schneider* hat den Lehrstuhl für Wirtschaftslehre, insbesondere Angewandte Betriebswirtschaftslehre V: Unter-
nehmensbesteuerung und Unternehmensprüfung, an der Ruhr-Uni-
versität Bochum inne.

Dr. *Marcell Schweitzer* ist Professor für Betriebswirtschaftslehre, insbesondere Industriebetriebslehre, an der Eberhard-Karls-Universität Tübingen.

Dipl.-Kffr. *Katja Wagener* ist Wissenschaftliche Mitarbeiterin am Lehrstuhl für Betriebswirtschaftslehre, insbesondere Industriebetriebslehre, an der Eberhard-Karls-Universität Tübingen.

Sachverzeichnis

Absatzfunktionen 170
Arbeitswissenschaft 127 ff.

Behavioral Accounting 65
Beteiligungsfinanzierung 149 ff.
Betriebsgemeinschaft 35 f., 128 f.
Betriebsorganisation 99
Betriebswirtschaftliche Vereinigungen
  213 ff.
Bilanzrechnung 50 ff.
Bilanztheorie 56 ff.
Budgetierung 77
Bundesvereinigung Logistik e. V.
  222 f.
Business Schools 198 ff.

Capital Asset Pricing Model 162 ff.
Controllership, anglo-amerikanische
  75 ff.
Controlling 73 ff.

Dean-Modell 160 ff.
*Deutsche Gesellschaft für Personalführung
  e. V.* 218 ff.
Deutsche Marketing-Vereinigung e. V.
  221 f.
Dezentralisierung 109
doppelte Buchführung 52 f.

Einzelkosten- und Deckungsbeitragsrechnung 64
Empirische Organisationsforschung
  114 ff.
Entlohnung, Grenzproduktivitätstheorie der 7
Entscheidungsorientierte Betriebswirtschaftslehre 38 f.
Entscheidungsregel 2
experimentelle Betriebswirtschaftslehre 101 f.

Fachverlage, betriebswirtschaftliche
  230 ff.
Fachzeitschriften, betriebswirtschaft-
  liche 230 ff.
faktororientierter Ansatz 130
Fertigungsorganisation 108 f.
Finanzierungsinstrumente 142 ff.
Finanzierungstheorie 141 ff.
Finanzplan, optimaler 2 f.
Fisher-Modell 146
Fordismus 110 ff.

Geschäftsprozeßmodellierung 103
Gesellschaft für Organisation e. V. 221
„Graduate"-Studium 207
Grenzplankostenrechnung 63 f.

Handelsketten 170
Handlungswissenschaft 5 f., 54, 95
Humanisierung der Arbeit 115

Industriebetriebslehre 94 ff.
Informationsbearbeitung, Standards
  der 190
Informationsökonomie 174 f.
Insolvenzkosten 147 f.
Institutionenökonomie 23 f., 41 ff.,
  174 f.
Internationales Marketing 174
interne Erfolgsrechnung 9 ff.
Inventar 10
Investitionsrechnung 158
Investitionstheorie 2, 157 ff.

Kameralwissenschaft 6 f., 95
Kapitalbedarf 144
Kapitalkostensatz 144 f.
Kapitalrentabilität 189
Kapitalwert 158 ff.
Kapitalwertrechnung 2

Kostenmanagement 65 f.
Kostenrechnung 58 ff.
Kostentheorie 8, 16, 20, 100 f.

Landwirtschaftliche Betriebslehre 7 f.

Marketing 169 ff.
Marketinginstrumente 172
Marktzinsmethode 164 f.
Multivariate Verfahren 174

Neoklassik 36 ff.
Neue Institutionenökonomie 116 ff.
Neue Medien 245 f.
Normativismus, ethischer 35 f.

Organisationslehre 107 ff.
Organisationstheorie, mathematische 116

Periodengewinn 10 ff.
Personalforschung, empirische 128
Personallehren 125 ff.
Personalmanagement 132 ff.
Personalökonomie 135
Personalpolitik 132 ff.
Personalwirtschaft 132 ff.
„Ph.D. Program" 207
Plankostenrechnung 63
Planning for Control 81
Planungsrechnung 77
Population Ecology-Ansatz 116
Preistheorie 170 f.
Produktionsfunktion 37
Produktionsorganisation 102 f.
Produktionsplanung und -steuerung (PPS) 102
Produktionstheorie 36 ff., 100 f.
Produktionswirtschaft 93 ff.
Prozeßkostenrechnung 64

Realoptionen 165 ff.
Rechnungslegung 9 ff., 49 ff.
Rechnungswesen 49 ff., 77 f., 84 f.
Rechnungswesen, industrielles 98 f.

Schmalenbach-Gesellschaft für Betriebswirtschaft e. V. 216 ff.
Screening 149
Selbstorganisation 115
Signalling 149
Situativer Ansatz 115
Steuern, finanzierungsabhängige 147 f.
Systemorientierte Betriebswirtschaftslehre 39 ff.

Target Costing 65
Taylorismus 110 ff.
Teilkostenrechnung 63
*Thünen*sche Kreise 7 f., 97

„Undergraduate"-Studium 207

Verein für Socialpolitik 215 f.
Verfügungsrechte 153 f.
Verhaltensorientierte Entscheidungstheorie 115
Verhaltenstheoretische Betriebswirtschaftslehre 43 ff.
Verschuldungsgrad 146, 152
Virtuelle Universität 246 f.

Werturteilsstreit 17
Wirtschaftlichkeitsrechnung 5
Wirtschaftsinformatik 181 ff.
Wissenschaftsprogramme 33 ff.
Wissenstransfer 214

Zinsfuß, interner 2 ff.
Zinsstruktur 160